WORKBOOK
Dulce M. García

LAB MANUAL
J. Scott Despain
Jennifer Despain

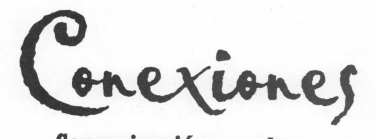

Comunicación y cultura

SECOND EDITION

Eduardo Zayas-Bazán
East Tennessee State University

Susan M. Bacon
University of Cincinnati

Dulce M. García
The City College of New York, C.U.N.Y.

Prentice
Hall

Upper Saddle River, New Jersey 07458

Publisher: *Phil Miller*
Senior Acquisitions Editor: *Bob Hemmer*
Development Editor: *Julia Caballero*
Assistant Editor: *Meriel Martínez*
Editorial Assistant: *Meghan Barnes*
VP, Director of Production and Manufacturing: *Barbara Kittle*
Executive Managing Editor: *Ann Marie McCarthy*
Editorial/Production Supervision: *Harriet C. Dishman/Elm Street Publications*
Prepress and Manufacturing Manager: *Nick Sklitsis*
Prepress and Manufacturing Buyer: *Camille Tesoriero*
Cover Design: *Bruce Killmer*
Marketing Manager: *Stacy Best*
Electronic Line Art Creation: *Andy Levine*
Cover art: *Chad Ehlers (Original 1990). Mosaic designs in seats by Gaudí at Parque Güell. LOC/SPAIN/BARCELONA. © Chad Ehlers. All Rights Reserved.*

This book was set in 11/14 Sabon by Gallagher
and was printed and bound by Bradford & Bigelow.
The cover was printed by Bradford & Bigelow.

© 2002, 1999 by Pearson Education, Inc.
Upper Saddle River, NJ 07458

Printed in the United States of America
10 9 8 7 6 5 4

ISBN 0-13-093502-6

Pearson Education LTD., London
Pearson Education Australia PTY, Limited, Sydney
Pearson Education Singapore, Pte. Ltd
Pearson Education North Asia Ltd, Hong Kong
Pearson Education Canada, Ltd., Toronto
Pearson Educación de Mexico, S.A. de C.V.
Pearson Education—Japan, Tokyo
Pearson Education Malaysia, Pte. Ltd
Pearson Education, Upper Saddle River, New Jersey

Contents

Preface

Workbook

The activities in this Workbook will build your skills in Spanish and prepare you to use Spanish in real-life situations. The Workbook provides further practice of each chapter's vocabulary and grammatical structures through form-based exercises including sentence-building activities, completion exercises, fill-ins, and realia-based activities. Reading and writing skills are developed in a series of interesting and personalized activities that ask you to draw on each chapter's vocabulary, grammatical structures, and theme. Additional activities encourage you to make connections and comparisons with the Hispanic world.

The Workbook begins with a preliminary review chapter, *Lección preliminar y repaso*, which provides extra practice for the vocabulary presented in the textbook's *Lección preliminar* and covers basic grammatical structures. This chapter includes brief grammatical explanations and accompanying practice activities that, while self-contained and independent from the textbook, can still be used as a review at the beginning of the course and as a reference throughout the course.

Chapters 1 through 12 of the Workbook are divided into the same three parts as their corresponding chapters in the text: *Primera parte*, *Segunda parte*, and *¡Así lo expresamos!* Each chapter parallels the structure of the textbook:

¡Así lo decimos!   Practice of vocabulary through activities such as crossword puzzles, completion exercises, and fill-ins. These contextualized activities reinforce the vocabulary presented in class and build confidence.

Estructuras.   Grammatical structures are thoroughly practiced in realia-based exercises and meaningful activities such as the completion of dialogues and articles.

Lectura.   Each chapter features a high-interest reading related to the chapter theme. Reading skills are developed through accompanying comprehension check and personalized synthesis activities.

Taller.   Writing skills are developed through a series of personalized prewriting tasks that prepare you for the writing assignment. Writing activities are related to the *Lectura* readings and are designed to engage your interests and evoke your opinions.

Conexiones.   Each chapter ends with a *Conexiones* activity that encourages you to make connections with and expand your knowledge of the Hispanic world.

An Answer Key for the Workbook is available separately.

We would like to thank Alison Garrard from the University of Cincinnati for her work on the first edition of this workbook.

Lab Manual

This Lab Manual will help you study on your own to improve your listening skills and become a fluent speaker of Spanish. The Lab Manual listening segments and activities correspond to the vocabulary, grammar, and themes that are presented in *Conexiones: Comunicación y cultura*. The recordings that accompany the manual will give you ample opportunities outside of class to listen to authentic and scripted Spanish as it is used by native speakers in a variety of real-life situations.

Each chapter in the Lab Manual is divided into the same three sections as the corresponding chapter in your text: *Primera parte, Segunda parte,* and *¡Así lo expresamos!* The activities in *Primera parte* and *Segunda parte* are organized by the grammatical structures presented in each chapter and use the chapter's vocabulary and themes. The activities in the *¡Así lo expresamos!* sections are based on authentic, engaging clips from Spanish radio and give you an opportunity to hear Spanish as it is presented in the Spanish-speaking world. A series of accompanying activities guides you through the listening segment and helps you to both understand and respond to the information that is presented.

The Lab Manual activities feature listening comprehension segments consisting of conversations, descriptions, announcements, and reports that revolve around the theme of your book's chapter. In order to test your comprehension, these segments are accompanied by multiple-choice questions, charts that you fill in, statements that you complete, or questions that you answer. Accompanying pre-listening activities introduce you to the topic and prepare you for the task at hand. You will notice that within each section, the activities gradually progress in their level of difficulty. First you are asked to recognize grammar structures or vocabulary words. Then you are asked to produce those structures or words. Finally you are asked to justify your responses in written Spanish. This progression of activities will help you build your skills and confidence when you listen to and speak Spanish. A ➔ at the beginning of selected activities and a prompt in the recording indicate when you should stop the tape for pre- or post-listening practice.

To accomplish the listening tasks, you do not have to understand every word you hear. Even in your own language, there are many instances in which you do not understand every single word; nevertheless you can follow and comprehend what is being said. The following suggestions will facilitate your understanding of the recorded passages:

1. Read and/or listen to the title and the instructions carefully to get a general idea of the content of the recording.
2. Pause for a moment and think about the topic and try to anticipate what you may hear. Then, listen to the recording once or go directly to the next step.
3. Read the questions, sentences, charts, etc., to familiarize yourself with the task you will complete.

4. Listen to the recording and focus your attention on the answers to the questions.

5. Listen to the segment as many times as necessary to complete the task.

6. Listen to the tapes on different occasions (while driving or doing chores at home) even after you have completed the tasks. You will notice that this exposure to spoken Spanish will help you increase your comprehension.

An answer key at the back of the Lab Manual allows you to check your work and your progress in the course.

We would like to thank Ana Oscoz from the University of Iowa for her work on the first edition of this lab manual.

Prentice Hall has partnered with *Radio Nacional de España* and *Puerta del Sol* to present authentic clips from Spanish radio. Our deep thanks go to *Radio Nacional de España* and *Puerta del Sol* for joining us in this exciting opportunity to present natural speech and engaging topics to students of ***Conexiones***.

WORKBOOK

Dulce M. García

Comunicación y cultura

SECOND EDITION

P

Lección preliminar y repaso

Primera parte

1. Gender and number of nouns

Words that identify persons, places, or objects are called nouns. Spanish nouns—even those denoting nonliving things—are either masculine or feminine in gender.

Masculine		Feminine	
el muchacho	*the boy*	la muchacha	*the girl*
el hombre	*the man*	la mujer	*the woman*
el profesor	*the professor*	la profesora	*the professor*
el lápiz	*the pencil*	la mesa	*the table*
el libro	*the book*	la clase	*the class*
el mapa	*the map*	la universidad	*the university*

♦ Most nouns ending in -o or those denoting male persons are masculine: **el libro, el hombre.** Most nouns ending in -a or those denoting female persons are feminine: **la mujer, la mesa.**

♦ Some common exceptions are **el día** (*day*) and **el mapa** (*map*), which end in -a but are masculine. Another exception is **la mano** (*hand*), which ends in -o but is feminine.

The following basic rules will help you determine the gender of many Spanish nouns.

1. Many nouns referring to persons have corresponding masculine -o and feminine -a forms: **el muchacho / la muchacha; el niño / la niña** (*boy / girl*).

2. Most masculine nouns ending in a consonant simply add -a to form the feminine: **el profesor / la profesora, el león / la leona, un francés / una francesa.**

3. Certain person nouns use the same form for the masculine and the feminine, but change the article to identify the gender: **el estudiante / la estudiante** (*male / female student*).

4. Most nouns ending in **-ad, -ión, -ez, -ud,** and **-umbre** are feminine: **la universidad, la nación, la niñez** (*childhood*), **la juventud** (*youth*), **la legumbre** (*vegetable*).

5. Nouns that begin with a stressed **a** use the masculine article in the singular, even though they are feminine nouns: **el agua sucia / las aguas cristalinas; el águila dorada** (*golden eagle*) **/ las águilas norteamericanas.**

   An exception to this rule is **el arte plástico / las bellas artes,** which is masculine in the singular and feminine in the plural.

6. When in doubt, the article will tell you what the gender of the noun is: **un pupitre / una clase / un lápiz.**

Aplicación

P-1 La red informática mundial. ~~internet~~ Identifica el género y número de los sustantivos en este artículo, y escribe el artículo definido o indefinido apropiado.

(1)__La__ red informática es (2)__uno__ de (3)__los__ avances más significativos en

(4)__la__ historia de (5)__las__ telecomunicaciones. Es impresionante el auge y la popularidad

que ha tomado este sistema. Esto se puede apreciar claramente en cualquier lugar y actividad de

nuestra sociedad (en (6)__el__ trabajo, en (7)__la__ radio, en (8)__la__ prensa, en

(9)__la__ televisión, en (10)__el__ cine ... e incluso cuando vamos a (11)__un__ bar o a

tomar (12)__un__ café). Podemos decir que (13)__la__ red informática está cambiando nuestra

sociedad. En (14)__la__ actualidad, se habla de que hay más de diez millones de ordenadores, más   *computer*

de cincuenta millones de usuarios y más de doscientas cincuenta mil organizaciones conectadas a

(15)__la__ red informática mundial. Esto también tiene (16)__un__ gran impacto en

(17)__el__ mundo de (18)__los__ negocios y por tanto acelera muchísimo (19)__el__

desarrollo de (20)__la__ economía. Algunos expertos piensan que para mediados del siglo XXI

(21)__el__ mundo físico va a ser remplazado por (22)__el__ mundo virtual. Vivimos en

(23)__una__ era de revolución tecnológica que determina (24)__la__ manera en que

(25)__el__ ser humano se relaciona con su ambiente socio-cultural.

el radio — the set
la radio — refers to medium
Howard stern is on the radio

Nombre _____   Fecha _____

P-2 En el zoológico. Algunos nombres de animales son siempre masculinos, otros son siempre femeninos, y los demás pueden ser o masculinos o femeninos dependiendo del sexo. Escribe el nombre y el artículo definido o indefinido del animal que mejor cabe en las descripciones que siguen. Busca en el diccionario si tienes dudas sobre el género del animal.

MODELO: *Los elefantes son grandes y grises. Las hembras tienen una gestación de varios años antes de dar a luz. Luego, la elefante cuida a su bebé con gran ternura.*

> águila   jirafa   serpiente
> caballo   león   tiburón
> camello   oso   tigre
> cebra   pez
> delfín   rana

(1)____Cebra_____ es un animal africano con rayas anaranjadas y negras.

(2)_____Caballo_____ de Siberia son blancos porque su medio ambiente es la

nieve. (3)____oso_____ caza a otros animales para darles de comer a sus

cachorros. (4)____Tigre_____ parece (5)____león_____,

pero es fuerte y más pequeño. Tiene rayas negras y blancas para camuflarse en el desierto africano y

así protegerse de los depredadores.

En el agua se observan los animales marinos como (6)____pez_____,

(7)____delfín_____ y (8)____tiburón_____.

(9)____Águila_____ es un animal majestuoso que es el símbolo de los Estados

Unidos y también de México.

(10)____Jirafa_____ tiene un cuello largo que le permite alcanzar su comida en

los árboles más altos.

(11)____camello_____ puede sobrevivir largo tiempo sin agua en el desierto.

Algunas de (12)____serpientes_____ del desierto, como la de cascabel, son

venenosas.

En el charco (13)____rana_____ dan serenata toda la noche para atraer

a su pareja.

2. Cardinal numbers

0	cero		26	veintiséis
1	uno		27	veintisiete
2	dos		28	veintiocho
3	tres		29	veintinueve
4	cuatro		30	treinta
5	cinco		31	treinta y uno
6	seis		40	cuarenta
7	siete		50	cincuenta
8	ocho		60	sesenta
9	nueve		70	setenta
10	diez		80	ochenta
11	once		90	noventa
12	doce		100	cien
13	trece		101	ciento uno
14	catorce		200	doscientos, -as
15	quince		300	trescientos, -as
16	dieciséis		400	cuatrocientos, -as
17	diecisiete		500	quinientos, -as
18	dieciocho		600	seiscientos, -as
19	diecinueve		700	setecientos, -as
20	veinte		800	ochocientos, -as
21	veintiuno		900	novecientos, -as
22	veintidós		1.000	mil
23	veintitrés		4.000	cuatro mil
24	veinticuatro		1.000.000	un millón (de)
25	veinticinco			

♦ **Uno** becomes **un** before a masculine singular noun and **una** before a feminine noun:

> **un** libro   **una** mesa
> **un** profesor   **una** científica

♦ In compound numbers, **-uno** becomes **-ún** before a masculine noun and **-una** before a feminine noun:

> **veintiún** niños   **veintiuna** novelas

♦ The numbers **dieciséis** through **veintinueve** (16–29) are generally written as one word, though you may occasionally see them written as three words, especially in older publications:

> **diez y seis**   **veinte y nueve**

♦ **Cien** is used when it precedes a noun or when counting:

> En esta clase tenemos **cien** estudiantes.
> **noventa y nueve, cien, ciento uno,** etc.

♦ **Ciento** is used in compound numbers between 100 and 200:

      ciento quince; ciento cincuenta y ocho, etc.

♦ When the numbers 200–900 modify a noun, they agree with it in gender:

      cuatrocientos muchachos   **setecientas** sillas   **novecientas** pesetas

♦ **Mil** is never used with **un** and is never used in the plural for counting. Use **miles** when you are referring to thousands of something.

      mil, dos mil, tres mil, etc.
      miles de pesetas

♦ The plural of **millón** is **millones,** and when followed by a noun both take the preposition **de:**

      dos millones de dólares.

♦ In Spain and in most of Latin America, thousands are marked by a period and decimals by a comma:

U.S./Canada	**Spain/Latin America**
$1,000	$1.000
$28.50	$28,50
$28,749.64	$28.749,64

Aplicación

P-3 Centroamérica hoy. Escribe las temperaturas mínimas y máximas según se indica para el 12 de abril.

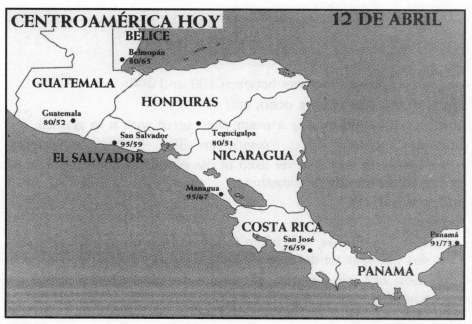

MODELO: La temperatura mínima en la Ciudad de Panamá: _setenta y tres grados Fahrenheit_

1. La temperatura máxima en la Ciudad de Guatemala: ochenta grados Fahrenheit
2. La temperatura mínima en Tegucigalpa: cincuenta y uno grados Fahrenheit
3. La temperatura máxima en Managua: noventa y cinco grados Fahrenheit
4. La temperatura máxima en San José: setenta y seis grados Fahrenheit
5. La temperatura mínima en San Salvador: cincuenta y nueve grados Fahrenheit

P-4 Viajes exóticos. Escribe el precio en dólares de los viajes y vacaciones de esta agencia de viajes.

¿Cuánto cuesta?

    MODELO: Lima $449   _cuatrocientos cuarenta y nueve dólares_

Vuelos

1. San José $359   trescientos cincuenta y nueve dólares
2. Bogotá $499   cuatrocientos noventa y nueve   "
3. Montevideo $839   ochocientos treinta y nueve   "
4. Mendoza $929   novecientos veintinueve   "
5. Sao Paulo $589   quinientos ochenta y nueve   "

Cruceros

6. Canal de Panamá $1590   mil quinientos noventa
7. Las Islas Galápagos $3540   tres mil quinientos cuarenta
8. Río de la Plata $2219   dos mil doscientos diecinueve
9. Las Islas de Pascua $5100   cinco mil cien dólares

Viajes extraterrestres

10. La luna $100.000   cien mil
11. Marte $3.895.069   tres millones ochocientos noventa y cinco mil sesenta y nueve
12. Plutón $100.000.000   cien millones

3. Ordinal numbers

primero/a	*first*	sexto/a	*sixth*	
segundo/a	*second*	séptimo/a	*seventh*	
tercero/a	*third*	octavo/a	*eighth*	
cuarto/a	*fourth*	noveno/a	*ninth*	
quinto/a	*fifth*	décimo/a	*tenth*	

♦ Ordinal numbers in Spanish agree in gender and number with the noun they modify.

Ésta es mi **primera** clase del día.   *This is my first class in the day.*

El **segundo** semestre es más difícil.   *The second semester is more difficult.*

♦ **Primero** and **tercero** are shortened to **primer** and **tercer** before masculine singular nouns.

Hoy voy a tomar mi **primer** examen de biología.   *Today I'm taking my first Biology test.*

La oficina del decano está en el **tercer** piso.   *The Dean's office is on the third floor.*

♦ In Spanish, ordinal numbers are rarely used after **décimo** (*tenth*). Cardinal numbers are used instead.

El departamento de Ingeniería está en el piso **once**.   *The Department of Engineering is on the eleventh floor.*

Aplicación

P-5 Mi clase de historia. Pon en orden cronológico estos acontecimientos usando los números ordinales.

1. _quinto_   La Guerra Civil de los Estados Unidos (1863)
2. _octavo_   La Segunda Guerra Mundial (1939)
3. _séptimo_   La Guerra Civil Española (1936)
4. _sexto_   La Guerra entre España y los Estados Unidos (1898)
5. _primero_   la conquista de España por los moros (711)
6. _segundo_   la Revolución Americana (1775)
7. _tercero_   la Revolución Francesa (1789)
8. _décimo_   la Guerra del Golfo Pérsico (1991)
9. _cuarto_   la Guerra de 1812
10. _noveno_   la Guerra de Vietnam (1965)

P-6 **¿Dónde están ... ?** Consulta la guía que ofrece este edificio universitario a sus visitantes.

DIRECTORIO

PLANTA 1	**Departamento de física; Departamento de astronomía**
PLANTA 2	**División de ciencias**
PLANTA 3	**Cafetería**
PLANTA 4	**Oficinas administrativas**
PLANTA 5	**Departamento de biología**
PLANTA 6	**Departamento de química**

MODELO: *Para hablar con el profesor de física necesita ir a la primera planta.*

1. Para obtener información sobre las últimas investigaciones sobre las propiedades de los elementos necesita ir a ___Planta 6___.

2. Para pedir una copia de sus notas debe ir a ___Planta 6/___.

3. Para buscar información general sobre los cursos de ciencias que se ofrecen en esta universidad tiene que ir a ___2___.

4. Para conocer al jefe del departamento de biología debe ir a ___5___.

5. Para solicitar la beca para hacer un internado en la N.A.S.A. necesita ir a
___1___.

6. Para almorzar tiene que ir a ___3___.

Tercera Parte

4. Present tense of regular verbs

Spanish verbs are classified into three groups according to their infinitive ending (-**ar**, -**er**, or -**ir**). Each of the three groups uses different endings to produce verb forms (conjugations) in various tenses.

The following chart shows the forms for regular -**ar**, -**er**, and -**ir** verbs.

	hablar	comer	vivir
yo	hablo	como	vivo
tú	hablas	comes	vives
usted él ella	habla	come	vive
nosotros/as	hablamos	comemos	vivimos
vosotros/as	habláis	coméis	vivís
ustedes ellos ellas	hablan	comen	viven

♦ The Spanish present indicative tense has several equivalents in English. In addition to the simple present, it can express ongoing actions and even future actions. Note the following examples.

Hablo español con Ana.	*I speak Spanish with Ana.* *I am speaking Spanish with Ana.*
Mañana **tomamos** el examen.	*Tomorrow we'll take the exam.* *Tomorrow we are taking the exam.*

♦ Note that the present tense endings for all three verb groups are identical for the first person singular. All other verb forms merely undergo a vowel change.

-ar endings	*-er* endings	*-ir* endings
-o	-o	-o
-as	-es	-es
-a	-e	-e
-amos	-emos	-imos
-áis	-éis	-ís
-an	-en	-en

♦ The present tense endings of -**er** and -**ir** verbs are identical except for the **nosotros** and **vosotros** forms.

Aplicación

P-7 Nuestro mundo. Completa las oraciones con el verbo apropiado en el tiempo presente.

> aprender *to learn* esquiar pescar *to fish*
> beber *drink* ir visitar
> buscar *search for* nadar vivir
> comer ofrecer *offer*

1. Más de veinte millones de hispanohablantes ___viven___ hoy en día en los Estados Unidos.

2. Para el año 2015, la población hispana ___va___ a ser la minoría más numerosa del país.

3. Cada país hispano y cada región nos ___ofrecen___ *they offer to us* su propia cultura.

4. Si te gustan los museos grandes, ¿por qué no ___visitas___ las capitales y las ciudades grandes? *If you're looking for a tranquil life*

5. Si ___buscas___ una vida más tranquila, te van a gustar el campo y las montañas.

6. En las playas del mar Caribe (nosotros) ___nadamos___ en el agua verde azul.

7. En los restaurantes famosos, (yo) ___como___ los platos más sabrosos.

8. Nosotros ___pescamos___ en los ríos y los lagos y también ___esquiamos___ en las sierras que están siempre cubiertas de nieve.

9. (Vosotros) ___bebéis___ los mejores vinos de cada país.

10. Y siempre (nosotros) ___aprendemos___ algo nuevo.

P-8 ¿Cómo nos divertimos? Completa el crucigrama con la forma correcta del verbo lógico en el tiempo presente.

amar	~~leer~~	saber
caminar	pasar	salir
entrar	~~practicar~~	tomar
hablar	~~preparar~~	trabajar

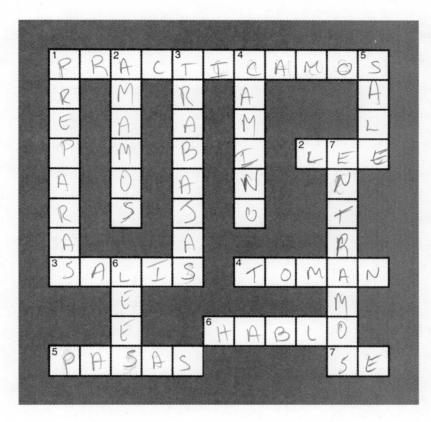

Horizontales

1. Nosotros _____ el fútbol todos los domingos.

2. Usted _____ el periódico por la mañana.

3. (Vosotros) _____ una hora diaria para hacer ejercicio.

4. Nuestros amigos _____ cerveza en el bar.

5. Tú lo _____ bien bailando.

6. (Yo) _____ por teléfono con mis amigos.

7. (Yo) no _____ qué más hacer.

Verticales

1. (Tú) _____ una comida fenomenal.

2. Nosotras _____ a nuestros padres.

3. (Tú) no _____ los fines de semana.

4. (Yo) _____ por el parque.

5. (Usted) _____ con su pareja.

6. ¿(Tú) _____ revistas?

7. (Nosotros) _____ por la puerta.

P-9 No es sólo enseñar. Completa el párrafo con la forma correcta de los verbos entre paréntesis usando el tiempo presente.

Muchas personas (1)_____piensan_____ (pensar) que el trabajo de los profesores

(2)_____se limiten_____ (limitarse) a dar sus clases. Estas personas también

(3)_____opinan_____ (opinar) que los profesores (4)_____toman_____

(tomar) largas vacaciones y que por eso (5)_____llevan_____ (llevar) una vida

bastante fácil. Estas personas no (6)_____saben_____ (saber) que enseñar en el salón

de clase no es lo único que (7)_____hacen_____ (hacer) los profesores. La verdad

(8)_____es_____ (ser) que los profesores (9)_____desempeñan_____

(desempeñar) múltiples labores. Los profesores (10)_____preparan_____ (preparar) sus

clases, (11)_____tienen_____ (tener) que diseñar cursos y a veces, hasta programas.

Además de preparar e impartir sus clases, los profesores (12)_____corrigen_____

(corregir) composiciones, exámenes y trabajos. Además, ellos (13)_____hacen_____

(hacer) las mismas tareas que les (14)_____dan_____ (dar) a sus estudiantes.

También (15)_____calculan_____ (calcular) las notas de sus estudiantes y

(16)_____escriben_____ (escribir) muchos informes cada semestre, así como

propuestas, evaluaciones y cartas de recomendación para sus alumnos. Los profesores también

(17)_____sirven_____ (servir) en varios comités de su departamento y de la

universidad.

Pero además de su trabajo como instructores y como administradores en su departamento, la

mayoría de los profesores universitarios (18)_____tienen_____ (tener) que llevar una

vida académica activa. Casi todas las universidades lo (19)_____exigen_____ (exigir).

Muchos profesores (20)_____dan_____ (dar) conferencias en diferentes ciudades,

(21)_____investigan_____ (investigar) la información más reciente sobre su campo y

algunos (22)_____escriben_____ (escribir) artículos y libros. Para muchas

universidades, la cantidad de material publicado (23)_____es_____ (ser) lo más

importante al evaluar a un profesor o a una profesora. Por eso, muchos profesores

(24)_____prefieren_____ (preferir) pasar sus «vacaciones» en bibliotecas y librerías,

frente a la computadora o algún laboratorio.

En realidad, casi todos los profesores (25)_____son_____ (ser) maestros,

administradores, investigadores, consejeros, escritores, evaluadores, diseñadores y, a veces, ¡hasta

consultores sentimentales!

5. Present tense of stem-changing verbs

(e > ie)

Some verbs require a change in the stem vowel of the present indicative forms. Note the conjugation of the verb **querer.**

querer (+ action or thing = *to want;* + a + person = *to love*)			
yo	quiero	nosotros/as	queremos
tú	quieres	nosotros/as	queréis
usted		ustedes	
él	quiere	ellos	quieren
ella		ellas	

♦ Note that the changes occur in the first-, second-, and third-person singular, and in the third-person plural, because in these forms the stem contains the stressed syllable. Other common **e > ie** verbs are:

comenzar	*to begin*	**pensar**	*to think*
entender	*to understand*	**preferir**	*to prefer*
mentir	*to lie*	**sentir**	*to feel*

♦ Other common **e > ie** verbs, like **tener** (*to have*) and **venir** (*to come*), have an additional irregularity in the first-person singular. Note the following conjugations.

	tener	**venir**
yo	**tengo**	**vengo**
tú	tienes	vienes
usted		
él	tiene	viene
ella		
nosotros/as	tenemos	venímos
vosotros/as	tenéis	venís
ustedes		
ellos	tienen	vienen
ellas		

(o > ue)

Verbs like **volver** (*to return*) and **encontrar** (*to find*) belong to a different category of stem-changing verbs, one in which the **o** changes to **ue**. As with **e > ie** verbs, there is no stem change in the **nosotros** and **vosotros** forms.

volver (*to return; to come back*)			
yo	**vuelvo**	nosotros/as	**volvemos**
tú	**vuelves**	vosotros/as	**volvéis**
usted, él, ella	**vuelve**	ustedes, ellos, ellas	**vuelven**

◆ Other commonly used **o > ue** changing verbs are:

-ar verbs		*-er* verbs	
almorzar	*to have lunch*	**llover**	*to rain*
contar	*to tell; to count*	**oler**	*to smell*
costar	*to cost*	**poder**	*to be able, can*
encontrar	*to find*		
jugar	*to play*	*-ir* verbs	
mostrar	*to show*	**dormir**	*to sleep*
soñar (con)	*to dream (about)*	**morir**	*to die*
volar	*to fly*		

◆ **Oler** has a spelling change in all but the first- and second-persons plural.

Ese perfume **huele** a manzanas.	*That perfume smells like apples.*
Olemos las flores en el campo.	*We smell the flowers in the country.*

◆ The verb **jugar** follows the same conjugation pattern as **o > ue** verbs, even though its stem vowel is **u**.

¿**Juegan** ustedes al béisbol?	*Do you play baseball?*
Sí, **jugamos** al béisbol los miércoles.	*Yes, we play baseball on Wednesdays.*

(e > i)

A third class of stem-changing verbs changes the stressed **e** of the stem to **i** in all forms except the first- and second-person plural.

pedir (*to ask for; to request*)			
yo	pido	nosotros/as	pedimos
tú	pides	vosotros/as	pedís
usted		ustedes	
él	pide	ellos	piden
ella		ellas	

♦ All **e > i** stem-changing verbs have the **-ir** ending.

♦ Some other common **e > i** verbs are:

servir	*to serve*
decir	*to say, tell*
conseguir	*to get, obtain*
seguir	*to follow; to continue*
reñir	*to quarrel*
repetir	*to repeat; to have a second helping*

♦ Note the first-person irregularity of **decir**:

Yo no **digo** que no tienes razón.   *I'm not saying that you're wrong.*

Aplicación

P-10 ¿Qué forma? Completa las tablas con la forma correcta del verbo.

vuelo	riño	juego	vengo
vuelas	riñes	juegas	vienes
vuela	riñe	juega	viene
volamos	reñimos	jugamos	venimos
voláis	reñís	jugáis	venís
vuelan	riñen	juegan	vienen

entiendo	digo	pienso
entiendes	dices	piensas
entiende	dice	piensa
entendemos	decimos	pensamos
entendéis	decís	pensáis
entienden	dicen	piensan

P-11 La vida estudiantil. Completa cada oración con un verbo lógico conjugado en el tiempo presente.

conseguir _to get / count, tell_   jugar _to play_   repetir _repeat_
contar _count, tell_   llover _rain_   seguir _follow_
costar _cost_   mostrar _show_   servir _serve_   soñar (con)
decir _to say_   pedir _ask for_   soñar _dream_
dormir _sleep_   poder _be able to_   tener _to have_
encontrar _to find_   reñir _quarrel, fight, scrap_

1. La asistencia a clase ___cuenta___ en la nota final.

2. La matrícula _(registration, enrollment)_ ___cuesta___ más cada año y yo no tengo mucho dinero.

3. Si ___encuentras___ tu cuaderno, ¿me lo prestas? _Will you loan it to me_

4. Nosotros ___jugamos___ al tenis cuando ___tenemos___ tiempo. _Cuando tenemos tiempo, jugamos_

5. La profesora nos ___pide___ la solución al problema de cálculo.

6. (Yo) ___Sueño___ con terminar mis estudios en cuatro años. _Dream of finishing in 4 yrs._

7. Cuando ___llueve___ no hay partido de béisbol.

8. Vosotros no ___podéis___ ir a la biblioteca porque está cerrada.

9. (Yo) Casi nunca ___duermo___ en clase aunque el profesor es bastante aburrido. _although_

10. Mis amigos ___consiguen___ la información en la red informática.

11. El mesero nos ___sirve___ la comida.

12. Vosotros ___decís___ que estáis cansados. _tired_

13. (Yo) Le ___muestro___ la tarea a una compañera de clase.

14. Los profesores siempre ___repiten___ la información más importante.

15. Si no ___sigues___ las instrucciones, no vas a pasar el examen.

16. Mis amigos me ___riñen___ cuando no tengo tiempo para salir con ellos.

Sueño con los tiburones. To dream about (with) sharks

P-12 ¿El próximo Bill Gates? Completa lo que nos escribe Roberto sobre su hermanito Tony y su afición por las computadoras.

Yo (1)_____ (tener) una computadora bastante vieja y cuando se

rompe, no la (2)_____ (enviar) a la compañía, (yo)

(3)_____ (preferir) que mi hermanito Tony la arregle. Yo

(4)_____ (querer) comprar una computadora nueva pero no

(5)_____ (encontrar) a nadie que me preste el dinero. Si se lo

(6)_____ (pedir) a mi padre, él (7)_____

(ir) a decirme que no. Yo (8)_____ (soñar) con la más rápida del

mercado, pero (9)_____ (costar) demasiado. Por ahora,

(10)_____ (seguir) usando mi pobre computadora gracias a

Tony porque todas las semanas (él) (11)_____ (venir) a mi

cuarto para mantenerla «saludable». Aunque él sólo tiene 12 años, mi hermanito

(12)_____ (sentir) una pasión impresionante por las computadoras.

Él (13)_____ (poder) arreglar cualquier sistema y

(14)_____ (entender) todo lo relacionado con la informática. ¡Yo no!

¡Sólo con pensarlo me (15)_____ (doler) la cabeza! Yo le

(16)_____ (decir) que él no (17)_____

(poder) pasar todo el día frente a una pantalla, pero sólo se levanta por cinco minutos y

(18)_____ (volver) a su computadora. Yo

(19)_____ (pensar) que él (20)_____

(tener) que hacer otras cosas o salir a jugar fuera de la casa, pero él

(21)_____ (seguir) «jugando» con su nueva computadora ¡sin parar!

Mi padre (22)_____ (decir) que Tony (23)_____

(tener) una obsesión porque a veces él no (24)_____ (dormir) leyendo

libros sobre computadoras y navegando en la red informática. Otras veces Tony tampoco

(25)_____ (querer) comer y casi nunca

(26)_____ (almorzar). Bueno, ¿quién

(27)_____ (saber)? ¡Quizá Tony sea el próximo Bill Gates!

6. Present tense of irregular verbs

The following are some of the most common irregular verbs in the present.

ser (*to be*)	estar (*to be*)	ir (*to go*)	oír (*to hear*)
soy	estoy	voy	oigo
eres	estás	vas	oyes
es	está	va	oye
somos	estamos	vamos	oímos
sois	estáis	vais	oís
son	están	van	oyen

♦ Some verbs in the present are only irregular in the first-person singular. The following are the most important ones:

dar (*to give*)	doy	**ver** (*to see*)	veo
conocer (*to know*)	conozco	**traer** (*to bring*)	traigo
saber (*to know*)	sé	**poner** (*to put*)	pongo
salir (*to leave, go out*)	salgo	**hacer** (*to do; to make*)	hago

Aplicación

P-13 En una fiesta. Completa el diálogo contestando las preguntas de un compañero en una fiesta de bienvenida.

RAÚL: ¡Hola! Soy Raúl, de Caracas. ¿Y tú?

TÚ: *Soy Ken de Durham.*

RAÚL: ¿Dónde pongo los refrescos?

TÚ: *Pones en la mesa.*

RAÚL: ¿Sabes quién es tu compañero/a de cuarto este año?

TÚ: *Sí, yo sé.*

RAÚL: ¿Conoces al decano? *dean*

TÚ: *No, yo no conozco.*

RAÚL: ¿Adónde vas después de la fiesta?

TÚ: *Voy al cine.*

RAÚL: ¿Qué haces allí?

TÚ: *Voy a mirar una película.*

P-14 Una conversación con el decano. En una actividad de tu facultad le haces preguntas al decano. Usa la forma formal (Ud.).

TÚ: _____

DECANO: Mucho gusto. Soy Juan Manuel García, decano de la facultad de Humanidades.

TÚ: _____

DECANO: Sí, el edificio donde estamos ahora fue construido en 1850.

TÚ: _____

DECANO: ¡Sí, lo conozco muy bien!

TÚ: _____

DECANO: Bueno, cuando tengo tiempo me gusta jugar golf.

TÚ: _____

DECANO: No, la verdad es que no veo mucho la televisión.

TÚ: _____

DECANO: ¿Ud. va a España en el verano? ¡Qué suerte!

TÚ: _____

DECANO: ¡Claro que sí! Si me da su dirección, le escribo una carta.

TÚ: _____

DECANO: De nada. ¡Que pase un buen año aquí en la universidad!

7. Simple verbal constructions

Formation of the progressive tenses (present and imperfect)

♦ The present progressive tense describes an action that is in progress at the time the statement is made. The imperfect progressive describes an action occurring in the past.

♦ The progressive is formed using any tense of the indicative of **estar** as an auxiliary verb and the **-ndo** form of the main verb, also called the present participle.

Progressive tenses of the verb *hablar*		
	Present progressive	**Imperfect progressive**
yo	estoy hablando	estaba hablando
tú	estás hablando	estabas hablando
usted / él / ella	está hablando	estaba hablando
nosotros	estamos hablando	estábamos hablando
vosotros	estáis hablando	estabais hablando
ustedes / ellos / ellas	están hablando	estaban hablando

- To form the present participle of regular **-ar** verbs, add **-ando** to the verb stem:

    hablar: habl- + -ando = **hablando**

- To form the present participle of **-er** and **-ir** verbs, add **-iendo** to the verb stem:

    comer: com- + -iendo = **comiendo**

    escribir: escrib- + -iendo = **escribiendo**

- Stem-changing **-ir** verbs also have a stem change in the present participle.

conseguir	consiguiendo	**preferir**	prefiriendo
decir	diciendo	**repetir**	repitiendo
dormir	durmiendo	**seguir**	siguiendo
mentir	mintiendo	**sentir**	sintiendo
morir	muriendo	**servir**	sirviendo
pedir	pidiendo	**venir**	viniendo

Estamos **pidiendo** pollo asado.	*We are ordering roast chicken.*
La camarera está **sirviendo** la comida.	*The waitress is serving the food.*
En Sudán muchos niños están **muriéndose** de hambre.	*In Sudan many children are dying of hunger.*
El enfermo estaba **sintiéndose** mejor hoy.	*The patient was feeling better today.*

- Verbs with two vowels next to each other change one to **y** in the present participle.

huir	huyendo	**oír**	oyendo
ir	yendo	**traer**	trayendo
leer	leyendo		

El ladrón está **huyendo** de la policía.	*The thief is fleeing the police.*
Los ancianos están **leyendo** el periódico.	*The elderly people are reading the newspaper.*

- The present participle is invariable. It never changes its ending regardless of the subject. Only the verb **estar** is conjugated when using the present progressive forms.

- Unlike English, the Spanish present progressive is not used to express future time. Instead, Spanish uses the present indicative.

Vamos a la playa esta tarde.	*We are going to the beach this afternaon.*
Salgo mañana para Madrid.	*I am leaving tomorrow for Madrid.*

Aplicación

P-15 Una tarde en la biblioteca. Completa cada oración con el presente progresivo de un verbo apropiado.

MODELO: *El profesor de inglés* *está hablando* *con el bibliotecario.*

1. Juan le *está pidiendo* (pedir) información al bibliotecario.
2. Julia *está viniendo* (venir) hacia nuestra mesa.
3. Nosotros *estamos diciendo* (decir) que necesitamos a Julia para estudiar.
4. En la sección de referencia Pablo y Cristóbal *están siguiendo* (seguir) a un chico que tiene el libro que ellos necesitan.
5. Teresa *está durmiendo* (dormir) sobre sus libros en la otra mesa.
6. Ahora el chico que tiene el libro *está decidiendo* (decidir) si debe prestarle su libro a Salvador y a Cristóbal.
7. Yo me *estoy sintiendo* (sentir) muy cansado.
8. ¡Además, Julia *está repitiendo* (repetir) toda la explicación por tercera vez!
9. Creo que necesito ver al señor que *está sirviendo* (servir) café afuera. ¡Creo que está haciendo mucho dinero durante estos días de exámenes finales!
10. ¡Tres días sin dormir! ¡Me *estoy muriendo* (morir) por mis pijamas y mi cama!

P-16 Victoria para los estudiantes. Completa las instrucciones del director usando el imperfecto progresivo de los verbos entre paréntesis.

MODELO: *Los estudiantes* *estaban reuniéndose* *frente al edificio de administración.*

Compañeros, algo muy positivo ha ocurrido esta tarde en el Centro de Estudiantes. El líder de la Asociación de Estudiantes (1)_____ (leer) el periódico local y su novia Ana (2)_____ (ver) las noticias en la televisión. El vicepresidente de la Asociación (3)_____ (revisar) unos documentos sobre el presupuesto que el gobernador (4)_____ (planear) otorgarles a las universidades públicas. Los tres estaban ocupados con sus labores cuando en la televisión mostraron nuestra protesta en las noticias. En el noticiero también dijeron que los estudiantes (5)_____ (preparar) otra marcha en protesta del corte de los presupuestos que el gobernador (6)_____ (alocar) para las universidades del estado. Mencionaron en las noticias que los estudiantes (7)_____ (demandar) que no se cortara más fondos pero el gobernador inmediatamente les dijo que él «(8)_____ (hacer) todo lo posible por solucionar la situación». ¿Qué creen, muchachos?

P-17 Planes. Traduce las siguientes oraciones al español. Ten cuidado de distinguir entre el presente y el presente progresivo.

1. What are you doing tomorrow? _____

   I'm going to Accounting Department. _____

2. What are you (pl.) doing now? _____

   We're waiting for the professor. _____

3. What are you studying this year? _____

   I'm finishing my studies in engineenng. _____

4. Are you saying that I'm not telling the truth? _____

   No, but you are exaggerating. _____

8. *Ir a* + infinitive

The construction **ir a** + infinitive is used in Spanish to express future time. It is equivalent to the English construction *to be going to* + infinitive.

¿Qué **vamos a hacer** el sábado?	*What are we going to do Saturday?*
Vamos a bailar a la discoteca.	*We're going to dance at the discotheque.*
¿Con quién **ibas a cenar** anoche?	*With whom were you going to have dinner last night?*
Iba a cenar con mi novia cuando te vi.	*I was going to have dinner with my girlfriend when I saw you.*

9. *Acabar de* + infinitive

Completed actions can be expressed with the construction **acabar de** + infinitive. The English equivalent is to *have/had just* + past participle.

Acabo de ganar la lotería.	*I have just won the lottery.*
Acababa de entrar en el restaurante cuando notó el olor.	*She had just entered the restaurant when she noticed the smell.*

Aplicación

P-18 La Voz: el periódico estudiantil. Completa la primera plana del periódico estudiantil de una universidad hispanoamericana. Completa las frases con la forma correcta de **ir a** o **acabar de** según las indicaciones.

MODELO: *El año próximo el nuevo rector* __*va a*__ *darles más dinero a las asociaciones estudiantiles.*

inside of (within 2 weeks)

1. Dentro de dos semanas, el escritor Manuel Cano __va a__ venir a nuestra universidad para dar una conferencia.

2. El año que viene, la presidenta de la universidad __va a__ retirarse del mundo de la educación para servir como embajadora.

3. La estudiante de cine Marcela Santos __acaba de__ ganar el premio nacional por el mejor documental ayer en la noche. ¡Felicidades!

4. El decano de la facultad de ingeniería __acaba de__ recibir esta mañana una beca para investigar la condición de varios puentes en la nación.

5. ¡Al fin! El alcalde __va a__ darnos el permiso para marchar en la avenida principal.

6. Esta misma mañana, el tesorero del consejo de estudiantes __va a__ anunciar que necesitamos más fondos si queremos hacer una fiesta para la graduación.

7. Una actriz famosa __acaba de__ inaugurar nuestro nuevo teatro tan pronto como se termine su remodelación a finales de este semestre.

8. Este fin de semana se __va a__ celebrar el día de la cultura en nuestra universidad. Habrá música, exhibiciones y excelente comida.

P-19 Un anuncio. Completa el anuncio de una tienda con palabras de la lista.

> disquetes   onda
> pantalla   aparatos
> impresora   teclado

¡Vengan mañana a nuestra venta-liquidación de productos electrónicos!

◆   Habrá un descuento de 50% en los radios de _____ corta.

◆   Venderemos los televisores de _____ grande a precio rebajado.

◆   Todos nuestros _____ electrónicos para el hogar estarán
de rebaja.

◆   Si compra una computadora, incluiremos el monitor, el ratón y
el _____ con el sistema.

◆   Las _____ láser estarán rebajadas.

◆   Los primeros diez clientes recibirán una caja de _____ "3.5".

1

El arte de contar

1-1   Un suceso misterioso. Vamos a completar la misteriosa experiencia de Pablo y sus amigos con las palabras de *¡Así lo decimos!*

Era una noche oscura y un poco fría. Mis amigos y yo estábamos dando un paseo cerca de mi casa de campo cuando comenzó a llover muy fuertemente. Decidimos entrar en una casa abandonada para protegernos de la lluvia. Estábamos conversando cuando de pronto apareció el (1)_____ del dueño de la casa, un espectro blanco y transparente, que estaba sentado en la escalera. ¡Era el señor Bernardo que había muerto hacía muchos años! También escuchamos un terrible (2)_____ que venía de un cuarto de la casa.

¡Qué miedo! Todos nos abrazamos. Cuando miramos otra vez hacia la escalera, la figura del señor Bernardo ya no estaba ahí... ¡(3)_____ de repente ante nuestros ojos!

Entonces, la lámpara que colgaba del techo, de pronto se (4)_____ en el suelo.

¡Estábamos muy (5)_____ ! Por eso todos temblábamos. (6) Un_____ negro y grande entró volando por la ventana y siguió volando dentro de la casa.

Entonces nuestra amiga Ana comenzó a reírse. Yo le dije, «¡No te rías! ¡Esto no es (7)_____ !»

Ana dijo que se reía porque estaba muy nerviosa y tenía mucho miedo. Entonces paró de llover y salimos corriendo de aquella casa tan misteriosa. ¡Nunca olvidaremos aquel (8)_____ tan extraño!

1-2 **Tu propia historia.** Construye una pequeña historia con las siguientes palabras y expresiones de *¡Así lo decimos!* Sigue el orden cronológico.

1. Una noche, mientras leía en mi cuarto, me di cuenta de que _____

   _____

2. Lo extraño es que sólo _____

3. Entonces vi el reflejo de _____

   _____

4. Pensé que estaba imaginándolo todo pero, de repente, sentí escalofríos porque _____

   Cuando me desperté la mañana siguiente, todo estaba en su lugar. ¡Entonces me reí porque supe que todo había sido una pesadilla!

¡Así lo hacemos!

Estructuras

1. The preterit tense

1-3 Sueños del futuro. Jules Verne se considera el padre de la ciencia ficción. Muchas de las historias que nacieron en su imaginación ahora forman parte de la realidad de nuestros días, como volar alrededor del mundo, ir y regresar a la luna, y recorrer el fondo del mar en submarinos. ¡Vamos a completar esta cronología de su vida! Llena los blancos con el pretérito de los verbos en la lista.

abandonar	dejar de	hacerse	publicar
adquirir	durar	morir	ser
añadir	enojarse	nacer	titular
casarse	enviar	navegar	traducir
comprar	escribir	ofrecer	traer
crecer	fundar	pasar	

1. Este increíble escritor _____ el 8 de febrero de 1828 en Nantes, Francia.

2. En 1847, su padre lo _____ a París para que estudiara leyes.

3. A Verne sólo le gustaba la literatura y en 1850 se _____ su primera obra de teatro.

4. Al enterarse de esto, su padre _____ mucho y _____ darle dinero.

5. Aunque Verne _____ su carrera de leyes, el escritor _____ largas horas en la Biblioteca Nacional de París estudiando geología, ingeniería y astronomía.

6. Jules Verne _____ su primera novela, *Un viaje en globo*, en 1851.

7. El escritor _____ con Honorine de Viane el 10 de enero de 1857.

8. En 1862, Verne le _____ a Pierre Jules Hetzel, escritor y editor de libros para adolescentes, una serie de novelas llamada *Viajes extraordinarios*.

9. Verne _____ el primer trabajo de esta serie *Cinco semanas en globo*, que se_____ en 1863.

10. Esta novela le _____ a Verne mucho éxito que _____ incrementando durante toda su vida.

11. En 1864, Verne _____ *Viaje al centro de la tierra* y en 1865 _____ *De la tierra a la luna*, dos de sus obras más conocidas en todo el mundo.

12. También, con este éxito, la asociación Verne/Hetzel _____ mucho y _____ toda la vida del escritor.

13. Por la popularidad que Verne _____ con ésta y otras novelas, él _____ muy rico y muy famoso.

14. En 1876 Verne _____ un gran yate y _____ alrededor de Europa.

15. En 1869 Verne _____ su famosa novela *Veinte leguas de viaje submarino*.

16. Verne _____ su última novela, *La invasión del mar*, justo antes de su muerte.

17. Verne _____ el 24 de marzo de 1095 en Amiens, Francia.

18. Muchas personas piensan que Jules Verne, además de ser un gran escritor, _____ un visionario del futuro.

19. El 31 de julio de 1935 se _____ La Sociedad Jules Verne en París.

20. En 1999 se _____ el nombre de Jules Verne al prestigioso Salón de la Ciencia Ficción y la Fantasía.

21. Verne _____ 65 novelas de ciencia ficción que se _____ a todos los idiomas y vivirán por siempre en nuestra imaginación.

vestirse de   me vestí de

1-4 Carnaval. Alonso habla de su fiesta de Carnaval. Completa su historia con el pretérito de los verbos de la lista.

to become frightened   *Vestir- dress someone else*

Se puso furioso

asustarse *to scare*	leer *to read*	tener *to have*
decir *to tell*	pintarse *to put on make up*	traer *to bring*
disfrazarse *to wear costume*	ponerse *to put on*	venir *to come*
ganar *to win, to gain*	ser *to be become*	vestirse *to get dressed, dress yourself*

Ayer mis compañeros y yo (1)_____tuvimos *(had or gave)* una fiesta de Carnaval en mi

casa. (2)_____Fue_____ muy divertida porque todos los invitados

(3)__se disfrazaron__ con máscaras y ropa extraña. Yo (4)__me pinté_____

la cara de blanco como un fantasma y (5)___me puse_____ una capa negra. Mi

black cape

amigo Jeremías (6)___se disfrazó / se vistió de Drácula, y todos

In fact

(7)___se asustaron_____ al verlo porque tenía un aspecto muy malévolo. De hecho,

best costume

él (8)___ganó_____ el premio por el mejor disfraz de la fiesta. Nuestra

fortune teller

compañera Rita (9)_____vino_____ a la fiesta vestida de adivina. Ella

cards

(10)___trajo_____ una bola de cristal y unos naipes de tarot. Rita me

(11)___leyó_____ la mano y (12)__me dijo_____ que

tendría mucha suerte esta semana. ¡Ojalá que sea verdad!

2. The imperfect tense

1-5 Un OVNI (Objeto Volador No Identificado). Anoche varias personas llamaron a la policía para reportar que vieron un OVNI. Completa el informe de la policía con el imperfecto de los verbos entre paréntesis.

(1)_____ (ser) las diez de la noche cuando los testigos vieron el

OVNI. Las personas que vieron el objeto (2)_____ (estar) en la

zona al noroeste de la ciudad. El OVNI (3)_____ (parecer) ser

algún tipo de nave.

El objeto (4)_____ (volar) a unos 100 metros de altura.

La nave (5)_____ (tener) una forma elíptica. Una luz intermitente

(6)_____ (proceder) del OVNI. Mientras

(7)_____ (mirar) la nave, los testigos también

(8)_____ (oír) un sonido extraño. Algunas personas

(9)_____ (ir) a sacar fotos, pero sus cámaras no

(10)_____ (funcionar).

1-6 ¿El más allá? Un parapsicólogo está entrevistando a una persona que tuvo una experiencia en el más allá. Completa el diálogo con el imperfecto de los verbos.

DOCTOR: Los médicos dicen que mientras lo (1)_____ (operar), Ud. pasó unos minutos sin mostrar señales de vida. Yo (2)_____ (querer) entrevistarlo sobre lo que recuerda de esta experiencia.

PACIENTE: Bueno, mientras yo (3)_____ (dormir) bajo los efectos de la anestesia, (4)_____ (soñar) que (5)_____ (caminar) por un largo pasillo.

DOCTOR: ¿Cómo (6)_____ (ser) ese pasillo que Ud. vio?

PACIENTE: Me (7)_____ (parecer) muy estrecho y oscuro.

DOCTOR: ¿(8)_____ (haber) algo al final del pasillo?

PACIENTE: Sí, me acuerdo que una luz muy fuerte al fondo del pasillo me (9)_____ (atraer). Allí se (10)_____ (ver) una sombra que me (11)_____ (llamar).

DOCTOR: ¿(12)_____ (ir) Ud. solo por el pasillo?

PACIENTE: Sí. Y la sombra me (13)_____ (decir) que yo (14)_____ (tener) que seguir caminando hasta llegar a esa luz.

DOCTOR: ¿Cómo (15)_____ (sentirse) Ud. durante esta experiencia?

PACIENTE: Recuerdo que yo (16)_____ (estar) muy alegre.

DOCTOR: ¿Recuerda qué (17)_____ (hacer) usted en el sueño justo antes de despertarse?

PACIENTE: Sí... le (18)_____ (explicar) a esa sombra que yo no (19)_____ (poder) quedarme allá cuando de repente la luz se apagó y me desperté.

Nombre _____ Fecha _____

1-7 Un extraterrestre. ¡Ayer Gema vio un extraterrestre! Completa la descripción con el imperfecto de los verbos.

acercarse *to approach, to draw near*	haber *to have*	saber *to know*
creer *to believe*	ir *to go*	ser *to be*
estar *to be*	mirar *to look at*	tener *to have*
explicar *to explain*	querer *to want, love*	

¡No van a creer lo que vi ayer! Después de clase, cuando yo (1) __iba__ *setting stage*

a casa, algo me llamó la atención. (2) __Había__ *There was* algo muy raro en el

parque al lado de mi casa. Yo (3) __me acercaba__ *I got closer to the vehicle* al vehículo para investigarlo

when it left cuando salió un ser muy extraño. ¡Creo que (4)__era__ *miraba I thought he was an alien* un

extraterrestre! (5)__Tenía__ *It had* un cuerpo flaco con piernas y brazos muy

largos. En el centro de la cabeza (6)__tenía__ un solo ojo azul. El

extraterrestre me (7)__miraba__ con este ojo mientras

explained that he was a visitor from another galaxy (8)__explicaba__ que era un visitante de otra galaxia y que

wanted to know our planet (9)__quería__ conocer nuestro planeta. Yo

tells us narrator is female (10)__estaba__ tan nerviosa que salí corriendo para mi casa. Llamé a la

policía para decirle lo que (11) __había__ *had seen* visto, pero nadie me

(12)__creía__. Yo no (13)__sabía__ que había

vida en otras partes del universo, pero ahora sí lo creo. *I didn't know there was other life en other parts of the universe.*

Segunda parte ¡Así lo decimos! Vocabulario

1-8 La leyenda del chico y el lobo. Completa las oraciones con palabras de *¡Así lo decimos!* Atención: vas a tener que hacerles cambios a algunas palabras según el contexto.

a través	cuento	echar a correr	relato
anécdota	dejar de	espeso/a	ruido
capaz	desconsolado/a	lobo	soler
conducir	descripción	luna	tener sentido
contar			

Durante mi último viaje al desierto, conocí a una anciana muy sabia que todas las noches

(1)_____ historias sobre el pasado de su pueblo y sobre los misterios

de la naturaleza. Una noche muy clara, junto al fuego, como lo (2)_____

hacer, Zaia, la anciana, me contó una (3)_____ sobre un suceso del

que ella misma había sido testigo cuando era niña. A lo lejos se escuchaba un aullido que servía de

fondo para las palabras de Zaia. La anciana comenzó su historia. La (4)_____

que Zaia hacía del ambiente y de los personajes me hacían sentir que estaba allí.

(5)_____ de sus ojos podía visualizar todo lo que iba revelando con

sus palabras. El (6)_____ trababa de un (7)_____

que aullaba todas las noches que había (8)_____ llena. Según Zaia,

todos estaban contentos, pues celebraban el festival de la luz nocturna. Sin embargo Tromel, el

muchacho más valiente y más querido de la aldea, estaba muy triste pues vio a la chica que él amaba

montándose con su padre en el caballo. Se iban para siempre a la ciudad. ¡Pobre Tromel! El chico

gritaba y gritaba: "¡No! ¡No!" ...Entonces tomó impulso y (9)_____

detrás del caballo hasta que se perdió entre las dunas. Todos en la aldea se sintieron preocupados

pues pensaron que el chico estaría (10)_____ por la partida de la

muchacha. Los hombres y mujeres de Kobut lo buscaron por todas partes. Estaba tan desesperado

que ¡era (11)_____ de hacer cualquier cosa!

Según la anciana, cuando al fin pudieron entrar a su casa —que estaba trancada con muchos

cerrojos— encontraron en su cama un lobo dormido. «¿Pero cómo puede el lobo estar aquí si

podemos escucharlo aullándole a la noche en el pico del peñasco?» exclamó el líder de la aldea.

Entonces decidieron subir al peñasco. «¡Esto simplemente no (12)_____!»

dijo el líder. Esa noche había una niebla muy (13)_____. Krtu, un

niño que iba con ellos, (14)_____ el grupo pues conocía muy bien los

caminos. Llegaron al peñasco. Y ahí, lentamente y sin hacer (15)_____,

se acercaron a Tromet que estaba arrodillado en la parte más alta del peñasco con el cuello estirado

hacia arriba aullándole a la luna y a la noche por su amor perdido.

¡Nunca voy a (16)_____ venir a visitar a Zaia y a los amables y

sabios habitantes de Kobut!

1-9 El cuento perfecto. Escribe la receta de lo que para ti es un cuento perfecto. Utiliza <u>por lo menos 6 palabras</u> de la lista.

a través	descrito/a	poético/a
el argumento	elaborado/a	profundo/a
el asombro	el género	revelar
calar	el lector	el símbolo
desarrollar	la narración	

RECETA PARA UN CUENTO PERFECTO

_____

_____

_____

_____

_____

_____

_____

_____

¡Así lo hacemos!

Estructuras

3. Preterit vs. imperfect

1-10 La bola de cristal. Una adivina le está leyendo la fortuna a un cliente. Completa el diálogo con el pretérito o imperfecto de los verbos.

ADIVINA: Déjeme contarle lo que veo aquí de su pasado. Veo una torre grande, en una ciudad exótica...

CLIENTE: Sí. Cuando yo (1)_____ (ser) adolescente mi madre y yo (2)_____ (vivir) en París.

ADIVINA: Parece que allí (3)_____ (haber) un cambio importante en su vida. Tengo la sensación de alegría.

CLIENTE: Claro. (4) ¡Allí _____ (conocer) a mi esposo! (5)_____ (casarse) con él cuando yo (6)_____ (tener) dieciocho años. Entonces, (7)_____ (ir) a España a vivir con mi esposo.

ADIVINA: Veo a un hombre, pero no creo que sea su esposo. ¿Quién podría ser?

CLIENTE: Probablemente es mi padre. Lo (8)_____ (dejar) de ver hace unos años, cuando (9)_____ (irse) de Caracas, donde nací. El año pasado le (10)_____ (escribir) una carta.

ADIVINA: Bueno, ahora vamos a hablar de su futuro. Veo otro cambio muy importante... es un bebé. ¿Esperan Uds. un hijo?

CLIENTE: No sé con seguridad, pero esta mañana mi doctora (11)_____ (dejar) un mensaje en mi contestadora y (yo) (12)_____ (saber) por el tono de su voz que ella (13)_____ (tener) buenas noticias para nosotros. ¡No puedo esperar al día de la consulta!

ADIVINA: Pues... ¡las cartas me dicen que vienen gemelos!

CLIENTE: ¡Gemelos! ¡Dos! ¡Qué maravilla! ...¿Me presta su teléfono?

1-11 Presentimientos. Eugenio tiene visiones de acontecimientos antes de que ocurran. Completa las oraciones con el pretérito o el imperfecto de los verbos entre paréntesis.

Ayer mientras (1)_____ (dormir) la siesta,

(2)_____ (tener) una pesadilla. En el sueño, mis colegas y yo

(3)_____ (discutir) un presupuesto mientras (4)_____ (tomar)

café. (5) Cuando yo _____ (explicar) mi punto de vista, nosotros

(6)_____ (oír) una alarma. Al salir del edificio, nosotros

(7)_____ (ver) humo cuando (8)_____

(caminar) por el pasillo. Cuando nosotros (9)_____ (esperar) en la

calle, (10)_____ (venir) los bomberos.

Los bomberos (11)_____ (entrar) en el edificio y

(12)_____ (apagar) el fuego.

Esta mañana, cuando yo (13)_____ (estar) en la oficina el

presentimiento (14)_____ (cumplirse). Mientras nuestro colega Jaime

(15)_____ (preparar) el café, la cafetera (16)_____

(quemarse). ¡Afortunadamente (17)_____ (ser) un incendio muy

pequeño!

1-12 Un cuento infantil. Completa el cuento de *La Cenicienta* (*Cinderella*) con el pretérito o el imperfecto de los verbos entre paréntesis.

(1)_____ (haber) una vez una joven muy bella que no

(2)_____ (tener) padres, sino una madrastra, una mujer muy mala

con dos hijas muy feas. La muchacha bonita (3)_____ (hacer) los

trabajos más duros de la casa y como sus vestidos siempre (4)_____

(estar) sucios, todos la (5)_____ (llamar) Cenicienta.

Un día el príncipe de aquel país (6)_____ (anunciar) que

(7)_____ (ir) a dar una gran fiesta a la que

(8)_____ (invitar) a todas las jóvenes solteras del reino. «Tú,

Cenicienta, no irás» (9)_____ (decir) la madrastra. «Te quedarás en

casa fregando el suelo y preparando la cena para cuando volvamos».

(10)_____ (llegar) el día del baile y Cenicienta, triste,

(11)_____ (ver) partir a sus hermanastras hacia el Palacio Real.

Cuando (12)_____ (encontrarse) sola en la cocina no

(13)_____ (poder) reprimir las lágrimas. «¿Por qué soy tan

desgraciada?» (14)_____ (exclamar) la Cenicienta. De pronto se le

(15)_____ (aparecer) su Hada Madrina. «No te preocupes»

(16)_____ (exclamar) el Hada. Tú también podrás ir al baile, pero

con una condición: cuando el reloj del Palacio dé las doce campanadas tendrás que regresar sin falta.

Entonces el Hada Madrina (17)_____ (tocar) a Cenicienta con

su varita mágica y la (18)_____ (transformar) en una maravillosa

joven.

La llegada de Cenicienta al Palacio (19)_____ (causar) una gran

admiración. Al entrar en la sala de baile, el príncipe (20)_____

(quedar) tan impresionado por su belleza que (21)_____ (bailar) con

ella toda la noche. Sus hermanastras no la (22)_____ (reconocer) y se

(23)_____ (preguntar) constantemente quién sería aquella joven.

En medio de tanta felicidad, Cenicienta (24)_____ (oír) sonar

las doce en el reloj de Palacio. «¡Oh, Dios mío! ¡Tengo que irme!»

(25)_____ (exclamar) la Cenicienta. Entonces la muchacha

(26)_____ (atravesar) el salón y (27)_____

(bajar) la gran escalera pero, como ella (28)_____ (estar) apurada,

(29)_____ (perder) un zapato, que el príncipe

(30)_____ (recoger) asombrado.

Para encontrar a la bella joven, el príncipe (31)_____ (pensar)

en un plan: se casaría con la muchacha que pudiera calzarse el zapato. Entonces el príncipe

(32)_____ (enviar) a sus caballeros a recorrer todo el Reino.

Las doncellas se lo (33)_____ (probar) en vano, pues no

(34)_____ (haber) ni una a quien le quedara bien el zapatito.

Al fin, los caballeros del príncipe (35)_____ (llegar) a casa de

Cenicienta, y claro está que sus hermanastras no (36)_____ (poder)

calzar el zapato, pero cuando se lo (37)_____ (poner) Cenicienta,

todos (38)_____ (ver) con sorpresa que le (39)_____

(quedar) perfecto.

Y el príncipe (40)_____ (casarse) con la joven y los dos

(41)_____ (vivir) muy felices.

¡Así lo expresamos!

Lectura

> **Vocabulario clave**
>
> | | |
> |---|---|
> | centenares | *hundreds* |
> | cotidiano/a | *daily* |
> | imperecedero/a | *inmortal, unperishable* |
> | recorrer | *to travel* |
> | tenebroso/a | *dark, gloomy* |

HISTORIAS INMORTALES:
Entrevista con el Profesor Carlos Allende

ENTREVISTADORA: ¿Cuáles son las diez mejores historias que se han escrito?

PROF. ALLENDE: ¡Ésa es una pregunta muy difícil de contestar! Hay cientos de historias que ...

ENTREVISTADORA: Pero, trate de escoger algunas...

PROF. ALLENDE: Bueno, le diré como ser humano, no necesariamente como profesor de literatura.

ENTREVISTADORA: Está bien. ¡Adelante!

PROF. ALLENDE: Comenzaré por decir que algunas de las historias inmortales son sobre sucesos y eventos que han ocurrido en realidad y son puestas en palabras por cronistas, historiadores, periodistas, guionistas, dramaturgos, abuelos, padres... en fin, narradores quienes, por escrito u oralmente, nos hacen ver el pasado de una manera viva y emocionante. Pero muchas de las historias inmortales no son historias verdaderas; es decir, han ocurrido en la imaginación del autor solamente y son alimentadas por sus experiencias como seres humanos. Lo importante es saber cómo contar una buena historia.

ENTREVISTADORA: ¿Cuáles son sus escritores favoritos?

PROF. ALLENDE: ¡Ay! ...¡es que es muy difícil escoger! Bueno, le diré... Hay muchos escritores que, por su talento, han creado historias que siempre permanecerán en la memoria de la humanidad. Hay centenares de personas desde los inicios de la escritura y la pintura hasta el momento que han creado historias maravillosas. Todas son diferentes, pero

todas tienen como denominador común: lo profundamente humano, no importa si se trata de una fantasía como *ET* o de un documental sobre un combate en la primera guerra mundial.

ENTREVISTADORA: ¿Por qué son estas historias inmortales?

PROF. ALLENDE: No sé exactamente. Hay algo en estas historias que las hacen parte de la vida cotidiana de todos. Nos identificamos con muchos de los personajes y nos conmovemos con muchas de las situaciones. Una de estas historias es *la Odisea*, del poeta Homero. Ésta es la historia de las aventuras de Odiseus (Ulises), quien lucha contra dioses y gigantes.

ENTREVISTADORA: ¿Qué otras historias considera usted las más memorables de todos los tiempos?

PROF. ALLENDE: Otra historia inmortal es la que narra las aventuras de un hombre loco que quería ser caballero y la de su escudero Sancho Panza mientras recorren los campos de la Mancha.

ENTREVISTADORA: ¿Hay entre estas historia alguna que haya sido escrita en inglés?

PROF. ALLENDE: ¡Por supuesto! En Inglaterra se han escrito historias inolvidables como la de *Romeo y Julieta* de William Shakespeare y la de *Oliver Twist*, la inolvidable historia de un niño que no tiene padres. Se desarrolla en el Londres del siglo XIX. Tampoco se podrá olvidar jamás la historia para niños (¡y para adultos!) *Alicia en el país de las maravillas*, del inglés Lewis Carroll.

ENTREVISTADORA: ¿Y en los Estados Unidos?

PROF. ALLENDE: Sí, claro. En los Estados Unidos también se han creado historias imperecederas. ¿Cómo olvidar los cuentos tenebrosos y oscuros de Edgar Allan Poe? ...Y todos conocemos las deliciosas historias *Tom Sawyer* y *Huckleberry Finn* del escritor norteamericano cuyo verdadero nombre era Samuel Clemens.

ENTREVISTADORA: ¿Me puede decir dos más de sus favoritas?

PROF. ALLENDE: Bueno, pienso que otra de las grandes obras de la narrativa mundial es *Crimen y castigo*, del novelista ruso Fyodor Dostoevsky. También está *Cien años de soledad*, una de las novelas más importantes de todos los tiempos en Latinoamérica y del siglo XX en la literatura mundial. Su autor es el incomparable escritor colombiano Gabriel García Márquez, quien fue galardonado con un premio Nobel... ¿Puedo mencionar algunas más?

ENTREVISTADORA: No. Es todo. Muchas gracias.

PROF. ALLENDE: Pero... Pero... ¿Y *Hamlet*?... ¿y *Don Juan Tenorio*?... y... y...

1-13 Historias inmortales. Empareja a cada escritor con la descripción de su obra. ¡Busca pistas (*clues*) en la lectura anterior!

1. _____ Edgar Allan Poe

2. _____ William Shakespeare

3. _____ Gabriel García Márquez

4. _____ Miguel de Cervantes

5. _____ Homero

6. _____ Alexandre Dumas

7. _____ Mark Twain

8. _____ Lewis Carroll

9. _____ Charles Dickens

10. _____ Fyodor Dostoevsky

a) la historia sobre Don Quijote y Sancho Panza

b) la historia de una niña que atraviesa el espejo y va a otra dimensión

c) autor de la famosa historia sobre Quasimodo, el humilde héroe de *The Hunchback of Notre Dame*

d) la antigua historia de un héroe que lucha contra dioses y gigantes

e) la historia de un amor imposible

f) la historia de las aventuras de un niño norteamericano

g) cuentos de misterio y terror

h) la historia de un niño huérfano en la Inglaterra del siglo XIX

i) una historia profunda sobre Rodion Romanovitch Raskolnikov, un guapo estudiante ruso que comete un crimen

j) la historia de la familia Buendía y de su estirpe en el pueblo de Macondo, un lugar imaginario en Hispanoamérica

1-14 ¿Qué opinas? ¿Estás de acuerdo con la lectura? ¿Piensas que hay otras historias inmortales? Siguiendo el modelo de la lectura, nombra y describe cinco historias inolvidables <u>que no aparezcan en la entrevista</u>. Escribe la razón por la que piensas que son historias inmortales. Trata de ser lo más persuasivo/a posible. ¡Puede haber un debate en clase!

Taller

1-15 Idear. A muchos niños les gusta escuchar cuentos de fantasía, como *The Neverending Story*, ¿Recuerdas alguno de tu niñez? ¿De qué se trata?

1-16 Expandir. En un cuento de fantasía el ambiente que se crea en la historia es tan importante como los sucesos. Haz una lista de elementos de la escena (algunos que no existen en realidad) y otra lista de las acciones (algunas sobrenaturales).

1-17 Escribir. Ahora escribe el cuento. Primero, describe la escena en la que se va a desarrollar la acción. Intenta describirla detalladamente para crear el ambiente apropiado. Luego, presenta a tu(s) personaje(s); entonces narra los sucesos del cuento. Al mismo tiempo, explica también las emociones y reacciones de los personajes. ¡Recuerda que el suspenso es muy importante para crear el efecto final!

Conexiones

1-18 Una leyenda. Existen miles de maravillosas leyendas en el mundo hispano. Pero las leyendas en realidad existen en todas las culturas y países del mundo. ¿Conoces alguna leyenda norteamericana o de otro país? Busca información sobre alguna leyenda norteamericana, preferiblemente de la región donde vives o estudias. Prepara un resumen de la leyenda en español para presentar a la clase sin decir su nombre o título. ¡A ver si uno de tus compañeros la identifica!

La tecnología y el progreso

Primera parte ¡Así lo decimos! Vocabulario

2-1 Campañas ecológicas. Un grupo de activistas ha propuesto varias campañas para proteger el medio ambiente. Completa las ideas con palabras y expresiones de ¡Así lo decimos!

1. pedir a las industrias que reduzcan la producción de _____ tóxicos

2. proponer el uso de energía limpia en lugar de _____ tales como el petróleo o el carbón

3. emprender programas de reciclaje con el fin de limitar la cantidad de _____

4. establecer un sistema para la eliminación de la pintura que contiene _____

5. participar en manifestaciones contra la _____ de las selvas tropicales

6. reducir la contaminación del aire por _____ a través de incentivos para el uso del transporte público

2-2 Una carta de protesta. Completa la carta a una industria de refrigeración con palabras y expresiones de ¡Así lo decimos!

Estimados señores:

A través de la presente le solicito que deje de utilizar clorofluorocarbonados (CFC) en la fabricación de refrigeradores. Estos gases tienen nefastos efectos sobre (1)_____. Los CFC son responsables de la destrucción de (2)_____, la parte de la estratosfera que filtra los rayos ultravioletas. La radiación UV-B es (3)_____ para los seres humanos porque puede causar cáncer de la piel. Los CFC también contribuyen al (4)_____, una condición atmosférica que atrapa el calor del sol. Este proceso de calentamiento global perjudica la estabilidad (5)_____. Algunas regiones tendrán inundaciones mientras que otras zonas sufrirán (6)_____ por la falta de lluvia. Una consecuencia de estos cambios climáticos puede ser un aumento del número de (7)_____ en peligro de extinción. Además, se cree que el calentamiento global hará que (8)_____ del mar suba. Debemos hacer todo lo posible para prevenir estas crisis. Cuento con su apoyo.

Atentamente,

Luis Chávez

¡Así lo hacemos!

Estructuras

1. Uses of *ser, estar,* and *haber*

2-3 La contaminación atmosférica. Completa la lista de problemas con la forma correcta del presente de *ser, estar* o *haber*.

1. La temperatura de la Tierra _____ creciendo como consecuencia del efecto invernadero.

2. El aire de los centros urbanos _____ lleno de contaminantes como el monóxido de carbono.

3. La lluvia ácida _____ uno de los resultados de la contaminación del aire.

4. El humo de los cigarrillos _____ dañino para el organismo de los fumadores y de las personas a su alrededor.

5. El humo de los vehículos automotores produce el smog que _____ en algunas ciudades grandes.

6. La mayoría de las zonas industriales _____ totalmente contaminadas.

7. La conferencia sobre el ecosistema de Tierra del Fuego _____ en Buenos Aires.

8. _____ una concentración excesiva de gases invernaderos en la capa inferior de la atmósfera.

2-4 Una organización medioambientalista. Completa el anuncio con la forma correcta del presente de *ser, estar* o *haber*.

«Amigos del ambiente»: (1)_____ un grupo dedicado a la protección del medioambiente. Nuestra oficina (2)_____ localizada en el centro estudiantil de la universidad. Todos los socios del grupo (3)_____ estudiantes universitarios, y nosotros (4)_____ interesados en prevenir los efectos dañinos de nuestra universidad sobre el ambiente. Actualmente (5)_____ trabajando para mejorar los programas de reciclaje de la universidad. Aunque (6)_____ basureros de reciclaje en todas las facultades, calculamos que solo el 50% de los estudiantes los usa. (7)_____ que convencer al estudiantado de que (8)_____ importante reciclar todos los productos de papel y aluminio. (9)_____ una reunión esta semana para los que (10)_____ interesados en el tema.

Nombre _____ Fecha _____9/29/03_____

2-5 Un reportaje. Ángel Morales es un reportero que está cubriendo una crisis ecológica. Completa su reportaje con la forma correcta del presente de *ser, estar* o *haber*.

Buenos días. (1)_____ Ángel Morales, reportero para el Canal

Siete. Ahora (2)_____ en la ciudad de Miami, donde

(3)_____ una crisis ecológica porque un barco petrolero derramó

varias toneladas de petróleo en el océano. La situación (4)_____

alarmante. Los ecologistas (5) _____ analizando los efectos

de este accidente sobre el ecosistema y (6)_____ muy preocupados.

Muchos animales marinos han muerto. Un grupo de medioambientalistas

(7)_____ empezando la limpieza del derrame, pero la playa todavía

(8)_____ cubierta de petróleo. Las autoridades de la ciudad dicen que

(9)_____ que pedir la ayuda voluntaria de los ciudadanos para

resolver el problema. (10) ¡_____ muy importante contar con la

participación de muchas personas!

2-6 Mejorando el medio ambiente. Haz una lista de seis cosas que podemos hacer para mejorar el medio ambiente. Escribe oraciones completas.

1. _____
2. _____
3. _____
4. _____
5. _____
6. _____

2. The future tense

2-7 Los agujeros de la capa de ozono. Completa las predicciones sobre las consecuencias de la disminución de la capa de ozono con el futuro de los verbos entre paréntesis.

1. Los índices de cáncer de la piel ____Subirán____ (subir).

2. Los seres humanos ____tendrán____ (tener) problemas en el sistema inmunológico.

3. ____Habrá____ (haber) más casos de enfermedades infecciosas a causa de la reducción de la efectividad inmunológica.

hay   there is/are
había
hubo
habrá — there will be

4. Ciertas especies de vegetación ___morirán___ (morir).

5. Otras plantas ___producirán___ (producir) sustancias tóxicas.

6. Algunos animales ___contraerán___ (contraer) enfermedades.

7. La disminución del ozono ___podrá___ (poder) resultar en una pérdida de fitoplancton en el océano.

8. La concentración del ozono en la superficie terrestre ___causará___ (causar) problemas respiratorios en los seres humanos.

2-8 La incineración de desechos. Beatriz Romero es una medioambientalista que quiere prohibir la incineración de desechos industriales. Completa la entrevista sobre este tema con el futuro de un verbo adecuado.

escribir	perjudicar	ser
haber	publicar	sufrir
hacer	reducir	tener
informar		

ENTREVISTADOR: Muchos creen que la incineración de desechos industriales (1) _____ mucha de la basura producida por las industrias. ¿Por qué se opone Ud. a este método?

DRA. ROMERO: La evidencia científica prueba que la incineración de desechos peligrosos (2) _____ efectos dañinos sobre el medio ambiente porque este proceso libera metales pesados al aire.

ENTREVISTADOR: ¿Cuáles (3) _____ algunas de las consecuencias de este tipo de contaminación?

DRA. ROMERO: La incineración de ciertas sustancias (4) _____ la salud humana. Las personas expuestas a estas emisiones (5)_____ problemas en el sistema inmunológico. Además, (6)_____ un aumento en los casos de cáncer.

ENTREVISTADOR: ¿Qué (7)_____ Ud. para combatir este problema?

DRA. ROMERO: Yo (8)_____ al público sobre los peligros de la incineración a través de anuncios publicitarios. Los científicos (9)_____ los resultados de los experimentos realizados. Además, mis colegas y yo (10)_____ cartas a los representantes públicos para que establezcan leyes contra este proceso.

2-9 Una campaña. Un grupo de voluntarios quiere limpiar las zonas naturales alrededor de tu ciudad. Explica lo que se hará para realizar la campaña. Escribe oraciones completas en el futuro.

1. yo / pedir / apoyo / económico / de / gobierno

   Pediré el apoyo económico del gobierno.

2. tú / conseguir / ayuda / de / voluntarios

   Conseguirás la ayuda de los voluntarios.

3. Cristina y Tomás / poner / basureros / en / parques

   Cristina y Tomás pondrán los basureros en los parques.

4. Alma y yo / recoger / envases / aluminio

   Alma y yo recogeremos envases de aluminio.

5. Celia / reciclar / botellas / cristal

   Celia reciclará las botellas de cristal.

6. ustedes / botar / basura

   Ustedes botarán la basura.   throw out the trash

   envase de aluminio — aluminum can

2-10 Las profesiones del futuro. Completa el párrafo con palabras y expresiones con *¡Así lo decimos!*

Hay muchas profesiones que serán claves en el futuro. Una de éstas es la

(1)_____, que estudia la composición y las reacciones químicas

en los seres vivientes. La (2)_____ estudia los seres vivos más

pequeños como las bacterias, los virus y los animales unicelulares. Pero quizá el campo de la

(3)_____ es el que ha hecho más avances en las últimas décadas y

ofrece más promesa para curar enfermedades en el futuro. Su estudio ha conducido al

descubrimiento del genoma humano y al fenómeno de la clonación. Lo importante es que estos

nuevos conocimientos se usen para mejorar la (4)_____ de vida de

los seres humanos, los animales y la naturaleza y no para destruir. ¡Los conocimientos deben ser

(5)_____ para la vida en la tierra! Hay que tomar esto en

(6)_____ porque, si no usamos nuestros conocimientos sólo para

el bien de todos, los resultados serán muy (7)_____.

¡Así lo hacemos!

Estructuras

3. The Spanish subjunctive in noun clauses

2-11 La nueva tecnología. El Sr. Galeano, jefe de una empresa, da sus opiniones sobre el uso de la tecnología moderna en la oficina. Completa las oraciones con el subjuntivo o indicativo de los verbos.

1. Creo que el correo electrónico _____ (ser) una vía de comunicación imprescindible.

2. Dudo que todos mis colegas _____ (tener) acceso a la red informática.

3. No estoy seguro de que una empresa _____ (poder) ser exitosa sin el apoyo de la informática.

4. Es evidente que los empleados que usan ordenador _____ (trabajar) más eficientemente.

5. Niego que la red informática _____ (distraer) a los empleados.

2-12 Una técnica. Una técnica del laboratorio de computadoras de la universidad está describiendo las responsabilidades de su trabajo. Completa las oraciones con el subjuntivo de los verbos adecuados de la siguiente lista.

apagar	estar	saber
comunicarse	haber	sacar
dar	poner	usar

1. Quiero que mis colegas _____ todos los disquetes dañados en la basura.

2. Prefiero que los estudiantes _____ sus documentos de la impresora inmediatamente.

3. Aconsejo que todos _____ la base de datos y el procesador de textos.

4. Recomiendo que los profesores _____ por correo electrónico.

5. Me molesta que _____ tantos virus en los sistemas informáticos.

6. Me gusta que las pantallas de los monitores _____ limpias.

7. Insisto en que los estudiantes me _____ su carné de estudiante al entrar en el laboratorio.

8. Sugiero que los empleados del laboratorio _____ las computadoras antes de salir.

2-13 De compras. Sonia piensa comprar un nuevo ordenador. Completa su párrafo con el subjuntivo, indicativo o infinitivo de los verbos.

buscar	estar	sacar
comprar	ir	ser
costar	requerir	tener

Quiero (1)_____ un nuevo ordenador porque este año empiezo mi carrera

universitaria. Espero que no (2)_____ más de dos mil dólares. Mi padre

aconseja que (3)_____ un sistema barato para ahorrar dinero, pero yo

prefiero que la computadora no (4)_____ obsoleta porque estoy segura de

que el nuevo *software* (5)_____ mucha memoria. Es importante que la

computadora (6)_____ un buen procesador de textos. Mi madre dice que

me (7)_____ a comprar una impresora láser para imprimir mis trabajos.

Espero (8)_____ buenas notas en mis clases con la ayuda de este ordenador.

2-14 Una organización ecológica. Eres fundador/a de una organización ecológica. Diseña una página para la red informática. Crea un lema publicitario y un logotipo para el grupo. Incluye información sobre el propósito de la organización y las medidas que tomarán para realizar sus metas.

Lectura

Vocabulario clave

gestión	*business errand; management*
rentabilidad	*profitability*
reto	*challenge*

BIOSFERA 98
Desarrollo ecológico para el próximo milenio

Desarrollo en materia de «ecoeficiencia» es lo que buscaban empresarios, científicos, comunidad y gobierno durante la primera Exposición y Congreso Internacional sobre Tecnología Ambiental, Biosfera 98, que se realizó hace unos años en Caracas, Venezuela.

Los procesos industriales se vieron entre dos necesidades. La primera era la prioridad que merece la ecología para la seguridad humana, y la segunda era creatividad en la búsqueda «de soluciones técnicas, acceso a capitales de riesgo y apoyo del gobierno».

Los procesos en las industrias deberán cambiar radicalmente. Éste es y será el mayor reto para el nuevo milenio, de allí la necesidad de diseñar políticas ambientales que aseguren una mejor calidad de vida. Una de las metas de Biosfera 98 es cambiar la mentalidad de los empresarios, «es decir, pensar en la ecoeficiencia para mejorar el nivel de la competitividad».

Por otra parte, se ha demostrado que la industria limpia y la rentabilidad económica son perfectamente compatibles, así que no hay razón para temer.

Los temas que se trataron en este primer encuentro internacional fueron: tecnología ambiental, desarrollo sustentable, gestión de residuos, reciclaje, recursos energéticos renovables, turismo ecológico y actividades de jardín.

Angelo Germani, presidente del comité organizador de Biosfera 98, declaró lo siguiente: «Los venezolanos —aunque estamos adquiriendo mayor conciencia ambiental— carecemos de valiosa información y de una necesaria cultura ciudadana que nos permita modificar nuestros patrones de conducta y de consumo. Este proyecto nos sumergirá en una especie de avalancha de nuevos conocimientos, planteándonos el debate ambiental desde el punto de vista de la industria limpia, el desarrollo sustentable y la tecnología».

2-15 ¿Has comprendido? Contesta las preguntas sobre el artículo «Biosfera 98».

1. ¿Qué es Biosfera 98?

_____

2. ¿Qué tipo de profesionales estuvieron interesados en el evento?

_____

3. ¿Cuál es el debate sobre los procesos industriales?

_____

4. ¿Por qué hay que cambiar la mentalidad de los empresarios?

_____

5. ¿Qué temas específicos se trataron en el congreso?

_____

6. Según Angelo Germani, ¿qué problema tienen los venezolanos con respecto a la conciencia ambiental?

_____

_____

2-16 Tu propia exposición. Imagina que va a haber un congreso sobre un tema ambiental en tu ciudad.

1. ¿Qué problemas ambientales debe tratar tu comunidad?

_____

2. ¿Quiénes participarán en el congreso y qué discutirán?

_____

3. ¿Qué podrán hacer los participantes de tu congreso para cambiar la mentalidad de algunos grupos de personas?

_____

_____

Taller

2-17 Idear. Piensa en los conflictos entre el progreso industrial y el medio ambiente. Haz una lista de compromisos que las industrias podrán hacer para no perjudicar el ecosistema. ¿Cuáles son las ventajas y desventajas de estas medidas?

2-18 Composición. En tu opinión, ¿son compatibles la industria limpia y el progreso? ¿Cuál debe ser nuestra prioridad, la rentabilidad de la industria o el medio ambiente? Escribe una composición para expresar tus ideas.

2-19 Debate. Cambia tu composición por la de un/a compañero/a y comenta sobre el contenido, estructura y gramática. ¿Tu compañero/a ha explicado bien su posición? Escribe una lista de ideas para refutar los argumentos de tu compañero/a.

Conexiones

2-20 Medioambientalistas hispanos. Hay varias organizaciones medioambientalistas en el mundo hispano. Búscalas en la red informática o pregúntale a algún amigo o amiga. Entonces escoge una de estas organizaciones y aprende todo lo que puedas sobre ella (metas, actividades, miembros, etc.). Toma apuntes. Luego haz una presentación en clase sobre el propósito y las metas de este grupo.

3

Los derechos humanos

3-1 Protección para las mujeres. Ana Elena quiere establecer un albergue para mujeres maltratadas. Completa la propuesta de su proyecto con sustantivos de *¡Así lo decimos!*

1. Muchas mujeres golpeadas no huyen de su casa porque temen que el abusador las persiga. Nosotros queremos ofrecer _____ a estas mujeres para que puedan vivir en un lugar protegido.

2. Pensamos pedir donaciones de comida a los restaurantes de la comunidad para la _____ de las mujeres y de sus hijos.

3. Ayudaremos a las mujeres a encontrar trabajos fijos y con beneficios para asegurarles un mejor _____ a ellas y a sus niños.

4. Animaremos a las víctimas para que denuncien a sus atacantes. Es urgente que éstos vayan a la _____ para que no puedan amenazar a las mujeres.

5. Proveeremos ayuda psicológica porque muchas mujeres abusadas sufren de baja autoestima después del trauma. Queremos que recobren su sentido de _____ y de dignidad.

6. Presentaremos charlas públicas sobre la violencia doméstica. Nuestra meta es hacer que las mujeres reconozcan las primeras señales de _____ abusivo antes de que la situación empeore.

7. Todas trabajaremos juntas para la defensa de la mujer contra los abusos. Tenemos que _____ que se creen leyes más fuertes contra la violencia doméstica.

8. ¡El _____ de estas mujeres y de sus hijos depende de su ayuda!

3-2 Un arresto. Completa el artículo sobre el arresto de un delincuente peligroso con palabras de la lista.

arresto	delito	escoger
arrestó	detenido	juicio
arrestado	difundió	preso
culpable	desprecio	

Ayer el hombre acusado de haber matado a cuatro personas en California fue

(1)_____ por la policía. El (2)_____

del sospechoso se llevó a cabo gracias a un empleado de un hotel en Los Ángeles, quien llamó a la

policía cuando el hombre se registró en el hotel. El empleado dijo que reconoció al hombre porque

había visto su foto en los boletines que la policía (3)_____ por

todo el estado. Cuando la policía llegó al hotel, esperó fuera de la habitación del hombre y lo

(4)_____ cuando por fin éste salió.

Actualmente, el acusado está (5)_____ en la cárcel del condado.

El (6)_____ tendrá lugar el próximo mes en la corte de California.

El fiscal asegura que tiene evidencia de que el acusado fue la persona que cometió el (7)

_____. Los abogados creen que será difícil (8)_____

entre las personas de la comunidad para servir en el jurado en este caso porque existe en la cuidad

un sentimiento de (9)_____ hacia el acusado. De todas maneras

lo más posible es que el jurado llegue a la concluisión de que el acusado es

(10)_____ del delito porque hay demasiada evidencia

en su contra.

¡Así lo hacemos!

Estructuras

1. The subjunctive with impersonal expressions

3-3 Amnistía Internacional. Completa las oraciones sobre los esfuerzos de Amnistía Internacional con el subjuntivo o indicativo de los verbos.

1. Es verdad que _____ (haber) gente encarcelada a causa de sus creencias, su raza o su sexo. Para el movimiento AI, es preciso que se _____ (obtener) la libertad de los presos de conciencia, siempre que éstos no hayan usado ni promovido métodos violentos.

2. Es una lástima que los presos políticos no _____ (ser) juzgados de manera justa. Es importante que ellos _____ (recibir) un juicio imparcial.

3. Es cierto que en muchos países _____ (existir) la pena de muerte. Es necesario que se _____ (eliminar) este proceso.

4. Es increíble que algunos grupos políticos _____ (torturar) a los presos. Es necesario que se _____ (erradicar) esta forma de trato cruel.

5. Es extraño que algunas personas "_____" (desaparecer) misteriosamente por expresar sus opiniones políticas. Es evidente que nosotros _____ (querer) acabar con este fenómeno.

6. Es horrible que algunos grupos extremos de oposición _____ (emplear) la toma de rehenes como estrategia para lograr sus fines políticos. Es lógico que nuestro grupo _____ (oponerse) a este tipo de abuso.

3-4 Violaciones de los derechos humanos. A pesar de la firma de la Declaración Universal de los Derechos Humanos en 1948, todavía hay personas que no pueden disfrutar de todos sus derechos. Forma oraciones completas para expresar opiniones sobre estos casos. Sigue el modelo.

MODELO: ser / increíble / alguno / gobiernos / negar / derechos / de / ciudadanos

Es increíble que algunos gobiernos nieguen los derechos de los ciudadanos.

1. ser / raro / mujeres / no / tener / derecho a sufragio / en / todo / países

_____

2. ser / lástima / alguno / presos / político / ser / torturado

_____

3. ser / malo / niños / pequeño / trabajar

_____

4. ser / verdad / no / todo / seres / humano / recibir / alimentación / adecuado

_____

5. ser / obvio / racismo / existir / mucho / lugares

_____

6. ser / horrible / haber / discriminación / religioso / alguno / partes / de / mundo

_____

3-5 El trabajo infantil. Una reportera está investigando una fábrica acusada de emplear el trabajo de niños. Completa su reportaje con expresiones impersonales apropiadas.

es bueno	es evidente	es importante	es posible
es cierto	es extraño	es imposible	es verdad
es dudoso	es horrible	es obvio	

REPORTERA: Buenas tardes. Soy Alda Facio, reportera para el Canal Siete. Les estoy hablando desde la fábrica cerca de la capital. Una fuente anónima nos informó hoy que (1)_____ que esta fábrica emplee a menores de edad. Ahora vamos a hablar con el gerente de la fábrica, el señor Parras, para averiguar la verdad. Señor Parras, (2)_____ que algunas fábricas permiten que niños trabajen porque no tienen que pagarles mucho dinero. ¿Hace esto su fábrica?

SR. PARRAS: ¡Absolutamente no! (3)_____ que alguien le haya dicho que aquí trabajan niños. Mire Ud. a los empleados. (4)_____ que todos son mayores de dieciocho años. Aunque (5)_____ que la mano de obra es más barata con el empleo de niños, yo pienso que (6)_____ que algunas fábricas hagan esto porque no respetan los derechos de los niños. (7)_____ que los niños no reciben el mismo sueldo que los empleados adultos. Además, (8)_____ que estos niños asistan a la escuela. En mi opinión, (9)_____ que los niños estudien y que no trabajen hasta terminar sus estudios. Por eso, estoy completamente en contra de la práctica del trabajo infantil.

REPORTERA: Gracias, Sr. Parras. (10)_____ que haya personas responsables como Ud. que apoyan los derechos de los niños.

3-6 Una carta al jefe de gobierno. Inés le escribió una carta al jefe de gobierno para pedirle la liberación de unos presos de conciencia. Completa su carta con el subjuntivo o indicativo de los verbos apropiados.

Excelencia:

Le escribo para solicitarle la liberación incondicional de los ocho ciudadanos que fueron detenidos la semana pasada durante la manifestación estudiantil. Es preciso que ellos

(1)_____ (estar) libres porque es obvio que

(2)_____ (ser) inocentes. Es evidente que ellos sólo

(3)_____ (ejercer) su derecho de libre expresión. Es una lástima que

estas personas (4)_____ (sufrir) por sus opiniones políticas. Es verdad

que los estudiantes (5)_____ (oponerse) a los abusos del gobierno, y

es cierto que (6)_____ (participar) a menudo en manifestaciones para

denunciar las ejecuciones extrajudiciales que se han llevado a cabo en este país. Sin embargo, es

bueno que estas manifestaciones siempre se (7)_____ (hacer) de

manera pacífica. Como Ud. sabe, la Declaración Universal de los Derechos Humanos hace constar

que es necesario que todo ser humano (8)_____ (tener) el derecho de

expresar su opinión con tal de que no recurra a la violencia. Por esta razón, es importante que el

gobierno no (9)_____ (castigar) a los estudiantes. Es urgente que Ud.

(10)_____ (poner) en libertad inmediatamente a los jóvenes que

fueron arrestados la semana pasada.

Muy atentamente,

Inés Castañeda

3-7   Preparándose para la marcha. Esta nueva organización se prepara para una gran marcha en la ciudad. Completa el discurso del señor Hernán Pereira a los miembros de su organización con palabras de *¡Así lo decimos!*

Muchas gracias a todos por venir a la reunión. ¡(1)_____ los nuevos

integrantes! Antes de comenzar, quiero dar mi más profundo (2)_____ a

la señora Tejeiro por organizar esta reunión. Estamos en el siglo XXI y a todos nosotros

(3)_____ que todavía existan gobiernos que violen los derechos

humanos de sus ciudadanos. Pero existen. Por eso, en protesta, les pido que durante la marcha

lleven esta (4)_____ roja en sus chaquetas y vestidos para

(5)_____ que estamos conscientes de estas violaciones y que

apoyamos las luchas de los pueblos por obtener sus derechos. Antes de la marcha hay que poner

(6)_____ en las paredes de las universidades, las escuelas y los lugares

públicos con información sobre estos abusos para que todos sepan lo que ocurre en estos países. Hoy

les traigo uno blanco y azul que dice: «NO QUEREMOS QUE OTROS DECIDAN POR

NOSOTROS. QUEREMOS TOMAR NUESTRAS (7)_____

DECISIONES Y SER INDIVIDUOS LIBRES.» Mañana lo pondremos en los muros de la

ciudad. Durante la marcha no vamos a vender nuestras camisetas, ¡las vamos a

(8)_____! Así nuestro mensaje se difundirá entre más gente.

También es necesario llamar la atención de las compañías con las políticas más éticas.

Como no tenemos los suficientes fondos, vamos a pedirles a estas corporaciones que

(9)_____ nuestro proyecto y participación en la marcha. Además,

tenemos que contratar un artista porque hay que (10)_____ un logo

más atractivo para nuestra organización. ¡Ahora somos una organización pequeña pero algún día

seremos muy grandes e importantes en el mundo! Ahora... ¡a prepararse para la marcha!

3-8   Un reportaje. Escribe un reportaje periodístico sobre un suceso real o imaginario en el cual se violaron los derechos humanos de una o más personas. Incluye por lo menos ocho palabras de la siguiente lista.

acercarse	cargar	lágrima	mostrar
alrededor	carretera	las afueras	pañoleta
arrasar	colocar	lodo	rostro
camioneta	hombro		

¡Así lo hacemos!

Estructuras

2. Direct and indirect object pronouns and the personal *a*

3-9 Un boicot. Completa la entrevista con el líder de un sindicato con pronombres de objeto directo o indirecto.

ENTREVISTADOR: Sr. Cruz, ayer supe que su sindicato quiere boicotear una cadena nacional de supermercados. ¿(1)_____ puede hablar de sus razones para emprender el boicot?

SR. CRUZ: Sí, con mucho gusto (2)_____ explicaré (a Ud.) el conflicto. Como Ud. sabe, nuestro sindicato protege los derechos de los agricultores de este país. Nuestra meta es (3) asegurar _____ un mercado fijo para su comida orgánica. (4)_____ pedimos a las grandes cadenas de supermercados que no importen productos de otros países que se cultiven aquí. Desgraciadamente, este supermercado decidió distribuir las naranjas de una empresa extranjera en vez de (5) comprar _____ de los agricultores locales. Esto perjudica la estabilidad económica de nuestros agricultores porque (6)_____ obliga a rebajar sus precios para poder competir con las empresas multinacionales.

ENTREVISTADOR: ¿Uds. (7)_____ han pedido al director de la cadena de supermercados una reunión para discutir el conflicto?

SR. CRUZ: Sí, (8)_____ (9)_____ hemos pedido, pero él no ha hecho nada. Yo (10)_____ llamé por teléfono varias veces y (11)_____ escribí una carta pero todavía no (12)_____ ha contestado. A mí (13)_____ parece que a él no (14)_____ interesan los derechos de los agricultores. Por eso vamos a organizar un boicot. ¡Por favor, no compren su comida en este supermercado! (15) Cómpren_____ en los mercados que respeten a los campesinos de este país. ¡No (16)_____ den su dinero a esta compañía! (17, 18) Dén_____ a las compañías que apoyen a los agricultores de nuestra tierra.

3-10 Aún sin derechos. La diplomática Teresa Carrillo habla sobre la falta de derechos humanos en muchos países del mundo. Completa su discurso con la *a* personal.

Hay gobiernos que continúan secuestrando y asesinando (1)_____ seres humanos inocentes. Tenemos que prestarle atención (2)_____ las organizaciones que piden nuestro apoyo para que estos abusos terminen y se haga justicia. Actualmente, miles de familias en todo el mundo continúan buscando (3)_____ «los desaparecidos». Afortunadamente, hay organizaciones que se dedican a buscar (4)_____ información sobre las desapariciones y otros abusos y delitos por parte de los

gobiernos, pero la mayoría de las familias nunca encuentra (5)_____ su familiar «perdido».
Muchas personas hacen responsables (6)_____ los gobiernos por no castigar (7)_____ los
culpables de muchas desapariciones y otras violaciones de los derechos humanos cometidas durante
gobiernos anteriores. Otras personas culpan directamente (8)_____ los presidentes de los países y
(9)_____ los oficiales de los ejércitos y de las policías nacionales. Para otras personas, el problema
se extiende hasta las grandes corporaciones que «compran» (10)_____ los gobiernos. Por eso,
muchas personas juzgan directamente (11)_____ los líderes financieros por esta tragedia.

Otros piensan que no hay que buscar (12)_____ un culpable, sino (13)_____ soluciones
inmediatas para esta situación.

Lo más importante es detener (14)_____ estas atrocidades de la forma más rápida y efectiva
posible. Tenemos que ayudar (15)_____ los miembros de las organizaciones que defienden los
derechos humanos. Muchas veces ellos ponen (16)_____ su vida en peligro para defender o
proteger (17)_____ las víctimas. ¡No debemos apoyar (18)_____ los gobiernos ni
(19)_____ las compañías que violan los derechos humanos! ¡Apoyemos (20)_____ la lucha
por la eliminación de toda violación de los derechos humanos!

3-11 Condiciones injustas de trabajo. Completa la carta que Fernando escribe a la presidenta de
su compañía sobre algunas prácticas injustas.

Estimada señora:

(1)_____ escribo la presente para (2) informar_____ sobre unas prácticas injustas que he
descubierto en nuestra oficina. Hay un supervisor que no respeta a todos los empelados. Por
ejemplo, hace una semana el supervisor (3)_____ dio un bono a uno de nuestros ejecutivos, pero
no (4)_____ (5)_____ dio al candidato con las mejores calificaciones sino que (6)_____
(7)_____ dio a un primo suyo. Además, el mes pasado algunos empleados recibieron un aumento
de sueldo pero otros no (8)_____ obtuvieron. Parece que el supervisor sólo (9)_____ dio un
aumento a los empleados que son sus amigos. Creo que el favoritismo es injusto y espero que Ud.
haga lo posible para (10) eliminar_____ en nuestra compañía. Es importante que Ud. hable con el
supervisor sobre estas prácticas para que él (11)_____ cambie inmediatamente.

Atentamente,

Fernando Casares

3-12 Un/a multimillonario/a. Imagina que eres multimillonario/a y el coordinador de un orfanato te pide ayuda económica. Contesta las preguntas con oraciones completas con los pronombres de objeto directo e indirecto.

1. ¿Nos dará Ud. los fondos necesarios para construir un nuevo orfanato?

   _____

2. ¿Piensa darnos sus muebles usados para usarlos en el orfanato?

   _____

3. ¿Les puede comprar ropa a los huérfanos?

   _____

4. ¿Les regalará juguetes a los chicos?

   _____

5. ¿Está Ud. pagandole los gastos médicos al niño que está en el hospital?

   _____

6. ¿Me va a hacer un cheque ahora?

   _____

3. *Gustar* and similar verbs

3-13 Un discurso. Completa el discurso en el que un político habla de un Tribunal Penal Internacional. Usa la forma correcta de los verbos entre paréntesis y los pronombres indirectos apropiados.

¡Ciudadanos! A mí (1)_____ _____ (parecer) que hay un número inaceptable de criminales de guerra que han permanecido impunes. (2)_____ _____ (sorprender) que estos criminales no hayan sido llevados a la justicia. El problema es que a nosotros, los ciudadanos del mundo, (3)_____ _____ (hacer falta) un riguroso sistema de justicia internacional que pueda juzgar los crímenes de estas personas. Dada esta carencia, (4)_____ _____ (importar) mucho el establecimiento de un Tribunal Penal Internacional. A muchos de los miembros de la ONU también (5)_____ _____ (gustar) la idea. No obstante, hay oposición por parte de algunos países a los que (6)_____ _____ (molestar) esta propuesta. A las personas a favor del establecimiento de un Tribunal Penal Internacional

(7)_____ _____ (quedar) mucho por hacer para persuadir a los gobiernos de estos países. Si a Uds. (8)_____ _____ (interesar) este tema, les ruego que firmen esta petición que voy a presentar ante la Asamblea General. Gracias por su atención.

3-14 Una petición. Completa la carta que Ilana le escribe al gobernador sobre la sentencia de un preso. En cada caso usa la forma correcta del verbo más lógico y el pronombre de objeto indirecto apropiado.

Estimado gobernador:

Le escribo la presente para pedirle que no deje que se cumpla la sentencia del preso que está condenado a ser ejecutado esta semana. A mí (1)_____ _____ (molestar / gustar / importar) que nuestro sistema judicial quiera quitarle su derecho fundamental, el derecho a vivir. A todos nosotros (2)_____ _____ (faltar / parecer / interesar) horribles los crímenes que cometió este hombre, pero en mi opinión basta con que pase los años de vida que (3)_____ _____ (quedar / interesar / gustar) en la cárcel. Pienso que este castigo es suficiente, y por eso no (4)_____ _____ (caer bien / molestar / gustar) que los criminales sufran un castigo tan cruel como la pena de muerte. Yo no soy la única persona que piensa de esta manera; he hablado con varios amigos a quienes (5)_____ _____ (fascinar / interesar / caer mal) los derechos humanos, y Ud. va a recibir cartas de protesta de ellos también. Es evidente que a Ud. (6)_____ _____ (molestar / sorprender / importar) los votos de los ciudadanos, y para asegurarlos es imprescindible que respete su opinión.

Respetuosamente,
Ilana Sanz

Nombre _____   Fecha _____

3-15 Una manifestación estudiantil. Escribe oraciones completas para expresar las protestas de los estudiantes.

MODELO: A mí / interesar / tema / de / derechos / de / estudiantes

A mí me interesa el tema de los derechos de los estudiantes.

1. A nosotros / caer mal / profesores / injusto

   _____

2. A los estudiantes / molestar / trato / desigual

   _____

3. A la universidad / faltar / código de justicia

   _____

4. A los administradores / no / importar / derechos / de / estudiantes

   _____

5. ¿A ti / parecer / bien / injusticia / contra / minorías / de / universidad?

   _____

6. A la Federación de estudiantes / quedar / mucho por hacer

   _____

3-16 Una campaña. Piensa en un caso de violación de los derechos humanos en tu comunidad. Crea una campaña para explicarle la injusticia a la clase y convencer a los estudiantes de que participen en la protesta. Diseña un panfleto para difundir la información y prepara una carta de protesta que puedan firmar los partidarios. Piensa también en un lema o en un «grito de combate» para usar en las manifestaciones del grupo.

Lectura

Vocabulario clave

conjunto	*group, set*
más bien	*rather*
poner de relieve	*to make apparent, visible, clear*
resaltan	*stand out*
restar	*to subtract; to take away*

Los derechos de la mujer al comienzo del tercer milenio

«Todos los seres humanos nacen libres e iguales en dignidad y derechos»
—Declaración Universal de Derechos Humanos

«... la discriminación contra la mujer viola los principios de la igualdad de derechos y el respeto de la dignidad humana»
—Convención sobre la Eliminación de Todas las Formas de Discriminación contra la Mujer (CEDAW)

Los derechos humanos de las mujeres están protegidos ahora por un extenso conjunto de leyes internacionales. Los gobiernos a menudo violan las leyes internacionales, sacrificando los derechos de sus ciudadanos en favor de la conveniencia política y el propio interés. Esto no le resta importancia a estas leyes. Más bien pone de relieve la necesidad de que todos los ciudadanos conozcan sus derechos y sepan cómo pueden hacer a los gobiernos cumplir sus compromisos.

Informar a las mujeres de sus derechos y usar los mecanismos de las leyes internacionales son algunas de las formas de trabajar para construir una sociedad más justa y humana. Las personas que conocen sus derechos tienen muchas más posibilidades de conquistarlos y defenderlos.

Muchos instrumentos de derechos humanos protegen específicamente los derechos humanos de las mujeres. Tanto los pactos internacionales de derechos humanos —uno sobre derechos civiles y políticos, los otros sobre derechos económicos, sociales y culturales— resaltan el importante principio según el cual los gobiernos deben garantizar que las mujeres y los hombres tienen igual acceso a todos estos derechos.

Los derechos incluyen: Igual tratamiento ante la ley; no ser detenida arbitrariamente ni torturada; a igual trabajo, igual salario; protección especial para las madres; un adecuado nivel de vida, de educación y de atención a la salud.

Cuando miembros de la policía o del ejército violan a una mujer, están infligiendo torturas. Todas las formas de tortura y malos tratos están proscritas por la Convención contra la Tortura y Otros Tratos o Penas Crueles, Inhumanos o Degradantes. Los gobiernos deben investigar las denuncias de torturas y procesar (o extraditar para que sean juzgados) a los presuntos responsables.

Las discriminación contra las mujeres está prohibida por un tratado especial —la *Convención sobre la Eliminación de Todas las Formas de Discriminación contra la Mujer*— que obliga a los gobiernos a eliminar los tratos injustos y basados en prejuicios contra las mujeres en la vida política y pública, en cuestiones de nacionalidad, educación, atención a la salud, empleo, matrimonio y relaciones familiares.

(Adaptado de la página de *Amnistía Internacional*: http://www.derechos.net/amnesty/info/esp/derechos.html)

3-17 ¿Has comprendido? Vuelve a leer el artículo y apunta la siguiente información.

1. ¿Qué o quién protege los derechos de la mujer?

   _____

2. ¿Qué otros derechos deben tener las mujeres?

   _____

3. ¿Qué violaciones específicas de los derechos humanos de las mujeres hay que eliminar del mundo?

   _____

4. ¿Qué quiere decir «C.E.D.A.W.»?

   _____

5. ¿Qué otra convención protege los derechos de las mujeres?

   _____

3-18 ¿Qué piensas tú? Contesta las preguntas sobre tu opinión del artículo.

1. ¿Piensan que las leyes internacionales han sido efectivas para disminuir las violaciones contra los derechos de la mujer? ¿Por qué?

   _____

   _____

2. Según tu propia opinión, ¿qué otros derechos deben tener todas las mujeres del mundo?

   _____

   _____

3. ¿Qué significa para ti el concepto «feminismo»? En tu opinión, ¿el feminismo de hoy ayuda o perjudica la lucha por los derechos humanos de la mujer? ¿Por qué?

   _____

   _____

Taller

3-19 Idear. Piensa en un caso actual de violación de los derechos humanos que te interese. Apunta la información importante sobre el caso: el lugar, los agresores, las víctimas, el derecho que les está restringido, las causas de la injusticia y las consecuencias.

3-20 Expandir. Escribe ocho o diez oraciones que expresen tu reacción a estos hechos. Usa expresiones impersonales y verbos como *gustar*.

3-21 Escribir. Escríbele una carta de protesta al jefe de gobierno del país donde el caso ha surgido. Incluye información sobre los hechos con expresiones impersonales de certidumbre (es verdad, es cierto, etc.). Usa otras expresiones impersonales (es malo, es horrible, etc.) y verbos como *gustar* para explicar por qué la situación debe ser corregida.

Conexiones

3-22 Defensores de los derechos humanos. Hay muchas organizaciones en el mundo hispánico que trabajan para defender los derechos humanos. Busca información sobre uno de los grupos en un periódico, una revista o en la red informática. Si es posible, consigue un panfleto del grupo y enséñaselo a la clase.

4

El individuo y la personalidad

Primera parte   ¡Así lo decimos! Vocabulario

4-1 ¡Una superpersonalidad! Completa el párrafo sobre los atributos del carácter de Superman con adjetivos de *¡Así lo decimos!*

Todos conocemos a Superman. Aunque él es del planeta Kriptón, él es muy

(1)_____ con todos los seres humanos, por eso todos lo quieren.

Aunque Clark Kent es muy (2)_____ y callado, Superman, por el

contrario, es bastante desenvuelto. Clark Kent nunca (3)_____,

él siempre dice la verdad (excepto cuando se trata de su «secreto»). Superman

(4)_____ contra el mal y los enemigos que quieren

(5)_____ el planeta Tierra o (6)_____

el orden del mundo. Su (7)_____ es eliminar las fuerzas negativas

en el planeta. Al final, Superman siempre (8)_____ a sus enemigos y

se restablece el orden en Metrópolis. Él usualmente no es (9)_____,

pero a veces recurre a la violencia cuando la Tierra está en peligro. ¡Pero no se trata sólo de su fuerza

física! Superman es un ser muy (10)_____ porque siempre sabe más

que sus malvados enemigos. Su inteligencia también lo ayuda a ser un superhéroe.

4-2 Una conversación con el consejero. Carlos está pidiéndole consejo sobre su carrera universitaria a su consejero. Completa el diálogo con palabras de *¡Así lo decimos!*

CARLOS: Dr. Enríquez, necesito su consejo sobre mi progreso académico. Mi

(1)_____ es obtener buenas notas en todas mis

clases. Normalmente soy (2)_____ en los exámenes

escritos porque estudio mucho, pero siempre saco notas mediocres en las

presentaciones orales porque me pongo muy nervioso. Es que me da

(3)_____ hablar delante de la clase. Mi

(4)_____ es muy baja y temo que mis compañeros

se rían de mí. ¿Puede Ud. darme sugerencias para

(5)_____ los nervios?

DR. ENRÍQUEZ: La timidez puede ser un (6)_____ muy serio, pero hay medidas que Ud. puede tomar para cambiar su actitud en cuanto a las presentaciones orales. Por ejemplo, Ud. debe ensayar con un grupo de amigos para (7)_____ a la idea de hablar en público. Estoy seguro que sus amigos lo van a (8)_____ y le van a dar sugerencias constructivas para mejorar la presentación. Se va a sentir (9)_____ durante la presentación en clase si tiene esa experiencia. Además, Ud. puede hacer ejercicios de respiración para (10)_____ unos minutos antes de la presentación. Esto reduce la tensión en el cuerpo y facilita la oratoria.

CARLOS: Gracias, doctor. Voy a tomar estas medidas la próxima vez que haga una presentación oral.

¡Así lo hacemos!

Estructuras

1. Reflexive constructions

4-3 ¿Eres egoísta? Completa la encuesta con los pronombres reflexivos apropiados. ¡Ojo! No se necesita un pronombre en todos los casos. Después, indica hasta qué punto te identificas con las siguientes situaciones.

¿Eres egoísta?

1 = siempre me pasa → 5 = nunca me ha pasado

Puntos

____ 1. Yo _____ enfado cuando otra persona _____ es el centro de atención.

____ 2. Mi compañero/a de cuarto y yo _____ peleamos porque él/ella piensa que yo _____ monopolizo el teléfono (el estéreo, el televisor).

____ 3. Mis amigos _____ sienten desilusionados porque yo _____ olvido de sus cumpleaños.

____ 4. Después de cenar, yo _____ relajo mientras otra persona _____ lava los platos.

____ 5. Cuando mi mejor amigo/a _____ enamora, yo _____ enojo porque pasa menos tiempo conmigo.

____ 6. Cuando mi compañero/a de cuarto y yo _____ preparamos por la mañana yo insisto en duchar_____ primero.

____ 7. Mis colegas _____ ponen furiosos porque yo _____ quiero hacer los proyectos más fáciles (interesantes, lucrativos).

____ 8. Cuando _____ enfermo quiero que mis amigos y familiares me cuiden aunque _____ tengan otras cosas que hacer.

____ 9. Cuando estoy en una fiesta con mi novio/a, vamos a casa si yo _____ aburro, aunque él/ella _____ divierta en la fiesta.

____ 10. Si no _____ recibo los regalos que quiero para mi cumpleaños _____ comporto tontamente.

4-4 **Unos niños rebeldes.** Ayer Patricia cuidó a sus sobrinos. Ahora le está contando a su hermana Mercedes que los niños se portaron muy mal. Completa el diálogo con el pretérito o el imperfecto de los verbos entre paréntesis. ¡Ojo! Algunos casos requieren una construcción reflexiva y otros requieren una construcción no reflexiva.

MERCEDES: Gracias por cuidarme los niños ayer, Patricia. ¿Cómo (1)_____ (portar/se)?

PATRICIA: ¡Qué niños más rebeldes! Yo (2)_____ (poner/se) furiosa con ellos.

MERCEDES: Pero, ¿qué hicieron?

PATRICIA: Bueno, los problemas comenzaron por la mañana cuando ellos (3)_____ (preparar/se) para ir a la escuela. Yo (4)_____ (peinar/se) a Natalia, pero ella (5)_____ (poner/se) a llorar porque dijo que le hacía daño. Y Nicolás no (6)_____ (cepillar/se) los dientes por mucho que insistí. Por la tarde, cuando los niños (7)_____ (volver/se) de la escuela, fue peor. Nicolás (8)_____ (olvidar/se) de traer sus libros a casa, entonces (9)_____ (mirar/se) la televisión toda la tarde en vez de hacer la tarea. Y Nuria y Natalia (10)_____ (pelear/se) porque las dos querían jugar con la misma muñeca. Al final yo (11)_____ (poner/se) la muñeca en el armario, apagué la televisión y (12)_____ (preparar/se) la cena. Pero cuando estábamos sentados a la mesa, los niños (13)_____ (portar/se) de manera bastante grosera. Yo (14)_____ (cansar/se) de su actitud, y acabé por mandarlos a sus cuartos.

MERCEDES: ¿Entonces tú (15)_____ (relajar/se) por fin?

PATRICIA: ¡No! Los niños no (16)_____ (dormir/se) sino que pasaron toda la noche hablando. ¡Son infatigables!

4-5 El arreglo personal. Paula y sus compañeras de cuarto pasan mucho tiempo arreglándose para salir los fines de semana. Completa el párrafo sobre su rutina con verbos reflexivos apropiados.

divertirse	peinarse
ducharse	pintarse
enojarse	ponerse
lavarse	secarse
maquillarse	vestirse

Mis compañeras y yo somos muy desenvueltas y (1)_____ mucho

cuando salimos con nuestros amigos los fines de semana. Todos los sábados empezamos a

prepararnos temprano porque tenemos una rutina de arreglo personal bastante compleja. Yo

(2)_____ la cara con agua tibia y un jabón suave y después

(3)_____ con colorete, lápiz labial y rímel. Luego

(4)_____ las uñas. Mi compañera Marimar tiene mucha ropa

preciosa y (5)_____ muy guapa cuando salimos. Ella

(6)_____ elegantemente los sábados; siempre lleva un vestido y

tacones altos. Mi compañera Raquel tiene el cabello muy largo. Después de

(7)_____, (ella) (8)_____ el pelo con

un secador y (9)_____ con un peine de plata. Es un proceso muy

largo. ¡Marimar y yo (10)_____ con ella porque pasa demasiado

tiempo en el cuarto de baño!

4-6 Un buen compañero. La doctora Gutiérrez es una sicóloga que se especializa en relaciones domésticas. Completa su lista de consejos para ser un buen compañero de cuarto con la forma recíproca de los verbos entre paréntesis. ¡Ojo! Algunos casos requieren el subjuntivo y otros el indicativo.

♦ Ante todo, es sumamente importante que los compañeros de cuarto

(1)_____ (respetarse). Es probable que dos personas

(2)_____ (entenderse) bien si cada una tiene en mente

los derechos de la otra. Pueden evitar situaciones problemáticas si

(3)_____ (preguntarse) qué tipo de comportamiento

encuentran inaceptable en vez de dar por sentado que tienen las mismas opiniones.

♦ Es posible que personas que viven juntas en la residencia estudiantil no

(4)_____ (conocerse) bien. En este caso, es preferible que

(5)_____ (hablarse) con frecuencia con el fin de entender mejor

el carácter del otro. Aunque no tengan mucho en común, deben intentar establecer una

relación cordial porque (6)_____ (verse) todos los días.

♦ Hay algunas cosas que nunca deben hacer. Es malo que los compañeros

(7)_____ (mentirse) porque es muy probable que el otro se

entere de la mentira, lo que puede crear una tensión. Tampoco es bueno que

(8)_____ (engañarse), sobre todo cuando se trata de asuntos

económicos. Cuando los compañeros (9)_____ (maltratarse) la

relación siempre fracasa.

♦ La buena comunicación entre compañeros es la clave para una situación pacífica. Pregúntale

a cualquier persona que tenga una relación exitosa con su compañero de cuarto y dirá,

«Nos llevamos bien porque (10)_____ (comunicarse)

nuestros puntos de vista». Por lo contrario, una persona que nunca habla con su

compañero de cuarto posiblemente dirá, «¡Es urgente que mi compañero y yo

(11)_____ (separarse) porque

(12)_____ (odiarse)!»

4-7 Secretos para el éxito profesional. Completa la lista de claves para el éxito profesional con palabras de ¡Así lo decimos!

1. Es importante tener un despacho _____ porque el caos puede resultar en errores o en trabajo de baja calidad.

2. Nadie es perfecto, pero en una oficina se necesita ser lo más exacto y preciso posible. Por eso conviene ser muy cuidadoso para no _____ mucho.

3. Es necesario demostrar que el trabajo no es un sacrificio, sino un _____ porque los empleados entusiastas reciben más atención de sus supervisores que los desinteresados.

4. Es bueno ser _____ en cuanto a los problemas de sus colegas para poder llevarse bien con ellos.

5. Es preferible ser _____ cuando se le presenta un problema difícil de resolver, porque si se rinde fácilmente nunca será un buen trabajador.

6. Si se siente _____ porque sus colegas no quieren colaborar con Ud. en los proyectos difíciles, pida la ayuda de un supervisor.

7. Es malo dar la impresión de ser _____. Es natural estar orgulloso de sus logros, pero una actitud humilde es más aceptable que la arrogancia.

8. No sea _____. Escuche las órdenes del jefe, pero no deje que los demás se aprovechen de Ud.

4-8 La actitud de los estudiantes. Elisa está entrevistando a dos de sus compañeros sobre la psicología de los estudiantes universitarios. Completa la entrevista con palabras de ¡Así lo decimos!

ELISA: ¿Creen Uds. que los estudiantes universitarios tienen complejos que les impiden alcanzar sus metas?

CLARA: Sí. Un problema que tienen muchos jóvenes es su falta de (1)_____. La (2_____ de algunos de mis compañeros demuestra que no se respetan a sí mismos. Podrían tener mucho éxito en la vida, pero se sienten incapaces cuando se les presenta una situación que les desafía, y no quieren (3)_____ superarla. Además, son muy (4)_____ y prefieren hacer lo que les digan los otros en vez de valorar sus propias ideas y juicios. Creo que es porque todavía no se han acostumbrado a la independencia que tienen como adultos.

TEO: No estoy de acuerdo con lo que dice Clara. Encuentro que mis compañeros buscan nuevas oportunidades y retos porque son (5)_____ y no se sienten inseguros ante lo desconocido. Además, son (6)_____; si no tienen éxito al principio se esfuerzan aun más. También pienso que les gusta (7)_____ y probar cosas nuevas porque tienen un espíritu energético y (8)_____, lo que es normal en los jóvenes.

¡Así lo hacemos!

Estructuras

2. Agreement, form, and position of adjectives

4-9 Las manías. El doctor Montás ha hecho un estudio sobre los estudiantes universitarios y sus manías. Completa las oraciones con la forma apropiada de los adjetivos. Coloca el adjetivo delante o detrás del sustantivo según el significado.

1. La mayoría de los estudiantes tienen la manía de comprar _____

   ropa _____ cada semestre. (nuevo)

2. Algunos estudiantes tienen la costumbre de siempre llevar la _____

   camisa _____ cuando tienen un examen porque creen que les trae suerte. (mismo)

3. Casi todos tienen el vicio de morderse las uñas cuando se encuentran en

   _____ situaciones _____ tensas. (cierto)

4. Un alto porcentaje de los estudiantes insisten en llevar una _____

   mochila _____ llena de objetos poco útiles. (grande)

5. Algunos son muy tenaces y no pueden dejar una cosa antes de terminarla. Les molesta dejar un

   proyecto _____ hecho _____.
   (medio)

6. Muchos estudiantes insisten en estudiar solos en vez de colaborar con otros estudiantes porque

   tienen su _____ estilo _____
   de trabajo. (propio)

4-10 El desarrollo psicológico. Una maestra de la escuela primaria está evaluando el desarrollo psicológico de sus alumnos. En cada caso completa su evaluación con la forma correcta de un adjetivo lógico.

cariñoso	inquieto	malhumorado	terco
cobarde	inseguro	sumiso	valiente

Los alumnos son muy jóvenes, pero ya han desarrollado algunas características muy fuertes. Rosita

es la más (1)_____ del grupo; no puede quedarse sentada por más

de unos minutos. Ana y Maribel son dos chicas un poco (2)_____

porque cuando quieren algo nadie puede hacer que cambien de opinión y no les gusta cooperar con

los otros niños. En cambio, Luisito sigue todas mis órdenes y las de los otros niños porque es

(3)_____. Toñito y Jorge le tienen miedo a todo; son bastante

(4)_____. Pero Lourdes y Manolo son (5)_____

y no les importa intentar cosas nuevas. A Sarita le gusta cuidar de los demás y mostrarles afecto

porque es una niña (6)_____. Me da lástima decirlo, pero Pepe me

cae mal porque a este chico tan (7)_____ no lo he visto sonreír en

todo el año. Fátima y Pili son un poco (8)_____, pero parece que

poco a poco van adquiriendo más confianza en sí mismas.

4-11 Una influencia positiva. Álvaro escribió una composición sobre una persona que le influyó
mucho. Completa la composición con la forma correcta de los adjetivos.

apasionado	cien	santo	tercer
bueno	grande	sensible	viejo
caritativo	puro		

La persona que tuvo la mayor influencia en mi desarrollo personal fue Marcos Godoy, mi

(1)_____ profesor de (2)_____

grado. El señor Godoy era un (3)_____ profesor porque

respetaba a sus alumnos aunque teníamos tan sólo ocho años. Era un hombre

(4)_____ que siempre pensaba en los sentimientos de los niños antes

de actuar. Tenía un (5)_____ entendimiento de la psicología infantil.

El señor Godoy también era una persona (6)_____ en cuanto a su

carrera. Era obvio que se emocionaba cuando enseñaba. Además, el señor Godoy era un hombre

(7)_____. Es increíble, pero él no aceptaba dinero por su trabajo en la

escuela. Decía que no enseñaba para ganarse la vida sino por (8)_____

placer. ¡No es sorprendente que los ciudadanos de la comunidad lo llamaran

(9)_____ Marcos! ¡Ojalá que hubiera (10)_____

de profesores como él!

3. The past participle and the present perfect tense

4-12 El progreso personal. Escribe oraciones completas para expresar lo que Luz María ha hecho este año para ser una mejor persona.

1. Este / año / yo / ir / gimnasio / todo / día

   _____

2. Yo / escribir / cartas / todo / mi / amigos

   _____

3. Mi / amiga / y / yo / participar / organización / caritativo

   _____

4. Mi / novio / y / yo / asistir / clases / yoga

   _____

5. Yo / trabajar / como / voluntaria / hospital

   _____

6. Mi / familia / hacer / reuniones / todo / semanas

   _____

7. Yo / ver / mucho / programas / televisión / educativo

   _____

8. Yo / leer / vario / obras / literaria

   _____

4-13 Un grupo de apoyo. Javier participa en un programa de apoyo para personas que quieren eliminar sus vicios. Completa su diario sobre el progreso que han hecho con los verbos apropiados.

acostumbrarse	decir	padecer	ser
alcanzar	dejar	pasar	superar
apoyar	descubrir	reducir	tener
cambiar	ir	seguir	

Mis compañeros de terapia de grupo y yo (1)_____ muchas metas

importantes este mes con la ayuda del grupo. ¡Yo casi (2)_____ de

fumar! Cuando empecé a asistir a las reuniones fumaba dos paquetes de cigarrillos al día, y ahora

(3)_____ tres meses sin fumar un solo cigarrillo. Es cierto que

(4)_____ momentos difíciles pero (5)_____ la tentación. Otro hombre de nuestro grupo, Samuel, (6)_____ muchos problemas de salud porque tiene el colesterol alto, pero ahora

(7)_____ su dieta. Dice que (8)_____ a comer más frutas y verduras y (9)_____ que estos alimentos le gustan más que las comidas grasosas. Dorotea y Gil son los miembros del grupo que

(10)_____ que tienen una adicción a la red informática. Con el apoyo de nuestro grupo (11)_____ el uso del internet a una hora diaria. El proceso de controlar los vicios (12)_____ muy arduo, pero mis compañeros y yo nos (13)_____ durante este tiempo difícil. Lo importante es ser constante. Yo (14)_____ a todas las reuniones.

4-14 Una compañera vanidosa. Completa la descripción de una persona vanidosa con la forma correcta de los verbos. Cambia el infinitivo de los verbos al participio para formar adjetivos.

cubrir	obsesionar	reflejar	vestir
gastar	peinar	romper	
maquillar	pintar	teñir	

Es importante tener una autoimagen positiva, pero mi compañera de cuarto está

(1)_____ con su aspecto físico. Por ejemplo, no puede pasar enfrente de un espejo sin parar para verse (2)_____ en él. Nunca sale de la casa sin tener la cara (3)_____, los labios

(4)_____ y el cabello (5)_____. Todos los meses va a la peluquería y cada vez sale con el cabello (6)_____ de un color diferente. Hace unos días vio que tenía una uña (7)_____ y por poco se pone a llorar. Además, siempre va (8)_____ con la última moda. Tiene que usar tarjetas de crédito cuando va de compras porque todo su dinero ya está

(9)_____. Su escritorio está (10)_____ de revistas de moda, es lo único que lee. ¡Qué exagerada!

¡Así lo expresamos!

4-15 ¡Cambia tu vida! Están muy de moda los servicios que pretenden ayudarnos a realizar nuestras metas, cambiar algún aspecto de nuestra vida o ser personas mejores. Piensa en una idea para tu propio programa de ayuda de este tipo. Puede ser un servicio para corregir un problema psicológico, para superar ciertos vicios, para tener más éxito profesional, para tener mejores relaciones sociales, etc. Diseña un panfleto o un cartel que explique las metas del programa, la metodología, el costo y otros datos importantes. Trata de convencer a tus compañeros de inscribirse en el programa.

Lectura

Vocabulario clave

antepasados	*ancestors*
clave	*key*
enfrascarse	*to become absorbed*
por gusto	*in vain*
provechoso	*beneficial*

Elimine la preocupación de su vida

No gaste energía en lo que no vale la pena y empiece sus tareas con optimismo

Las personas que han vivido mucho tiempo y que han tenido una existencia feliz dicen que eliminar las preocupaciones es la clave para una buena salud mental y hasta física.

Preocuparse por gusto es una pérdida de tiempo y de energía. Lo mejor que usted puede hacer si en su mente hay angustias inquietantes es enfrascarse en cualquier actividad útil y entretenida.

Aunque hoy en día, a diferencia de los hombres primitivos, ya no tenemos que "cazar" la comida del día siguiente, en la sociedad moderna, las personas tienen más preocupaciones que sus antepasados y también más úlceras. Preocuparse por el trabajo o una tarea que se comienza, no ayuda absolutamente en nada al éxito en la labor. Lo único que se consigue es mayor nerviosismo y tensión.

Claro que todos cometemos errores, pero no vale la pena preocuparse de antemano por los problemas que pueden o no surgir. ¿No se ha dado usted cuenta de que sus anticipaciones son siempre más catastróficas que la realidad cuando llega? ¿O de que nada de lo que usted se imagina va a suceder, sucede de esa forma, sino de una manera diferente? Este razonamiento debería ser suficiente para sacar los pensamientos preocupantes de su vida. Ponga esa energía a trabajar en algo útil y provechoso.

4-16 ¿Has comprendido? Indica si las oraciones son ciertas o falsas, según el artículo.

_____ 1. La preocupación no afecta la salud física.

_____ 2. Las diversiones son buenas para aliviar la preocupación.

_____ 3. El problema de las preocupaciones no es tan grave en la sociedad moderna como lo era en el pasado.

_____ 4. Las preocupaciones pueden ser útiles porque nos empujan a tener éxito en el trabajo.

_____ 5. Nuestras preocupaciones no indican lo que realmente pasará.

4-17 ¿Qué piensas? Contesta las preguntas sobre tu opinión del artículo.

1. ¿Te consideras una persona que se preocupa «por gusto»? ¿Qué cosas te preocupan? ¿Te dejas preocupar por tonterías? ¿Tienes algunas preocupaciones válidas?

_____

2. ¿Crees que en la sociedad moderna tenemos más preocupaciones que los hombres primitivos? ¿Por qué? ¿Qué elementos de nuestra sociedad causan preocupaciones?

_____

3. ¿Hay momentos cuando sí merece la pena preocuparse? ¿Cuáles son algunas ventajas de las preocupaciones?

_____

Taller

4-18 Idear. Haz una lista de adjetivos que describan tu carácter. Ahora piensa en la imagen que proyectas y cómo te ven los otros. ¿Crees que los demás estarían de acuerdo con la descripción que hiciste? Pregúntale a algunos compañeros cómo te describirían. Haz una lista de los adjetivos que ellos usan. ¿Qué discrepancias hay entre tu autoimagen y la imagen que tus amigos tienen?

4-19 Escribir. Imagina que una persona está contigo por primera vez. Si alguien que no te conoce tuviera que describirte después de este primer encuentro, ¿qué diría? Escribe una descripción de ti mismo desde la perspectiva de una persona que acaba de conocerte. Usa adjetivos específicos. Intenta usar expresiones reflexivas para describir el aspecto físico (por ejemplo: *se viste bien*). Usa el presente perfecto para narrar acciones que sirvan para la descripción (por ejemplo: *él/ella se ha equivocado muchas veces pero ahora es más cuidadoso/a*).

4-20 Compartir. Cambia tu composición por la de otra persona de la clase. Díganse si creen que la descripción es un reflejo fiel de la imagen de cada uno. ¿Hay algo con lo que no estén de acuerdo? ¿Hay algo que les sorprenda?

Conexiones

4-21 ¿Cómo es? Busca una entrevista con una persona hispana exitosa en una revista, un periódico o un programa de televisión en español. ¿Cuáles son las características sobresalientes de esta persona? ¿A qué factores atribuye su éxito?

Las relaciones personales

5-1   Una petición. Completa el panfleto para una organización caritativa con palabras de *¡Así lo decimos!*

«El primer paso» es una organización que ayuda a personas sin hogar a resolver sus problemas económicos y sociales. Nuestro grupo depende de la (1)___*bondad*___

de los miembros de la comunidad para mantener el programa. Aparte de los recursos materiales estas personas buscan apoyo moral. Ellos necesitan personas en quienes puedan

(2)___*confiar*___, pues la mayoría no tiene a nadie con quien hablar

de sus problemas y sentimientos. Muchas de las personas a quienes ayudamos necesitan el

(3)___*consuelo*___ de un amigo que comprenda su situación y que les dé

(4)___*ánimo*___ para superar sus dificultades. Es nuestro deber

(5)___*proteger*___ a los desamparados y los menos afortunados del mundo

hostil donde viven. Ellos también son seres humanos y merecen el

(6)___*respeto*___ de todos. Si Ud. puede contribuir a nuestra organización,

llámenos. ¡Contamos con su buena voluntad!

5-2   Una carta. Completa la carta en la que Paloma le dice a Isela cuánto la quiere con palabras de *¡Así lo decimos!* Recuerda conjugar los verbos si es necesario.

Querida Isela:

Hace casi un año que no nos vemos y te (1)___*echo de menos*___. La vida

es mucho menos agradable ahora que vives tan lejos porque cuando estabas aquí siempre

(2)___*borrabas*___ mis penas con tu buena compañía y tus actos de

(3)___*fidelidad*___. Me acuerdo de muchas cosas que hiciste por mí. Por

ejemplo, cuando yo empecé mis estudios universitarios estaba muy insegura pero tú me diste

(4)___*ánimo*___ para seguir estudiando. Después, en mi primer trabajo, me ofreciste (5) _____sabios_____ consejos que me ayudaron a tener mucho éxito

profesional. Y cuando murió mi abuelita me diste (6)_____consuelo_____

que me ayudó a soportar la pena. Quiero darte las gracias por ser una amiga tan

(7) _____fiel_____ y por apoyarme durante todos los momentos difíciles.

Es importante que sepas que no (8) __doy por sentado__ tu amistad. ¡Eres

una amiga única!

¡Así lo hacemos!

Estructuras

1. The subjunctive vs. the indicative in adjective clauses

5-3 Una fiesta. Rafael está organizando una fiesta para animar a Emilio, un amigo que está un poco deprimido. Completa la lista de los preparativos para la fiesta con el subjuntivo o indicativo de los verbos entre paréntesis.

1. Ya invitamos a todos nuestros compañeros que _____se consideran_____ (considerarse) buenos amigos de Emilio.

2. Tenemos unos pequeños regalos para Emilio. No hay ninguno que

   _____vuela_____ (valer) mucho dinero, pero creemos que las cosas que le compramos le van a gustar.

3. Ayer diseñamos una tarjeta que _____dijo_____ (decir) «¡Ánimo, Emilio!»

4. Mañana le compraremos una torta. Preferimos una que _____sea_____ (ser) de chocolate porque a Emilio le encanta el chocolate.

5. Esta tarde le compré un disco compacto que _____tiene_____ (tener) muchas de sus canciones favoritas.

6. Haremos la fiesta en la casa de Antonio, un amigo nuestro que

   _____vive_____ (vivir) en un apartamento con una terraza grande.

7. Después de la fiesta, saldremos a bailar a algún sitio que le _____gusta_____ (gustar) a Emilio.

8. ¿Hay algo más que (nosotros) _____podemos_____ (poder) hacer para sorprenderle?

Nombre _Kenneth Supernaw_   Fecha _____

5-4   Un aviso clasificado. Completa el aviso clasificado con el subjuntivo o indicativo de los verbos entre paréntesis.

¡Soy un hombre que (1)___busco___ (buscar) una relación seria, pero parece que no hay ninguna mujer decente que (2)___quiera___ (querer) salir conmigo. Siempre salgo con mujeres que (3)___se enamoran___ (enamorarse) de otro hombre. Necesito una compañera que (4)___sea___ (ser) fiel. Busco a alguien que me (5)___respete___ (respetar) y que no (6)___dé___ (dar) por sentado mi amor. Quiero una novia que me (7)___aprecie___ (apreciar) y que (8)___piense___ (pensar) en mis sentimientos. ¿Hay alguien que (9)___tenga___ (tener) estas características? Si eres una persona que (10)___comprendes___ (comprender) mi situación, llámame al 555-AMOR.

5-5   Una declaración de amor. José Luis le está declarando su amor a Catalina. Completa el diálogo con el subjuntivo o indicativo de los verbos.

> confiar   ~~gustar~~   inventarse   ~~ser~~
> ~~estar~~   ~~hacer~~   querer   ~~tener~~

JOSÉ LUIS: Catalina, te quiero con toda mi alma. Eres la única persona que me (1)___quieres___ feliz y quiero pasar mi vida junto a ti. No quieres a otro, ¿verdad?

CATALINA: No hay nadie en el mundo que me (2)___confía___ tanto como tú. ¡Pero eres insoportable porque todos los días me preguntas si quiero a otro! Eres una persona que siempre (3)___tienes___ celos. Necesito un novio que (4)___se inviente___ en mí. Sabes que no hay otro hombre que me (5)___gusta___.

JOSÉ LUIS: No sé... Tienes unos "colegas" que (6)___son___ muy sospechosos. ¿Estás segura de que no hay ninguno de ellos que (7)___están___ enamorado de ti?

CATALINA: Ya te he dicho que no, José Luis. ¡Qué manía! ¡Lo único que quiero es un novio que no (8)___haga___ locuras!

5-6 Chismes. A Manolo le encanta chismear sobre sus compañeros de clase. Completa sus chismes con palabras de ¡Así lo decimos!

1. La semana pasada le pedí un préstamo de cincuenta dólares a Armando y me lo negó.

   ¡Es un chico tan ___descortés___ !

2. Félix me cae mal porque es un niño ___tacaño___. Sus padres le regalan todo lo que él desee.

3. La novia de Adrián dice que él es un chico ___apasionado___ porque siempre está abrazándola, besándola y diciéndole palabras de amor.

4. ¿Sabes por qué Luis está tan ___callado___ últimamente? Porque metió la pata tantas veces el mes pasado que ahora no quiere hablar.

5. ¿Sabías que Samuel tiene una obsesión por el control? Siempre quiere ___dominar___ la situación y a todos sus amigos.

6. ¿Te enteraste? Parece que Marco y Cecilia ya no son novios. Están ___separados___ porque Cecilia está muy enojada por algo que hizo Marcos.

5-7 Un psicólogo infantil. Un psicólogo hizo una observación de Pablito, un niño que siempre se pelea con sus compañeros. Completa su informe con palabras de ¡Así lo decimos!

He observado a Pablito durante los últimos tres días y he llegado a la conclusión de que su

(1) ___comportamiento___ violento es el resultado de un complejo psicológico. Pablito

sufre de baja autoestima, pero le gusta (2) ___afrontar___ a los otros niños

porque su agresividad encubre la profunda (3) ___inseguridad___ que siente.

Muchas personas con baja autoestima son tímidas y (4) ___calladas___, pero

Pablito oculta sus problemas bajo un fuerte (5) ___caparazón___. Es decir,

reacciona a sus sentimientos de inferioridad con (6) ___angustia___ y tonos

agresivos. Además, Pablito es un niño demasiado (7) ___inmaduro___ para su

edad, se porta casi como un niñito pequeño.

Por eso Pablito parece un niño (8) ___malcriado___ o consentido, pero la verdad

es que es urgente que sus padres le presten más atención. Si recibe más afecto, es probable que se

sienta más seguro y que se resuelva su problema.

Nombre _Ken Supernaw_ Fecha _____

¡Así lo hacemos!

Estructuras

2. The future perfect and pluperfect tenses

5-8 Proyectos. Completa la carta en la que David le cuenta a su padre lo que habrá hecho dentro de unos años con el futuro perfecto de los verbos.

> ~~ahorrar~~   ~~comprometer~~   ~~graduarse~~
> ~~casarse~~   ~~dejar~~   ser
> ~~comprar~~   ~~encontrar~~   ~~tener~~

Querido papá:

Tengo noticias sobre mi futuro que te van a encantar. Casi he terminado con mis clases en la universidad y (1) _se habré graduado_ para junio. Ya he empezado a buscar trabajo, y te prometo que para finales del verano (2) _habré encontrado_ un puesto en una compañía estable. Dentro de un año (3) _habré ahorrado_ mucho dinero y para diciembre (4) _habré comprado_ una casa. Mi novia y yo pensamos que antes de noviembre (5) _habremos comprometido_ y dentro de dos años (6) _se habremos casado_. Probablemente (7) _habremos tenido_ un hijo para el año 2005. ¡Para aquel entonces tú (8) _habrás dejado_ de preocuparte tanto por mí!

5-9 Nuestros hijos. Lucía y Victoria están conversando sobre el futuro de sus hijos. Completa el diálogo con el futuro perfecto de los verbos.

> ~~declararse~~   ~~ir~~   ~~recibir~~   ~~salir~~
> ~~divorciarse~~   ~~pensar~~   ~~regresar~~   ~~terminar~~

LUCÍA: Victoria, ¿cómo está tu hijo?

VICTORIA: ¿Sabes? Alfonso ya tiene dieciocho años y para la primavera _habrá_ (1) _terminado_ sus estudios de la escuela secundaria. En unos meses (2) _habrá ido_ a la universidad. Es increíble pensar que dentro de cuatro años (3) _habrá recibido_ el título universitario. ¡Cómo vuela el tiempo! Y tus hijos, ¿qué tal?

LUCÍA: Bueno, Almudena se casó hace dos años, pero ella y su esposo han tenido muchos problemas. Creo que para el fin del año ellos (4) _se habrán divorciado_. Pero a Narciso le va muy bien. Ahora está en el servicio militar pero para octubre

(5) _habrá salido_ y (6) _habrá regresado_ .
Tiene una novia y piensa que para el año que viene (7) _se habrá declarado_
a ella.

VICTORIA: Sí, sí. ¡Para entonces tú ya (8) _habrás pensado_ en nombres
para tus nietos!

5-10 Una encuesta. Completa la encuesta sobre las relaciones personales con el pluscuamperfecto
del verbo apropiado en cada caso.

1. El 94% de las mujeres dijeron que _se habían enamorado_ (enamorarse /
emocionarse / arrepentirse) de alguien antes de cumplir los dieciocho años.

2. El 42% de los hombres casados admitieron que _se habían declarado_
(descomponerse / complementarse / declararse) a otra mujer antes de conocer a su esposa.

3. El 56% de las personas que han tenido una pareja infiel no _habían sospechado_
(enfadarse / disculparse / sospechar) que había otro antes de enterarse de la verdad.

4. El 27% de los matrimonios divorciados ya _habían recurrido_
(poblar / recurrir / acontecer) a la terapia cuando se separaron.
to populate   to appeal to   to occur, to happen

5. El 19% de las parejas dijeron que _habían salido_ (salir / agradecer /
olvidarse) juntos durante un año antes de comprometerse.

6. El 38% de los recién casados dijeron que _habían firmado_
(firmar / borrar / aprovechar) un pacto prenupcial antes de casarse.

5-11 Una pareja. Completa el párrafo en el que Horacio explica lo que él y su novia habían hecho
antes de conocerse. En cada caso usa el pluscuamperfecto del verbo apropiado.

| asistir | criarse | ir | tocar |
| conocer | estar | tener | vivir |

Es increíble que mi novia Mariela y yo nos llevemos bien porque yo soy muy introvertido pero

ella es una persona muy extrovertida. Por esa razón nosotros (1) _habíamos tenido_

experiencias muy diferentes antes de conocernos. Antes de salir con Mariela yo nunca

(2) _había estado_ en el extranjero, pero ella y sus amigos

(3) _habían vivido_ por toda América. Yo tampoco

(4) _había ido_ a un concierto de música merengue, pero Mariela

(5) _había tocado_ con una orquesta caribeña por dos años. Mariela

(6) _había asistido_ a fiestas en la casa de unos actores muy conocidos,

pero yo nunca (7) _había conocido_ a una persona famosa. La verdad es que

Mariela y yo (8) _se habíamos criado_ en mundos muy distintos pero ahora que

somos novios estamos aprendiendo a compartir nuestros gustos.

Nombre _Ken Supernan_ Fecha _____

3. Comparisons with nouns, adjectives, verbs and adverbs, and superlatives

5-12 Unos compañeros irresponsables. Completa la carta en la que Héctor describe a sus compañeros de cuarto.

Querida mamá:

¡Esta semana ha sido (1)_____la_____ más difícil de toda mi vida.

Mis compañeros de cuarto me han causado mucho estrés. ¡Son las personas

(2)_____más_____ responsables del mundo! Víctor es el chico

(3)_____más_____ olvidadizo de todos mis amigos. Esta semana se

olvidó de pagar la cuenta telefónica y ahora nos cortaron el servicio. Gerardo es

(4)_____tan_____ desorganizado como Víctor. Le presté los apuntes de mis

clases y me los perdió. Esta semana saqué (5)_____tantas_____ malas notas

como él porque no pude estudiar. Octavio es el más egoísta (6)_____de_____

todos mis compañeros. No permite que usemos el ordenador hasta que termine sus trabajos finales,

pero es tan lento (7)_____como_____ una tortuga. Octavio también es el

(8)_____más_____ tacaño de todos mis compañeros. Ayer pedimos una pizza

grande pero no nos ofrecía nada. Sin embargo, creo que Daniel es el peor de todos. Tiene

(9)_____tantos_____ discos compactos como una tienda de música y los toca

toda la noche. No puedo dormir porque el ruido es más fuerte (10)_____que_____

un concierto de rock. ¿Qué puedo hacer, mamá?

Héctor

5-13 ¿Cómo es tu familia? Bernarda quiere saber cómo es la familia de Oscar, su nuevo novio. Completa las respuestas con expresiones superlativas.

1. BERNARDA: ¿Es unida tu familia?

   OSCAR: Sí, mi familia es ___la más unida___ del mundo.

2. BERNARDA: ¿Son cariñosos tus padres?

   OSCAR: Tengo los padres ___más cariñosos___ de todos los padres de mis amigos.

3. BERNARDA: ¿Tu hermano Martín es comprensivo?

   OSCAR: No, Martín es ___menos comprensivo___ de mis hermanos.

4. BERNARDA: Tus hermanas son encantadoras, ¿verdad?

   OSCAR: Es cierto. Son las chicas ___más encantadoras___ de su colegio.

5. BERNARDA: ¿Es consentida tu hermana menor?

   OSCAR: Sí, es la persona ___más consentida___ de toda mi familia.

5-14 Unos compañeros divertidos. Maribel y Trinidad están conversando sobre sus compañeros de clase. Completa el diálogo con las expresiones superlativas.

MARIBEL: Me encanta la clase de literatura porque nuestros compañeros de clase son los (1) ___más divertidos___ (divertido) de toda la universidad.

TRINIDAD: Es cierto. Pienso que Diego es el chico (2) ___más gracioso___ (gracioso) del mundo. ¡Cuenta unos chistes fantásticos!

MARIBEL: Y Gloria es la chica (3) ___más fascinante___ (fascinante) de la clase. Sabe cantar, bailar y tocar el piano.

TRINIDAD: A mí me caen bien Ester y Marcelo, pero son las personas (4) ___menos serias___ (serio) de la clase. Salen con amigos todos los días y nunca estudian. ¡Tienen las notas (5) ___más bajas___ (bajo) de toda la clase!

MARIBEL: Inés y Rosario son las chicas (6) ___más desenvueltas___ (desenvuelto) de todas. Tienen fiestas en su casa casi todos los viernes.

TRINIDAD: El profesor de la clase me parece divertido también. Es el profesor (7) ___menos aburrido___ (aburrido) de la facultad de letras. Su clase es la (8) ___más interesante___ (interesante) de todas.

Nombre _Ken Supernaw_   Fecha _____

5-15 ¿Cómo se comparan? Escribe oraciones completas para comparar a estas personas. Sigue el modelo.

MODELO: Paul Rodríguez / ser / – / erudito / Octavio Paz

Paul Rodríguez es menos erudito que Octavio Paz.

1. Sandra Cisneros e Isabel Allende / ser / = / creativo / Oscar Hijuelos y Mario Vargas Llosa

   Sandra Cisneros e Isabel Allende son tan creativo como Oscar Hijuelos y Mario Vargas Llosa.

2. Madonna / ser / + / extrovertido / Gloria Estefan

   Madonna es más extrovertido que Gloria Estefan.

3. el rey Juan Carlos y la reina Sofía / ser / + / reservado / el príncipe y las infantas

   El rey y la reina son más reservados que el príncipe y las infantas.

4. Chef Pepín / hacer / = / tortas / Martha Stewart

   Chef Pepín hace tantas tortas como Martha Stewart

5. Pablo Picasso / ser / – / excéntrico / Salvador Dalí

   Pablo Picasso es menos excéntrico que Salvador Dalí.

6. Salma Hayek / tener / = / encanto / Antonio Banderas

   Salma Hayek tiene tan encanto como Antonio Banderas.

7. Oscar de la Hoya / ser / = / valiente / Héctor «el macho» Camacho

   Oscar de la Hoya es tan valiente como Héctor "el macho" Camacho.

8. Pedro Almodóvar / tener / = / originalidad / Luis Buñuel

   Pedro Almodóvar tiene tan originalidad como Luis Buñuel.

¡Así lo expresamos!

5-16 Una encuesta. ¿Qué opinan tus compañeros de las relaciones personales? Piensa en un aspecto de las relaciones personales que quieras investigar (por ejemplo: los efectos del divorcio sobre los niños, el carácter del hijo único / menor / mayor, las opiniones de las mujeres vs. los hombres sobre el matrimonio, el rol de las mujeres y los hombres en la crianza de los niños). Prepara un cuestionario para repartir en la clase. Analiza las respuestas y haz una presentación para compartir con la clase lo que has aprendido. Diseña gráficos para representar los resultados y escribe un informe sobre tus conclusiones.

Lectura

Vocabulario clave			
a propósito	*on purpose*	capaces	*capable*
al cabo de	*after*	rompecabezas	*puzzle*
arruinar	*to ruin*		

¿Perdonar o no perdonar?

- Si su mejor amigo revelara un secreto que usted le había confiado, ¿lo perdonaría?
- Si un compañero de estudios o de trabajo le envía un virus a su computadora a propósito, ¿lo perdonaría?
- Si usted le presta dinero a su mejor amigo y nunca se lo devuelve, ¿lo perdonaría?
- Si le presta a un amigo o a una amiga una pieza de ropa muy fina y él o ella la arruina, ¿perdonaría usted a esta persona?
- Si su pareja lo traicionara con otra persona, ¿la perdonaría?

El perdón tiene muchas caras: la religiosa, la política, la legal, la económica y, por supuesto, la psicológica. Perdonar —o no perdonar— es una pieza clave en el rompecabezas de las relaciones interpersonales. Un estudio de la Universidad de Purdue demostró que son muy pocas las personas que realmente perdonan y olvidan totalmente. Según este estudio, en el que participaron 410 personas, sólo un 13% de estas personas eran capaces de perdonar y de olvidar sin condiciones; el resto de las personas mantenía rencor u otros sentimientos negativos y sólo olvidaba y perdonaba con resentimientos y muchas limitaciones.

La mayoría de las personas no se dan cuenta de que perdonar a veces ayuda más al que perdona que al perdonado. Al perdonar, la persona saca muchos sentimientos y sensaciones negativas de su sistema. Pero según expertos en las relaciones interpersonales, si uno lo perdona todo y perdona todo el tiempo corre el peligro de que lo den por sentado y le pierdan el respeto.

El estudio de Purdue demostró que muchas veces es preferible romper totalmente con una relación y así poder perdonar y olvidar, lo que usualmente ocurre al cabo de 3 a 5 años. De esta forma se evita que el rencor o el resentimiento nos quite la energía positiva que necesitamos para disfrutar de las otras cosas de la vida.

Todos los seres humanos conocen las ventajas de perdonar y de olvidar. Algunos lo hacemos más frecuentemente que otros. El perdón es parte de nuestras relaciones con los demás y con nosotros mismos. De hecho, a veces perdonarnos a nosotros mismos es más difícil que perdonar a los demás. Siempre hay que recordar que a nosotros también nos gustaría que perdonaran nuestras faltas. Pero hay que saber pedir perdón...y eso no siempre es tan fácil. ¡Tanto perdonar como pedir perdón se aprenden sólo practicando!

5-17 ¿Has comprendido? Contesta las preguntas sobre el artículo.

1. ¿Dónde se llevó al cabo el estudio?

    _____

2. ¿Qué porcentaje de las personas dijeron que perdonaban y olvidaban «sin condiciones»?

    _____

3. ¿Qué dijo el resto del grupo con respecto a su manera de perdonar?

    _____

4. ¿Qué consejo ofrece el artículo para evitar el rencor?

    _____

5. ¿Cuánto tiempo se requiere para perdonar y olvidar después de ese paso?

    _____

    _____

5-18 ¿Qué opinas? ¿Estás de acuerdo con la idea de que es preferible romper totalmente con una relación para poder evitar el rencor? ¿Bajo qué circunstancias es necesario? ¿Cuándo es preferible mantener la relación, aunque sea imposible perdonar y olvidar sin condiciones?

_____

_____

_____

_____

Taller

5-19 Idear. Piensa en una situación en la que le pediste perdón a alguien. ¿Qué habías hecho que merecía perdón? ¿La persona te perdonó o todavía te guarda rencor?

5-20 Escribir. Escribe una carta a una persona a la que quieras pedir perdón. Recuérdale lo que hiciste y explícale por qué te comportaste de esa manera. Intenta usar el pluscuamperfecto para narrar los hechos y el futuro para expresar tus esperanzas para la relación.

Conexiones

5-21 La familia hispana. Muchos dicen que la familia hispana es más unida y tradicional que la familia norteamericana. Entrevista a una persona hispana sobre su familia y su idea de la familia hispana. Pregúntale sobre el número de familiares, el rol de la madre y el padre, la crianza de los niños y otros factores que quieras investigar. ¿Cómo se compara su familia con la imagen que tenías de la familia hispana?

Kenneth Supernaw

6

El mundo del espectáculo

Primera parte   ¡Así lo decimos! Vocabulario

6-1   Un aficionado al espectáculo. Completa la agenda de Antonio con palabras de *¡Así lo decimos!*

6 de septiembre

Hay un concierto de mi (1) _cantante_ favorito, Enrique Iglesias, que será (2) _transmitido_ en vivo vía satélite desde Madrid.

7 de septiembre

Comienza la nueva (3) _programa_ de televisión. A las ocho hay una nueva miniserie en el (4) _canal_ 12.

8 de septiembre

El famoso (5)_____ de piano, Richard Claiderman, ofrece un recital en el Centro de Bellas Artes a las 9:00 P.M.

9 de septiembre

Hay un recital gratuito de la orquesta de la universidad. Tocan la quinta (6)_____ de Beethoven.

10 de septiembre

Hay una película de ciencia ficción en el Cine Central. Antonio Banderas (7)_____ el papel del protagonista. Tiene muchos (8)_____, como explosiones e incendios.

6-2 Un actor aspirante. Completa la conversación entre un actor y su agente con palabras de *¡Así lo decimos!*

ACTOR: He tenido mucho éxito en mi (1)_____ como actor de televisión pero me gustaría trabajar en algo diferente. Ya no quiero trabajar para la (2)_____ televisiva «Antena Ocho».

AGENTE: ¿Le interesa trabajar en Broadway? Hay una vacante para un bailarín en el (3)_____ «The Producers». Y los directores de «Rent» buscan un reemplazo para la (4)_____ de verano.

ACTOR: No sé bailar ni cantar. Soy un actor serio. ¿No hay nada que sea más adecuado para mi experiencia?

AGENTE: Hay una producer de televisión que necesita actores para una nueva (5)_____ parecida a «General Hospital».

ACTOR: La verdad es que quiero hacer algo más (6)_____ que ese tipo de programas. Mi sueño es (7)_____ en una película dramática.

AGENTE: Bueno, le mandaré el (8)_____ de la nueva película de Almodóvar. Desgraciadamente, no es el papel del (9)_____ sino un rol secundario.

ACTOR: ¿Verdad? ¿Cómo es el papel?

AGENTE: Es para un actor «extraño» en una (10)_____ muy corta.

¡Así lo hacemos!

Estructuras

1. The subjunctive vs. indicative in adverbial clauses

6-3 Una serie. Blas invita a sus amigos a su casa todos las semanas para ver su programa de televisión favorito. Completa las oraciones con el subjuntivo o indicativo de los verbos entre paréntesis.

1. Mis amigos vienen a mi apartamento todas las semanas para ver el programa «Policía en Buenos Aires» a menos de que mi televisor no _____ (funcionar).

2. Esta tarde serviré palomitas de maíz para que mis amigos no _____ (pasar) hambre.

3. Nosotros siempre discutimos la trama del programa cuando _____ (haber) anuncios comerciales.

4. Hoy todos pasaron por mi casa en cuanto _____ (salir) del trabajo.

5. Hoy iremos a tomar un café después de que _____ (terminar) el programa.

6. La semana pasada todos se fueron tan pronto como yo _____ (apagar) el televisor.

7. Ahora tengo que limpiar la sala antes de que _____ (llegar) los invitados.

8. Continuaremos este rito mientras que _____ (durar) la serie «Policía en Buenos Aires».

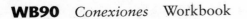

6-4 Los efectos especiales. Completa el artículo con conjunciones adverbiales lógicas.

a fin de	con tal de	para
a menos (de)	después de	sin
antes de	hasta	

Hoy en día, las películas de ciencia ficción no tienen éxito comercial

(1)_____ que tengan muchos efectos especiales. Hace unas décadas,

(2)_____ los avances tecnológicos, la ciencia ficción era un género

cinematográfico que despertaba la imaginación del público (3)_____

la necesidad de efectos especiales convincentes. Pero ahora, (4)_____

grandes películas como «*The Matrix*», los espectadores sólo quieren gastar dinero para ver películas

de fantasía (5)_____ que tengan alguna técnica innovadora. Además,

el auge de la industria de películas en video ha resultado en que los espectadores no van al cine sino

que esperan (6)_____ que salen en video. Los cines tienen que

competir con esta forma más cómoda y más económica de ver las películas. Sin embargo, parece que

la gente prefiere ir al cine para ver las películas que tienen efectos muy entretenidos

(7)_____ aprovechar la intensidad de los efectos que les provee la

pantalla grande. Los cineastas intentan producir películas repletas de explosiones, monstruos y

vehículos maravillosos (8)_____ atraer a los espectadores y asegurar

el éxito comercial.

6-5 Un concierto. Amanda y Pepe tienen un abono (*subscription*) para la ópera esta temporada. Completa su diálogo con el subjuntivo, indicativo o infinitivo de los verbos entre paréntesis.

AMANDA: ¡Date prisa, Pepe! La función empieza pronto. Quiero llegar a la ópera antes de que se (1)_____ (apagar) las luces.

PEPE: Espera un momento. Debo ponerme muy guapo en caso de que (2)_____ (conocer) a alguien importante porque quiero causar una buena impresión. Como yo (3)_____ (ser) estudiante de música es bueno tener conexiones en la industria.

AMANDA: Siempre insistes en conocer a las estrellas de música cuando (4)_____ (ir) a la ópera. ¡La última vez estuvimos allí hasta que nos (5)_____ (echar) porque no querías irte sin (6)_____ (ver) a la soprano salir del teatro! Esta noche volveremos a casa tan pronto como se (7)_____ (oír) la última nota.

PEPE: No podemos irnos tan temprano. Después de (8)_____ (asistir) a la función vamos a una recepción en casa de uno de los músicos.

AMANDA: Bueno, te acompañaré con tal de que no (9)_____ (pasar) más de una hora en la recepción. ¡Es que a ti te gusta quedarte en las fiestas hasta que (10)_____ (amanecer)!

PEPE: Haremos lo que tú digas. Esta noche saldremos para casa en cuanto (11)_____ (saludar) a todos mis amigos.

6-6 Un director exigente. Completa el párrafo en el que un director le explica un proyecto a su equipo de producción. Usa el subjuntivo o indicativo de los verbos.

competir	entretener	grabar	producir
componer	firmar	gustar	transmitir

Colegas, cuando nosotros (1)_____ anuncios comerciales siempre son de excelente calidad. Sin embargo, es importante que éste sea el mejor de todos. Tenemos que satisfacer a los patrocinadores a fin de que (ellos) (2)_____ un contrato con nuestra compañía. Debemos crear un anuncio muy innovador en caso de que las otras compañías de publicidad (3)_____ con nosotros por el contrato. Perderemos esta oportunidad a menos de que la música de nuestro anuncio (4)_____ a los radioyentes. Normalmente empezamos a trabajar en el estudio tan pronto como (5)_____ la melodía, pero esta vez haremos que los músicos ensayen varias veces antes de que los técnicos la (6)_____. En cuanto (7)_____ el anuncio por radio, haremos una encuesta de opinión. Si los oyentes dicen que el anuncio no los convence, lo cambiaremos hasta que les (8)_____.

Segunda parte   ¡Así lo decimos!   Vocabulario

6-7   Una obra de teatro. Completa la carta en la que Julián describe su experiencia en el teatro. Usa las siguientes palabras de *¡Así lo decimos!*

las butacas	la farándula	la taquilla
la cartelera	fila	se trataba
cautivó	la reseña	

Querida hermana:

Me estoy divirtiendo mucho aquí en Madrid. Ayer Raúl y yo fuimos a una obra de teatro. Primero

miramos la (1)_____ del periódico y decidimos ver el estreno de la

nueva obra de teatro de un joven dramaturgo. Fuimos muy temprano para comprar los

(2)_____; queríamos sentarnos en

(3)_____ de la primera (4)_____. La

obra nos encantó. Fue una historia romántica que (5)_____ de una

pareja divorciada que resuelve sus conflictos y se casa de nuevo. El actor principal era brillante y el

público le (6)_____ muchísimo. Durante el intermedio salimos a la

antesala para comprar (7)_____ ¡me encanta comerlas durante la

función! Hoy leímos la (8)_____ que se publicó en el periódico, y

parece que al crítico también le impresionó la obra. Parece que este dramaturgo va a tener mucho

éxito. ¡Ojalá que tú puedas ver una obra suya!

Cariñosamente,

Julián

6-8   Un nuevo disco. Completa la reseña de un nuevo disco con palabras de *¡Así lo decimos!*

¡Buenos días, Nueva York! Les habla su emisora de radio favorita. Dentro de poco vamos a

estrenar el nuevo disco de «Ritmo», el (1)_____ de rock en español

más exitoso del año. Ahora les voy a dar una breve (2)_____

de su producción más reciente. Aunque la (3)_____ del grupo

es relativamente breve, hoy se escuchan en todas las emisoras hispanas del país. El

(4)_____, Manuel Téllez, ha compuesto unas melodías brillantes que complementan su voz armoniosa. Los músicos que lo acompañan también tienen mucho talento. Recientemente una famosa compañía disquera los (5)_____ para grabar un nuevo disco. A mí, personalmente, me gusta el trabajo del percusionista porque, como Uds. saben, el énfasis en el sonido de la (6)_____ es lo que infunde a las canciones de «Ritmo» su fuerza emocionante. Escuchemos ahora el primer (7)_____ del disco, «Todo por ti».

¡Así lo hacemos!

Estructuras

2. Commands (formal and informal)

6-9 Reglas para los espectadores. El director de una serie de televisión en vivo les explica a los espectadores lo que deben y no deben hacer mientras transmitan el programa. Completa sus órdenes con el mandato formal (ustedes) de los verbos.

aplaudir	fumar	pedir	reírse
conversar	hacer	permanecer	salir

1. Por favor,_____ cuando les mostremos el letrero que dice «aplauso».

2. No _____ mientras los actores están hablando.

3. _____ sentados durante la acción.

4. No les _____ autógrafos a los actores.

5. _____ cuando los actores digan algo cómico.

6. No _____ ruido durante los momentos serios del programa.

7. No _____ cigarrillos en el estudio.

8. Cuando acabe el programa, _____ tranquilamente del estudio.

6-10 Un ensayo. Eres director/a de una comedia musical y estás en un ensayo del espectáculo. Contesta las preguntas de la actriz con el mandato formal y los complementos apropiados.

1. ACTRIZ: ¿Me pongo el disfraz para este ensayo?

   DIRECTOR: Sí, _____ .

2. ACTRIZ: ¿Ensayo ahora el monólogo?

   DIRECTOR: Sí, _____ ahora mismo.

3. ACTRIZ: ¿Puedo hacer la primera escena con el libreto?

   DIRECTOR: No, no _____ con el libreto. Debe empezar a memorizarla.

4. ACTRIZ: ¿Le doy el libreto a mi asistente?

   DIRECTOR: Sí, _____ para que no tenga la tentación de mirarlo.

5. ACTRIZ: ¿Me siento aquí en esta silla?

   DIRECTOR: No, no _____ . Se le proyecta más la voz si está parada.

6. ACTRIZ: ¿Quiere que le cante la canción principal de la obra?

   DIRECTOR: Sí, _____ porque quiero ver si la música y su voz suenan bien.

6-11 Una audición. Un/a amigo/a se está preparando para una audición para una película. Escribe mandatos informales para expresar lo que debe hacer en la audición. Usa verbos y complementos lógicos de la lista.

- ♦ ensayar en el teatro 15 minutos antes de la cita
- ♦ conducirse profesionalmente
- ♦ ser entusiasta y cortés
- ♦ no firmar un contrato hasta que lo revise tu abogado
- ♦ repasar la escena antes de la audición
- ♦ no ponerse nervioso/a en la audición
- ♦ vestirse de acuerdo con el papel
- ♦ traer una carpeta con fotos tuyas y cartas de recomendación

1. _____

2. _____

3. _____

4. _____

5. _____

6. _____

7. _____

8. _____

6-12 En España. Completa lo que Irma les dice a sus amigas cuando van a un concierto de música popular. Usa mandatos de *tú* y *vosotras*.

Chicas, (1)_____ (venir) conmigo, que el concierto empieza

dentro de poco y quiero encontrar las butacas. María José, (2)_____

(decirle) a ese señor que se mude porque está sentado en nuestro sitio, pero

(3)_____ (ser) cortés con él. (4)_____

(sentarse), chicas, porque acaban de apagar las luces. Fabiola, sé que te gusta el cantante

del conjunto, pero no (5)_____ (hacer) el ridículo cuando

salga al escenario. No (6)_____(gritarle), por favor.

(7)_____ (comportarse) como una mujer adulta, no como una niña.

Muchachas, (8)_____ (guardar) las cámaras en el bolso. No

(9)_____ (tomar) fotos durante el concierto porque está prohibido.

María José, si quieres un autógrafo (10)_____ (esperar) hasta

el final del concierto. (11)_____ (salir) del auditorio,

(12)_____ (ir) a la limusina de los músicos y

(13)_____ (buscarlos) allí. (14)_____

(tener) paciencia porque es posible que tarden mucho en salir del auditorio. ¡Ya empiezan a tocar la

música! ¡(15)_____ (callarse) y (16)_____

(escucharla), chicas!

3. The subjunctive with *ojalá*, *tal vez*, and *quizás*

6-13 Sueños. Un grupo de estudiantes de artes interpretativas está expresando sus aspiraciones profesionales. Completa las frases con el subjuntivo de los verbos entre paréntesis.

1. Ojalá que este año yo _____ (firmar) un contrato con una compañía de discos.

2. Ojalá que un director de películas me _____ (dar) un papel importante.

3. Ojalá que yo _____ (encontrar) trabajo con la orquesta sinfónica.

4. Ojalá que el *ballet* nacional _____ (buscar) bailarines nuevos este año.

5. Ojalá que el teatro municipal _____ (estrenar) mi obra teatral.

6. Ojalá que yo _____ (cantar) algún día en una ópera italiana.

7. Ojalá que los miembros de mi conjunto y yo _____ (tener) éxito en nuestra gira latinoamericana.

8. Ojalá que un director importante _____ (venir) a mi próximo recital de piano.

6-14 Una cita. Alejo ha invitado a Rosa a un concierto de la orquesta sinfónica y Rosa le está preguntando cómo será el evento. Completa las respuestas de Alejo con el subjuntivo o indicativo, según el contexto.

1. ROSA: ¿Llevarás un esmoquin al Palacio de Artes?

   ALEJO: Tal vez _____ un esmoquin.

2. ROSA: ¿Iremos al concierto en una limusina?

   ALEJO: Quizá _____ en taxi.

3. ROSA: ¿Nos sentaremos en la primera fila?

   ALEJO: Ojalá que _____ en la primera fila.

4. ROSA: ¿La orquesta tocará una sinfonía de Mozart?

   ALEJO: ßOjalá que _____ música de varios compositores.

5. ROSA: ¿El concierto durará mucho tiempo?

   ALEJO: _____ dos horas, quizás.

6. ROSA: ¿Conoceremos a gente famosa durante el intermedio?

   ALEJO: Ojalá que _____ al director del Palacio de Artes.

7. ROSA: ¿Cenaremos en un restaurante elegante después de la función?

   ALEJO: Tal vez _____ en un restaurante de cocina francesa.

8. ROSA: ¿Saldremos a bailar después de cenar?

   ALEJO: Quizá _____ a tomar una copa en algún sitio.

6-15 Entrevista con una estrella de cine. Completa la entrevista con el subjuntivo o indicativo de los verbos.

> contar   dar   interpretar   tener
> contratar   gustar   ser   trabajar

ENTREVISTADOR: Buenas tardes, señorita Chávez. Quisiera entrevistarla sobre sus futuros proyectos en el cine. Ojalá que usted nos (1)_____ un poco sobre las películas que va a hacer durante el próximo año.

SRTA. CHÁVEZ: Sí, cómo no. Actualmente estoy filmando una película de suspenso. Hay mucha acción y efectos especiales, y tal vez por eso le (2)_____ al público. Ojalá que (3)_____ mucho éxito porque estoy trabajando mucho en ella. (4)_____ quizá mi mejor película hasta el momento.

ENTREVISTADOR: ¿Qué va a hacer en cuanto termine esta película?

SRTA. CHÁVEZ: Bueno, hace una semana fui a una audición para el nuevo proyecto del famoso cineasta argentino, Ramón Castillo. Ojalá que me (5)_____ para la película.

ENTREVISTADOR: ¿Sabe Ud. quiénes son los otros actores que van a participar en el proyecto?

SRTA. CHÁVEZ: Tal vez el actor venezolano Edgar Villanueva (6)_____ el papel del protagonista. Y quizá mi amiga Rosario Estévez (7)_____ con nosotros también.

ENTREVISTADOR: Sería un reparto (*cast*) maravilloso. ¡Ojalá que les (8)_____ los papeles a ustedes tres!

¡Así lo expresamos!

6-16 La publicidad. Diseña una campaña publicitaria para un espectáculo real o imaginario. Puede ser para un concierto, una película, una obra teatral o un programa de televisión. Crea un lema (*slogan*) para el espectáculo, describe el evento, resume la opinión de la crítica sobre el espectáculo y provee información sobre el lugar, fecha, hora, precio, etc. Puedes usar diferentes medios para hacer la publicidad: un anuncio de radio, un anuncio de televisión, una página en la red informática, un folleto o un cartel. Luego, preséntale los anuncios a la clase.

Lectura

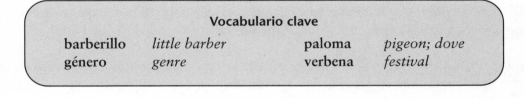

Vocabulario clave			
barberillo	*little barber*	paloma	*pigeon; dove*
género	*genre*	verbena	*festival*

¿Qué es la Zarzuela?

La zarzuela es una producción teatral en la que alternan el diálogo y la canción. Puede describirse como una mezcla de teatro cómico, baile y ópera, pero no tan profunda y seria como la ópera tradicional. Este género dramático-musical tiene más bien un sabor popular y es generalmente de temas más ligeros. Este espectáculo es característicamente español, pero hoy en día es aplaudido en todo el mundo. Cuando nació este género en Madrid en el siglo XVII, las zarzuelas se presentaban en las plazas de los palacios. Iriarte, un ilustre español, se refería a la zarzuela como «nuestro drama genuino». La razón quizá halla sido porque este género expresa mejor la mentalidad y la idiosincrasia del pueblo español que la ópera tradicional, y, por lo tanto, puede identificarse mejor con ella. Algunos de los aspectos que caracterizan la zarzuela y hacen de ella un género español son su energía y vivacidad, la cantidad de incidentes.

Entre las zarzuelas más conocidas se encuentran *Doña Francisquita* y *Bohemios*, de Amadeo Vives, *Viento es la dicha de amor*, de José de Nebra, *Luisa Fernanda*, de Federico Moreno Torroba, *La tabernera del puerto*, de Pablo Sorozábal, *El barberillo de Lavapiés*, de Francisco Asenjo y *Barbieri* y *La Verbena de la Paloma*, de Tomás Bretón.

Aunque en los últimos años se ha incorporado a la zarzuela ritmos modernos, como el del jazz, no hay duda de que los compositores y sus zarzuelas siempre tendrán un lugar preponderante en la historia de la música española.

6-17 ¿Has comprendido? Empareja los números con las letras correspondientes.

_____ 1. zarzuela   a. nacimiento de la zarzuela

_____ 2. ópera tradicional   b. características de la zarzuela

_____ 3. Madrid, siglo XVII   c. un español ilustre

_____ 4. vivacidad y energía   d. autor de _Luisa Fernanda_

_____ 5. Iriarte   e. mezcla de baile, canto y teatro cómico

_____ 6. Federico Moreno Torroba   f. incorporados en los últimos años

_____ 7. ritmos modernos   g. temas de la zarzuela

_____ 8. ligeros y populares   h. seria y profunda

Taller

6-18 Idear. Muchas veces la música nos sugiere ideas y sensaciones sin la necesidad de palabras. Piensa en una composición instrumental que te conmueva. ¿Qué instrumentos son los más importantes? ¿Cómo es el ritmo? ¿En qué piensas cuando escuchas la melodía?

6-19 Ampliar. Piensa en las emociones que te sugiere la canción e inventa un contexto en el que podrían surgir estas emociones. Puede ser una situación personal o inventada. Apunta algunos detalles del contexto.

    MODELO: _La música tiene un tono alegre y despreocupado. Me hace pensar en mi juventud, cuando iba al parque con mi abuelo..._

6-20 Escribir. Escribe la letra para acompañar la música. Usa _ojalá, tal vez_ y _quizá_ para expresar esperanzas, y mandatos para dirigirte a otra(s) persona(s) en la canción.

Conexiones

6-21 Un espectáculo. Entérate de un evento en tu comunidad que esté relacionado con la cultura hispánica. Puede ser un concierto, un baile, una obra de teatro, una película, etc. Asiste al evento y escribe una reseña del mismo para presentar a la clase. Si es posible, entrevista a uno de los participantes o a un espectador hispanoparlante.

7

La diversidad humana

7-1   La discriminación sexual. Completa el artículo con palabras de *¡Así lo decimos!*

A pesar de todos los (1)_____ de la mujer en cuanto a su papel en el

(2)_____ profesional, todavía no se ha logrado eliminar la

descriminación sexual en el lugar de trabajo. Además, muchas mujeres opinan que el deseo de seguir

una carrera y también (3) _____ a sus hijos les crea mucho estrés porque las

mujeres profesionales usualmente (4)_____ en un trabajo con un

horario inflexible que no les permite pasar tiempo con los niños. Pero aparte de estas injusticias

obvias, hay un tipo de discriminación más sutil: muchas mujeres dicen que sus supervisores piensan

que ellas no (5)_____ mucho al éxito de la compañía y les dan menos

responsabilidades que a sus colegas varones. Es decir, los derechos de la mujer en el lugar de trabajo

existen en principio, pero todavía siguen vigentes algunas actitudes antifeministas.

7-2   Un código de trato justo. Muchas compañías tienen un código que asegura el trato
equitativo de todos sus empleados. Completa el siguiente boletín de información para nuevos
empleados de la compañía Rodotec con palabras de *¡Así lo decimos!*

En esta compañía, la mujer ya no es (1)_____; aquí hay

tantas mujeres como hombres. Aquí tenemos una política muy fuerte contra el

(2)_____; además es un delito en todos los estados, por lo tanto

no será tolerado. Si un empleado (3)_____ a una compañera de

trabajo o hace cualquier referencia a su aspecto físico será suspendido. Este tipo de comentario está

absolutamente (4)_____ en esta compañía. Las empleadas deben

sentirse cómodas y libres de (5)_____ su profesión con tranquilidad.

Es (6)_____ establecer una relación de trabajo productiva y cordial

entre los empleados de ambos sexos. Todos los empleados deben (7)_____

y tratarse con profesionalismo.

¡Así lo hacemos!

Estructuras

1. *Hacer* and *desde* in time expressions

7-3 **Un *currículum vitae*.** Mara está preparando su *currículum vitae* porque quiere solicitar el puesto de jefe del departamento de ciencias en su universidad. Escribe oraciones completas para expresar cuánto tiempo hace que ella hizo estas cosas.

MODELO: graduarse de la escuela secundaria / 28 años

Me gradué de la escuela secundaria hace 28 años.

1. cursar la carrera universitaria en biología / 24 años

   _____

2. sacar el doctorado en biología celular / 18 años

   _____

3. trabajar como investigadora en un laboratorio universitario / 15 años

   _____

   _____

4. aceptar el puesto como profesora en la Universidad Autónoma / 13 años

   _____

   _____

5. hacer un estudio esclarecedor sobre el cáncer / 8 años

   _____

6. ganar el Premio Nacional de Ciencias / 7 años

   _____

7. escribir un libro de biología / 6 meses

   _____

8. publicar un artículo sobre mis investigaciones más recientes / 3 semanas

   _____

   _____

7-4 Una mujer triunfante. Completa el párrafo en el que Maricarmen explica su triunfo educativo con expresiones de tiempo apropiadas.

Ahora soy una mujer realizada, con un buen trabajo, pero (1)_____

sólo unos meses que mi vida es tan satisfactoria. (2)_____ quince

años dejé de asistir a la escuela secundaria porque (3)_____ mucho

tiempo que sacaba muy malas notas y me sentía muy frustrada. Es que yo había estado en la escuela

(4)_____ los cinco años de edad pero todavía no sabía leer. Entonces

me retiré de la escuela y me puse a trabajar en una fábrica. (5)_____

cinco años que trabajaba allí cuando mi supervisora me preguntó por qué yo no había completado

mis estudios en la secundaria. Yo le expliqué que no sabía leer y ella me recomendó un programa de

alfabetización. Lo pensé durante mucho tiempo y (6)_____ diez años

me inscribí en el curso. (7)_____ varios meses que aprendía a leer y

escribir con la ayuda del programa cuando decidí volver a la escuela. Por fin saqué mi título

(8)_____ 6 años. Luego empecé los estudios universitarios; me gradué

con un bachillerato en educación elemental (9)_____ un año. Trabajo

como profesora de escuela primaria (10)_____ septiembre. Desde

(11)_____ unas semanas participo en un proyecto para combatir el

analfabetismo entre las mujeres de nuestra comunidad. ¡Ojalá que pueda ayudar al menos a una

mujer a alcanzar sus metas!

7-5 Una promoción. Claudia acaba de ser promovida al puesto de vicepresidenta de su compañía, y una compañera de trabajo le pregunta sobre su experiencia profesional. Contesta las preguntas con oraciones completas.

1. ¿Cuánto tiempo hace que trabajas en esta profesión? (10 años)

_____

2. ¿Desde qué año estás con esta compañía? (1992)

_____

3. ¿Cuánto tiempo hacía que tenías el cargo de supervisora de producción? (7 años)

_____

4. ¿Cuántos años hace que te promovieron a directora de personal? (4 años)

_____

5. ¿Desde cuándo eres vicepresidenta de la compañía? (octubre)

_____

7-6 Una organización por los derechos civiles. T.O.D.O.S. es una organización cuyo propósito es eliminar todo tipo de discriminación en las asociaciones y organizaciones estatales y nacionales que utilizan fondos públicos. Completa este discurso del presidente de T.O.D.O.S. con palabras de *¡Así lo decimos!*

Buenas tardes. Quisiera hablarles sobre nuestra organización y sus metas. Puesto que existen

(1)_____ tanto estatales como federales, ninguna organización que

utilice fondos públicos puede discriminar legalmente a sus miembros o a los aspirantes a ser

miembros. El propósito de T.O.D.O.S. es (2)_____ la igualdad en las

asociaciones financiadas en parte por el gobierno. Todos los miembros deben gozar de los mismos

privilegios y oportunidades que ofrece la asociación y todos los aspirantes a ser miembros deben

tener el mismo acceso a la organización. Nuestra meta es eliminar la discriminación por etnia, edad,

orientación sexual, religión o (3)_____ en estas organizaciones y

asegurar el (4)_____ a los derechos civiles de todos los ciudadanos.

También es nuestro propósito (5)_____ que se formen nuevas

asociaciones que utilicen fondos públicos y que mantengan políticas y prácticas discriminatorias.

Nosotros consideramos la discriminación de cualquier tipo como un

(6)_____ a la dignidad humana. Por eso debemos asegurarnos

de que todas las organizaciones que cuentan con fondos públicos establezcan una estricta

(7)_____ antidiscriminatoria y la hagan cumplir. No podemos tolerar

que las asociaciones (8)_____ continúen recibiendo dinero que

proviene de nuestros impuestos. También tenemos que alertar a las empresas que hacen donaciones

a estas organizaciones. Es crucial que estas compañías suspendan su ayuda a estas organizaciones

si no tienen reglamentos contra el (9)_____ hacia sus miembros.

A las organizaciones les importa mucho su imagen ante el público, por eso,

(10)_____, lo que tenemos que hacer es enterar a la ciudadanía

que apoya con su dinero a estas organizaciones sin saber que éstas discriminan a mucha gente.

¡Es importante detener la discriminación en las organizaciones que reciben fondos públicos, pero

(11)_____ más importante es prevenirla!

7-7   A nivel mundial. Completa el discurso de la embajadora Alicia Oviedo, presidenta del grupo internacional IGUALDAD, con palabras de *¡Así lo decimos!*

Buenos días. Es un placer hablarles esta mañana.

Aunque muchos no lo crean y lo quieran (1)_____, todavía hay personas en el mundo que (2)_____ a todos aquellos que no son como ellos. (3)_____ vemos o escuchamos en las noticias crímenes brutales cometidos por causa de alguna forma de discriminación. Estamos en el siglo XXI y todavía es altísimo el (4)_____ de la población mundial que discrimina en base al género, raza o país de origen, religión y (5)_____ de otras personas. La discriminación muchas veces lleva al (6)_____ psicológico, emocional y también físico de millones de seres humanos en el planeta. Es monstruoso que sólo la (7)_____ de una persona o el color de su piel puedan determinar en muchos casos su calidad de vida así como su salud mental y hasta física. Si tomamos en cuenta la historia de la humanidad, es una vergüenza que (8)_____ en las últimas dos décadas se haya comenzado a hacer un esfuerzo a nivel global para eliminar y (9)_____ toda forma de discriminación en el mundo.

Hoy en día, hay organizaciones como las Naciones Unidas y cientos de organizaciones nacionales e internacionales que trabajan arduamente para (10)_____ la creación y la implementación de leyes y políticas contra la discriminación en todos los países del mundo. IGUALDAD se une a su esfuerzo, pero, además de apoyar a las víctimas, también nos enfocamos en educar y cambiar, de manera pacífica, las actitudes de las personas que discriminan. Estamos convencidos de que las personas que discriminan contra otras personas no saben que también son víctimas de sí mismas. ¡Vivir con un sentimiento de (11)_____ hacia otros seres humanos es algo horrible! Tenemos que hacer que estas personas se den cuenta de esto. ¡Con el apoyo de ustedes podremos llegar más lejos! Muchas gracias por su atención.

¡Así lo hacemos!

Estructuras

2. *Por* and *para*

7-8 Una denuncia. Completa el diálogo entre un abogado y un gerente de una empresa con *por* o *para*, según el contexto.

ABOGADO: Sr. Iglesias, mi cliente trabajó (1)_____ su
compañía (2)_____ cinco años pero
(3)_____ fin renunció a su puesto porque Ud. le negó
una promoción (4)_____ razones discriminatorias.
Él me contrató (5)_____ ayudarle a negociar con su
compañía una compensación (6)_____ esta injusticia.

SR. IGLESIAS: ¡(7)_____ Dios! A su cliente no le dimos
el asenso porque tiene muy poca experiencia. Necesitábamos una persona
(8)_____ el departamento de ventas multinacionales,
y (9)_____ eso elegimos a un empleado con muchos
años de experiencia práctica. La persona que obtuvo el asenso ha trabajado con
nosotros (10)_____ más tiempo que su cliente,
y era un candidato más adecuado (11)_____ sus
años de servicio.

ABOGADO: Bueno, (12)_____ lo visto hubo otros incidentes que
sugieren una actitud discriminatoria. (13)_____
ejemplo, mi cliente dice que Ud. hizo varios comentarios en la oficina que
(14)_____ muchos de sus colegas fueron ofensivos.
Además, Ud. recomendó un aumento de sueldo
(15)_____ algunos empleados, pero los empleados que
pertenecen a grupos minoritarios no recibieron nada.

SR. IGLESIAS: Esos comentarios que hice fueron mal interpretados
(16)_____ mis colegas; no quise ofender a nadie. Y
con respecto al aumento de sueldo, yo estaba
(17)_____ dárselo a todos, pero el presidente de la
compañía me mandó un mensaje (18)_____ correo
electrónico (19)_____ decirme que sólo había
suficiente dinero (20)_____ el 20% de los empleados.
(21)_____ supuesto que les di un aumento a los que
en mi opinión se lo merecían.

ABOGADO: Me parece que (22)_____ ahora no vamos a llegar
a ningún acuerdo. Es mejor que resolvamos este problema en la corte.

7-9   Una celebración de diversidad. Alfonso es el organizador de una feria para celebrar la diversidad étnica en su universidad. Completa la lista de cosas que tiene que hacer con *por* o *para*, según el contexto.

1. Tengo que ir al mercado latinoamericano _____ comprar la comida que vamos a servir.

2. Debo buscar un conjunto de música africana _____ que toque durante la recepción.

3. Necesito pagar a los artistas italianos _____ los carteles que diseñaron.

4. Es urgente que pongamos el tablón _____ los bailarines flamencos porque van a ensayar mañana.

5. _____ la tarde voy a hablar con los músicos japoneses sobre las piezas que van a tocar.

6. Tengo que ir a la facultad de arte _____ unas horas porque quiero pedirle a una pintora boliviana que participe en nuestra exposición de arte internacional.

7. ¡Ojalá que lleguen a tiempo los videos de las películas francesas que el director me mandó _____ correo!

8. Estoy preparado _____ entrevistar mañana a nuestro invitado especial, el famoso político ruso.

9. Ahora salgo _____ el departamento de historia porque necesito hablar con el profesor que va a contar leyendas mexicanas en la feria.

10. ¡Todo esto tiene que estar hecho _____ mañana!

7-10 Una carta al rector.   Completa la carta en la que Gladys se queja de una injusticia en su universidad con *por* o *para*, según el contexto.

Estimado señor:

Le escribo (1)_____ informarle sobre el trato injusto que recibimos

los estudiantes con impedimentos físicos. Yo padezco distrofia muscular, pero

(2)_____ una mujer que está en silla de ruedas normalmente no tengo

problemas de acceso en lugares públicos. Sin embargo, esta universidad hace muy poco

(3)_____ las personas que necesitan silla de ruedas o muletas.

(4)_____ nosotros, es muy difícil ir a nuestras clases porque la

universidad fue diseñada (5)_____ arquitectos que no consideraron

las necesidades de todos. (6)_____ lo general, los edificios no son accesibles. (7)_____ ejemplo, no todos los edificios tienen puertas

automáticas, y me cuesta mucho trabajo entrar (8)_____ una puerta

manual. Además, los ascensores de los edificios apenas funcionan. Ayer tuve que esperar una hora

entera hasta que llegó el técnico (9)_____ reparar el ascensor que

está en la Facultad de Letras. (10)_____ supuesto, es imposible llegar

a clase a tiempo si hay que pasar (11)_____ todos estos obstáculos.

Es urgente que Ud. corrija esta situación (12)_____ que todos los

estudiantes de la universidad tengan los mismos derechos y oportunidades.

Muy atentamente,

Gladys Cáceres

3. Verbs that require a preposition before an infinitive

7-11 La civilización hispánica. Irene habla de un área de estudio que le interesa. Completa el
párrafo con preposiciones apropiadas.

El año pasado empecé (1)_____ estudiar la civilización hispánica.

Me alegro (2)_____ haber tomado cursos sobre este tema porque los

profesores me han enseñado (3)_____ entender otras culturas. Para

mí es fascinante pensar (4)_____ la gran diversidad cultural del

mundo hispánico. Los profesores insisten (5)_____ que los

estudiantes hagan trabajos de investigación sobre los grupos indígenas de América. El estudio de

estas civilizaciones nos ayuda (6)_____ entender la sociedad moderna.

Nunca me canso (7)_____ leer libros sobre los grandes imperios

precolombinos. Sueño (8)_____ visitar un día las ruinas

arqueológicas. Mis compañeros de clase y yo quedamos (9)_____

hacer un viaje a México cuando nos graduemos para ver las antiguas ciudades aztecas y mayas.

7-12 Una imagen negativa. Completa la carta en la que Pati se queja de un programa de televisión. Usa verbos lógicos y las preposiciones necesarias.

acabamos	contamos	enseñan
me arrepiento	dejar	estoy cansada
se atreven	empiecen	piensan

Estimados señores:

Mis hijos y yo (1)_____ ver un episodio de su serie de televisión

y ahora (2)_____ haber permitido que mis niños lo vieran

porque la representación de los personajes femeninos me pareció insultante. ¿Cómo

(3)_____ presentar una cosa tan degradante?

(4)_____ ver imágenes negativas de las mujeres en la televisión.

Estas imágenes son peligrosas porque nos (5)_____ formar

estereotipos de la mujer. Los que tenemos hijos (6)_____ los medios

de comunicación para retratar a las mujeres de manera positiva y así evitar que nuestros niños

acepten los estereotipos. Uds. deben (7)_____ producir programas

que presentan una idea negativa de la mujer. ¿Por qué no (8)_____

crear una serie que tenga protagonistas femeninas admirables para que nuestros hijos

(9)_____ borrar estas imágenes despectivas?

7-13 Los orígenes. Alberto sabe que tiene raíces genealógicas en Japón y va a hacer un viaje para investigar sus antepasados. Dale consejos para este proyecto. Usa mandatos formales de verbos lógicos y las preposiciones necesarias.

acordarse	contar	insistir	pensar
aprender	dejar	invitar	tardar

1. ¡_____ llevar la cámara de video cuando vaya a Japón!

2. La investigación va a ser muy difícil, pero aunque esté muy cansado, no

   _____ buscar información sobre sus antepasados.

3. Si necesita ayuda, _____ el apoyo de la sociedad genealógica.

4. Antes del viaje, _____ algunas preguntas para hacerles a sus parientes en Japón.

5. Si aprende algo importante, no _____ mucho tiempo _____ apuntarlo para que no se le olvide.

6. _____ que los bibliotecarios le permitan mirar los documentos antiguos.

7. _____ decir algunas expresiones en japonés para facilitar la comunicación.

8. _____ sus parientes _____ venir a visitarle.

¡Así lo expresamos!

7-14 Tus orígenes. ¿Qué sabes de tus orígenes? Diseña un árbol genealógico para representar tus raíces étnicas. Si conoces la historia de algún familiar que haya venido a este país desde otra parte del mundo, cuenta los detalles de su inmigración. ¿Sufrió esta persona algún tipo de discriminación?

Lectura

Vocabulario clave

aspirante	*applicant*	pérdida	*loss*
destreza	*skill*	recurso	*source*
guardar	*to keep*	en términos de	*in terms of*
merecer	*to deserve*	voluntad	*will*

Por ellos también es por nosotros

Según los más recientes estudios, cada día hay menos voluntad por parte de las compañías y negocios de emplear a personas mayores y de tratar a sus empleados de más edad como merecen. A pesar de que estas personas tienen más experiencia que los empleados más jóvenes, casi siempre son tratados por sus colegas y superiores como piezas de museo. Cada día miles de empresas y pequeños negocios de la nación violan las leyes que protegen los derechos civiles de estos ciudadanos. Sin embargo, la discriminación por edad no parece importarle tanto a la gente como la violación de otros derechos civiles. Las empresas parecen no darse cuenta de que discriminar contra un recurso tan valioso como un empleado mayor de edad representa una de las pérdidas más significativas de la nación en términos de destreza, productividad, conocimiento, experiencia, creatividad y buenos hábitos de trabajos. Estas empresas pierden por rechazar a aspirantes de edad avanzada o simplemente por asignarle tareas mecánicas o de poca importancia para la empresa.

Los empleados mayores tienen mucho que ofrecer. Es hora de que tomemos conciencia del impacto de este tipo de discriminación —que, irónicamente, no discrimina, porque todos seremos viejos algún día. Tenemos que asegurar que los aspirantes a empleo y los empleados de edad avanzada reciban el apoyo de la ciudadanía. ¡Todos se lo debemos por sus valiosas contribuciones! Si no lo hacemos, sería como guardar en el garaje un precioso *Mustang* del 64 bajo un plástico protector... tan sólo para mostrarlo de vez en cuando por su estilo y las memorias que ofrece.

7-15 ¿Has comprendido? Lee la columna y continúa las siguientes frases de acuerdo a la lectura.

1. La mayoría de las empresas _____

2. Es un mito que _____

3. Lo cierto es que las personas mayores _____

4. Los ciudadanos _____

5. Hay que _____

7-16 ¿Qué opinas tú? Contesta las preguntas sobre el artículo.

1. ¿Crees que se debe emplear a personas mayores? ¿Por qué?

_____

_____

_____

2. ¿Qué tipo de responsabilidades o tareas se les debe dar a las personas mayores que trabajan en una empresa?

_____

_____

3. ¿Qué piensas que debe hacerse para prevenir la discriminación de edad en el trabajo?

_____

_____

_____

Taller

7-17 Idear. La discriminación puede tomar formas obvias o sutiles. Piensa en un caso de discriminación no muy evidente; puede ser una actitud o manera de pensar en vez de una acción discriminatoria.

7-18 Expandir. Apunta los detalles del caso. ¿Cómo se sabe que se trata de discriminación y no sólo de un malentendido? ¿Cómo podrías probar el problema?

7-19 Escribir. Escribe una composición en la que denuncies el caso de discriminación. Explica la base de la intolerancia, los detalles de la injusticia y las pruebas que confirman la causa del trato.

Conexiones

7-20 Los inmigrantes. El tema de los inmigrantes en los Estados Unidos es muy polémico. Busca información en los periódicos u otras fuentes sobre una controversia actual relacionada con los inmigrantes hispanos en los Estados Unidos. Resume las opiniones de diferentes grupos y preséntaselas a la clase.

Las artes culinarias y la nutrición

Primera parte   ¡Así lo decimos! Vocabulario

8-1 **Una cena entre amigos.** Completa la conversación en el restaurante con palabras de *¡Así lo decimos!*

CAMARERO: Buenas tardes, señores.

SR. RAMÍREZ: Buenas tardes. ¿Qué carne recomienda?

CAMARERO: El (1)_____ es la mejor carne que tenemos. Es muy tierno y más grande que el bistec.

SR. CARRASCO: ¿Con qué viene el pollo asado?

CAMARERO: Viene con (2)_____ y frijoles negros o con (3)_____ , como guisantes o espinacas. Si Ud. prefiere se lo traigo con (4)_____ fritas o majadas.

SR. PERALTA: Yo prefiero la pasta con (5)_____ porque me encantan la langosta, el pescado y los camarones.

SR. RAMÍREZ: ¿Qué (6)_____ tienen para la ensalada? ¿Tienen *Ranch*?

CAMARERO: No, lo siento. Sólo tenemos aceite de oliva y (7)_____ para las ensaladas.

SRA. ANTÚNEZ: ¡Me encanta la comida (8)_____! Por favor, tráigame unos chiles rellenos con mucha pimienta.

CAMARERO: Con mucho gusto, señora. ¿Algo más?

SR. RAMÍREZ: ¿Puede traerme un (9)_____ de sal para la ensalada?

CAMARERO: ¡Por supuesto! ¿Qué quieren beber?

SR. CARRASCO: Todos queremos (10)_____ de frutas. ¡Estamos a dieta!

8-2 **Regalos para los novios.** María Elena y Andrés van a casarse pronto. Completa la conversación de sus amigos con palabras de ¡Así lo decimos!

LUIS: Muchachos, me parece que entre todos podemos comprarles varios regalos pequeños pero útiles a María Elena y a Andrés. ¿Qué creen?

ANA: Me parece una buena idea. Podemos comprarles un conjunto de (1)_____ porque van a necesitarlas para hacer sopa, calentar leche y agua, hacer salsas...

MANUELA: También necesitan una (2)_____ eléctrica porque a María Elena le encanta hacer tortas y la necesita para batir el huevo, el azúcar y la harina. Y como a Andrés le gusta tanto el café, me parece que sería una buena idea regalarles una (3)_____.

SERAFÍN: Siempre son útiles unos buenos (4)_____ que corten bien, pues a ambos les encanta la carne.

ABERSIO: ¡Ah! ¡Y también les gusta mucho el vino! Podemos regalarles un _____ para abrir las botellas.

MANUELA: ¡Perfecto!

¡Así lo hacemos!

Estructuras

1. The imperfect subjunctive

8-3 **Cuando era niña.** Cristina habla de sus hábitos de comer cuando era niña. Completa el párrafo con el imperfecto del subjuntivo de los verbos entre paréntesis.

Cuando era niña, mis padres siempre insistían en que (yo) (1)_____ (seguir) una dieta equilibrada. Mi madre quería que (yo) (2)_____ (comer) verduras aunque no me (3)_____ (gustar). Me molestaba que mi madre (4)_____ (preparar) espinacas y col; yo prefería que (ella) nos (5)_____ (servir) ensalada. Siempre esperaba que mi abuela nos (6)_____ (hacer) una torta para el postre pero mis padres no permitían que mi hermano y yo (7)_____ (consumir) muchos dulces. Ellos siempre nos decían que (8)_____ (escoger) un postre que (9)_____ (ser) más natural, como las frutas o el queso. De vez en cuando, permitían que (nosotros) (10)_____ (comprar) un helado, con tal de que (11)_____ (cenar) primero algo sano. ¡Nunca nos dejaban ir a la heladería antes de que mi hermano y yo (12)_____ (lavar) los platos!

Nombre _____   Fecha _____

8-4 Un jefe de cocina exigente. Efrén trabaja en un restaurante con un jefe de cocina exigente. Completa las oraciones con el imperfecto del subjuntivo de los verbos.

cortar	estar	picar	tener
dar	lavar	rallar	ver

1. ¡Nunca he trabajado con un jefe de cocina que _____ tantas órdenes como éste!

2. Hoy me mandó a que _____ diez kilos de cebollas.

3. Hizo que Elisa _____ todas las cazuelas y ollas.

4. A Juan le pidió ir al mercado para buscar unas alcachofas que _____ una forma simétrica y un color uniforme.

5. Tuve que tirar la sopa que preparé porque el jefe dudaba que _____ rica.

6. Prefería que nosotros _____ a mano las patatas para la tortilla española en vez de usar una máquina.

7. Quería que Pili y Vicente _____ un pedazo enorme de queso para la lasaña.

8. No nos dejó irnos antes de que él _____ que la cocina estaba limpia.

8-5 Una paella. Tomás aprendió ayer cómo se prepara una paella. Completa el párrafo con el imperfecto del indicativo o del subjuntivo.

La semana pasada le dije a mi abuela que (yo) (1)_____ (querer) aprender a preparar una paella, y ayer me enseñó cómo se hace. Primero, ella me pidió que (2)_____ (ir) a la pescadería porque nos (3)_____ (faltar) algunos de los ingredientes. Me dijo que (4)_____ (comprar) almejas y mejillones, y que (5)_____ (escoger) mariscos que (6)_____ (estar) muy frescos. Yo también compré un pollo porque me parecía que (7)_____ (ser) de buena calidad. Luego, en casa, mandó que (8)_____ (buscar) el azafrán, el aceite de oliva, el arroz, cuatro dientes de ajo, un tomate y una cebolla. Después, recogí las alubias y las judías que la abuela (9)_____ (tener) en la nevera, y encontré una paellera grande que ella (10)_____ (guardar) en la bodega. Cuando todo esto (11)_____ (estar) listo, empezamos a cocinar. Mi abuela quería que yo (12)_____ (picar) los ajos, la cebolla y el tomate. Me aconsejó que

(13)_____ (pelar) el tomate antes de que lo (14)_____ (cortar). Después, me dijo que (15)_____ (echar) un poco de aceite en la paellera. Freí los pedazos de pollo hasta que me (16)_____ (parecer) bien hechos. Añadí el ajo y la cebolla, y cuando éstos (17)_____ (estar) dorados, le eché el arroz. Unos minutos después, la abuela me recomendó que (18)_____ (añadir) el tomate, unas tazas de agua hirviente, y sal y pimienta a gusto. También (19)_____ (necesitar) añadir el azafrán, pero era importante que lo (20)_____ (dejar) disolver en un poco de agua antes de que lo (21)_____ (poner) en el arroz. Dejamos cocer el arroz al fuego mediano unos diez minutos, y luego eché los mariscos y las legumbres. Después de unos quince minutos lo serví. Mi abuela dijo que nunca había probado una paella que (22)_____ (estar) tan sabrosa como la mía.

8-6 Una desilusión. Rosario fue a un restaurante elegante pero salió decepcionada. Completa su conversación con Francisco con el imperfecto del indicativo o del subjuntivo de los verbos.

cocinar	gustar	saber	servir
dar	haber	sentirse	tener
estar	preparar	ser	traer

FRANCISCO: Oye, Rosario, fuiste al restaurante Ibiza ayer, ¿verdad? ¡Me imagino que la comida (1)_____ riquísima!

ROSARIO: La verdad es que yo (2)_____ decepcionada. Esperaba que el restaurante (3)_____ platos exóticos, pero era obvio que sólo(4)_____ las mismas cosas que los otros restaurantes de la ciudad. Además, me sorprendió que los precios (5)_____ tan caros.

FRANCISCO: ¿Qué tal el servicio del restaurante?

ROSARIO: Más o menos. Pedí que el camarero me (6)_____ un vaso de agua, pero pasó media hora antes de que me lo (7)_____. Además, no sirvieron la comida a mi gusto. Quería que (8)_____ la carne bien hecha pero me trajeron un filete casi crudo. El camarero lo llevó a la cocina para que el cocinero lo (9)_____ unos minutos más, pero lo quemó.

FRANCISCO: ¿No había nada que te (10)_____?

ROSARIO: Sí, el postre estaba delicioso. Comí un pedazo de torta que (11)_____ a fresón.

FRANCISCO: ¡Me alegro de que (12)_____ al menos una cosa que te pareció bien!

Segunda parte   ¡Así lo decimos!   Vocabulario

8-7   Hábitos alimenticios. Completa el párrafo sobre algunos de los distintos hábitos alimenticios más comunes con palabras de *¡Así lo decimos!*

Muchas personas se ponen a dieta para (1)_____ porque piensan que están «subidos de peso». Otros piensan que se ven demasiado delgados y comen más para (2)_____. Hay otras personas que prefieren no comer carne y convertirse en vegetarianos. Los vegetarianos sólo comen (3)_____, por eso deben tener mucho cuidado porque si no ingieren hierro puede darles

(4)_____ y sentirse débiles y con mucha

(5)_____. También es importante compensar las

(6)_____ que se encuentran en las carnes con algún equivalente vegetal. Las personas a las que les preocupa un nivel alto de (7)_____ en la sangre, tratan de comer menos grasas saturadas y eliminan el huevo de su dieta.

Hay muchos otros que piensan que lo más saludable es comer todo con moderación e

(8)_____ alimentos sin grasa y sin azúcar.

8-8   Un desastre en la cocina. Completa el párrafo sobre la poca habilidad que tiene Luz al cocinar con palabras de *¡Así lo decimos!*

¡Mi amiga Luz es un desastre en la cocina! ¡La verdad es que ella no es

(1)_____ ni de freír un huevo! Para ella «cocinar» es poner

en el (2)_____ de microondas las comidas que vienen

(3)_____. De vez en cuando, Luz también abre una

(4)_____ de tuna o de sopa y la calienta en la estufa. A ella tampoco le gusta lavar los platos porque dice que es muy malo para la

(5)_____ de sus «suaves manos». ¡Por eso compra solamente

platos y (6)_____ desechables! Ella no sabe cómo abrir una

(7)_____ de vino y por eso siempre llama a su vecina para que lo

haga. ¡Pero Luz no tiene ningún complejo! ¡Ella simplemente dice que es una chica del siglo XXI!

¡Así lo hacemos!

Estructuras

2. The conditional and the conditional perfect

8-9 Dietas especiales. ¿Qué harías si tuvieras que seguir una dieta especial por razones de salud? Combina las situaciones con su solución lógica. Escribe oraciones completas con el condicional de los verbos.

si tuviera el colesterol alto
si padeciera de diabetes
si quisiera adelgazar
si quisiera engordar
si fuera alérgico/a a los
    productos lácteos
si fuera anémico/a
si tuviera dolor de muelas
si tuviera úlceras

no comer comidas ácidas
evitar los alimentos con muchas calorías
comprar productos hechos con leche de soja (*soy*)
consumir más gramos de carbohidratos y grasas
elegir alimentos con hierro como las espinacas y el brécol
asar las comidas a la parrilla en vez de freírlas
preparar comidas como el puré de verduras o sopa
eliminar de mi dieta los productos con azúcar

1. _____
   _____

2. _____
   _____

3. _____
   _____

4. _____
   _____

5. _____
   _____

6. _____
   _____

7. _____
   _____

8. _____
   _____

8-10 Una cena importante. Teresa va a cenar con unos clientes importantes y le pide consejos a un colega. Completa el diálogo con el condicional de los verbos.

dar	hablar	preguntar
deber	hacer	recomendar
decir	llevar	reservar
dejar	pedir	

TERESA: He invitado a unos clientes a cenar conmigo mañana. ¿Dónde (1) _____ ir?

JULIETA: Bueno, yo los (2)_____ a un buen restaurante, pero no uno excesivamente elegante. (3)_____ inmediatamente una mesa en el restaurante. Yo también (4)_____ si tienen una mesa en un rincón privado para poder conversar tranquilamente.

TERESA: ¿Qué consejo me (5)_____ tú sobre cómo pedir en el restaurante?

JULIETA: Yo les (6)_____ a los clientes que pidieran lo que quisieran, pero también les (7)_____ las especialidades de la casa. (Yo) (8)_____ que los clientes pidieran primero. Pero para el postre, yo (9)_____ algo primero para dejarles saber que también quieres incluir el postre en la invitación.

TERESA: ¿Qué (10)_____ tú con la cuenta?

JULIETA: (11)_____ discretamente con el camarero para decirle que me la trajera a mí y que no molestara a los clientes.

8-11 Si hubiéramos ido a otro restaurante. Sofía está en un restaurante de comida rápida y está pensando en qué habría hecho si hubiera ido a un restaurante de cuatro tenedores. Completa las oraciones con el condicional perfecto de los verbos entre paréntesis.

1. Si yo hubiera ido a un restaurante de cuatro tenedores, _____ (vestirse) elegantemente.

2. (Yo) _____ (comer) la especialidad de la casa.

3. Mis amigos y yo _____ (pedir) una botella de vino que acompañara el menú.

4. Yo _____ (probar) un postre exótico.

5. Nosotros _____ (tomar) café con el postre.

6. Los camareros nos _____ (tratar) cortésmente.

7. No nos _____ (llevar) las sobras a casa.

8. Yo _____ (tener) que pagar la cuenta con tarjeta de crédito.

3. The indicative or subjunctive in *si*-clauses

8-12 Un almuerzo en casa. Amanda va a preparar el almuerzo para sus amigos. Completa las oraciones con el presente del indicativo o el imperfecto del subjuntivo de los verbos, según el contexto.

1. ¡Prepararía langosta si no _____ (ser) tan cara!

2. Compraré bacalao si lo _____ (haber) en la pescadería.

3. Si las berenjenas del mercado me _____ (tener) buena cara, me llevaré tres o cuatro.

4. Voy a cortar el berro para la ensalada si me _____ (quedar) tiempo hoy.

5. Si _____ (tener) una parrilla, podría hacer una barbacoa.

6. Comeremos fresones para el postre si los _____ (encontrar) en el mercado.

7. Haría una torta de chocolate si _____ (saber) prepararla.

8. Si alguien _____ (traer) un buen vino a la fiesta, lo serviré con el almuerzo.

8-13 Los efectos de la dieta. Un médico les explica a sus pacientes la relación entre su dieta y su estado de salud. Completa las oraciones con el imperfecto del subjuntivo.

1. Sr. Pacheco, usted no tendría el colesterol alto si _____ (evitar) las comidas hechas con aceite y mantequilla.

2. Sra. Palacios, usted no tendría tan buena salud si no _____ (tomar) vitaminas.

3. Quique, sabes que no tendrías tantas caries si _____ (cepillarse) los dientes después de comer.

4. Niños, ustedes no se enfermarían tanto si no _____ (comer) tantos caramelos.

5. Nieves, no te sentirías tan débil si _____ (desayunar) todas las mañanas.

6. Sra. Fuentes, si usted no _____ (beber) tanta leche probablemente tendría osteoporosis.

8-14 Las comidas y las enfermedades. Un científico explica la relación entre algunas enfermedades y la comida. Completa el párrafo con el condicional o el imperfecto del subjuntivo, según el contexto.

Sería bueno que la gente (1)_____ (saber) más sobre los peligros de los microorganismos en la comida. No (2)_____ (haber) tantos casos de salmonela si todo el mundo (3)_____ (evitar) los huevos poco hechos y si (4)_____ (lavarse) las manos después de tocar carne cruda. Se (5)_____ (poder) eliminar el botulismo si todos (6)_____ (tener) cuidado al conservar los alimentos enlatados. Si los restaurantes siempre (7)_____ (servir) la carne de vaca bien hecha los clientes probablemente no (8)_____ (enfermarse) porque la comida no (9) _____ (estar) contaminada por ecoli. ¡Si todos (10)_____ (seguir) estas reglas sencillas para la higiene y la preparación de la comida! ¿No (11)_____ (valer) la pena hacer una campaña para informarle al público sobre lo que hay que hacer para reducir el riesgo?

8-15 Recetas originales. Imagina que estás en un concurso de la mejor receta del año. ¡El/la ganador/a viajará gratis a Europa! Diseña dos recetas para ganar el concurso.

1. Inventa una sabrosa receta de cocina que contenga 5 de los siguientes ingredientes:

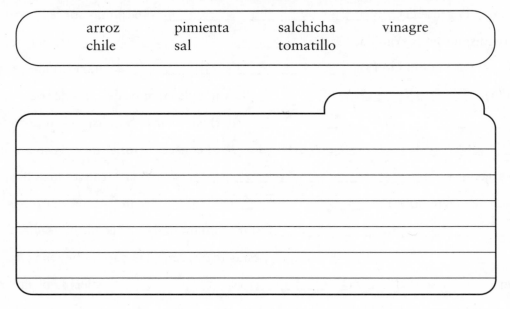

arroz	pimienta	salchicha	vinagre
chile	sal	tomatillo	

2. Inventa otra receta en la que tenga que llevarse a cabo (*perform*) las siguientes acciones:

dorar	medir
freír	rebanar

Lectura

Vocabulario clave

a largo plazo	*long term*	**pulgada**	*inch*
compromiso	*commitment*	**regla**	*rule*
duradera	*lasting*	**riesgo**	*risk*
grasa	*fat*	**tamaño**	*size*
libra	*pound*	**bajo vigilancia**	*under supervision*

Mitos y verdades sobre las dietas

Cada año más de 50 millones de norteamericanos se ponen a dieta para bajar de peso. Muchos se inscriben en programas estructurados para bajar de peso, otros simplemente comen menos o ingieren menos calorías, otros prefieren perder libras y pulgadas haciendo ejercicio físico. También hay muchas personas que toman medicamentos, suplementos o "pulgadas" especiales para perder peso. Lo cierto es que existen muchos mitos y engaños sobre las dietas. Hay que tener mucho cuidado con productos que se anuncian como "el nuevo milagro de la ciencia" y que prometen la pérdida de peso de una forma rápida, fácil y duradera. Como regla general, la posibilidad de recuperar el peso que se ha perdido con una dieta crece de acuerdo con la rapidez con que se ha perdido el peso. Además, perder peso rápidamente puede afectar su salud de manera permanente. Lo cierto es que no existe una solución rápida y fácil para el sobrepeso.

Perder peso requiere disciplina, esfuerzo e información.

Algunas personas piensan que si consumen menos calorías bajarán de peso automáticamente. Esto no es necesariamente cierto, sobre todo a largo plazo. Solamente reducir las calorías con frecuencia hace a las personas a dieta sentir hambre porque esto corta también vitaminas y minerales importantes. La reducción de calorías es sólo parte del compromiso de ponerse a dieta. Si se sigue una dieta de bajas calorías debe ser bajo vigilancia médica, pues esto trae riesgos para la salud. Para perder de peso y mantener el peso deseado hay que hacer cambios significativos en lo que se come y en la cantidad que come. Además, hay que seguir un régimen de ejercicio particular para la persona y regular. La actividad física regular puede ayudarle a reducir y controlar el peso quemando calorías. Lo cierto es que lo que funciona con una persona no necesariamente funciona con otra, pues todos tenemos metabolismos diferentes y la grasa se aloca en partes diferentes del cuerpo. Recuerde que la alimentación requerida por cada persona varía de acuerdo al tamaño del cuerpo, salud y nivel de actividad.

Los expertos recomiendan una combinación de una dieta modificada y actividad física como la manera más efectiva para perder peso y mantenerse en forma — una meta de perder cerca de una libra por semana. Una reducción modesta de 500 calorías al día logrará esta meta, porque una reducción total de 3,500 calorías es necesaria para perder una libra de grasa. Muchos expertos en el área de la salud aconsejan que los adultos limiten su consumo de grasas al 25 por ciento del total de las calorías que ingieren. Esté seguro que su dieta esté bien balanceada, y cumpla con los principios de dieta establecidos por los expertos en nutrición clínica.

8-16 ¿Has comprendido? Completa las siguientes frases con información del artículo.

1. Cada año _____

2. No funcionan las dietas que _____

3. Es riesgoso para la salud _____

4. La mejor dieta _____

8-17 ¿Qué opinas? Contesta las siguientes preguntas basándote en tu experiencia personal.

1. ¿Te has puesto a dieta alguna vez o conoces a alguien que se ha puesto a dieta?

_____

_____

_____

2. ¿Tuviste o tuvo esa persona éxito en alcanzar el peso que quería? ¿por qué sí o no?

_____

_____

_____

3. ¿Cuál, según tú, es la mejor de las dietas para mantenerse saludable y en un peso ideal?

_____

_____

_____

_____

Taller

8-18 Idear. Piensa en un restaurante en el que hayas comido recientemente. Apunta información sobre tu experiencia: la hora en que fuiste, lo que pediste, cómo te trataron los camareros, cuánto pagaste.

8-19 Expandir. Describe con más detalle tu experiencia. Haz una lista de los aspectos del restaurante que te gustaron y otros que no te gustaron.

8-20 Escribir. Escribe una reseña del restaurante. Incluye información sobre el ambiente, el servicio, los precios y la calidad de la comida. Usa el imperfecto del subjuntivo para expresar tus reacciones y el condicional para explicar lo que el restaurante podría hacer para mejorar.

Conexiones

8-21 Los hábitos de comer. Entrevista a una persona hispana sobre sus hábitos y preferencias con respecto a las comidas. ¿Cuál es la comida más importante del día? ¿Prefiere comer en casa o fuera? ¿Quién prepara las comidas en su casa? ¿Es importante que los miembros de su familia coman juntos o no? Presenta la información a la clase y compárala con lo que averiguaron tus compañeros.

9

Nuestra sociedad en crisis

Primera parte   ¡Así lo decimos! Vocabulario

9-1   Crisis en las escuelas. Un maestro habla de sus experiencias con algunos jóvenes en crisis en su escuela. Completa las oraciones con palabras de *¡Así lo decimos!*

1. Conozco al menos diez estudiantes que se asocian con una _____.

2. Casi todos ellos tienen _____ en la piel que los identifica como miembros del grupo.

3. Aunque en la escuela está prohibido el consumo de bebidas alcohólicas, ¡ayer un estudiante llego a la clase de biología totalmente _____! Casi no podía caminar derecho e insultaba a todo el mundo.

4. A pesar de que hay detectores de metales en la entrada de la escuela, la semana pasada un profesor encontró una _____ automática en un bolsillo de la chaqueta de un estudiante. ¡Qué horror!

5. Hace unos meses descubrí que uno de los estudiantes usaba su casillero (*locker*) como _____ para guardar armas.

6. Hay profesores que afirman que algunos estudiantes _____ con drogas en el colegio.

7. La policía ya sabe los nombres de los estudiantes que _____ el dinero de la cafetería y las computadoras de la oficina del principal.

8. El guardia de seguridad encontró una botella llena de gasolina y una caja de fósforos en la mochila de un estudiante. ¡Parece que quería _____ el colegio!

9-2   Un agente encubierto. El agente Ramírez es un policía del departamento de narcóticos. Completa el párrafo en el que explica su nuevo caso con palabras de *¡Así lo decimos!*

Voy a investigar las operaciones de un grupo de delincuentes muy peligrosos. Quiero hacerme pasar por miembro de una (1)_____ local. Tengo que hacer todo lo posible para no delatarme como policía, y es probable que me obliguen a (2)_____ en el brazo como el resto de los miembros del grupo. Como seré un «nuevo miembro» del grupo, seguramente ellos me obligarán a cometer un delito, como participar en el (3)_____ de dinero de algún banco o en (4)_____ de algún edificio o parque rompiendo

cristales y escribiendo grafiti. También es probable que me hagan (5)_____

físicamente a algún miembro de un grupo rival. Pero yo trataré de encontrar la información

que buscamos antes de que eso ocurra. Una de nuestras metas es encontrar el

(6)_____ donde guardan las drogas. Como policía encubierto, tal vez

averigüe también quién es jefe de los (7)_____ de drogas en todo el estado.

Este caso es muy importante para la seguridad de nuestra comunidad porque estos criminales han

amenazado varias veces con poner una (8)_____ en un lugar público si el

alcalde no cambia sus políticas en cuanto a las armas de fuego. Es muy posible que ellos hayan

sido los (9)_____ del hijo del juez Padrón... ¡Gracias a Dios que

tres (10)_____ de la policía encontraron al niño sano! El

(11)_____ en este condado es uno de los más altos del país y tenemos

que hacer todo lo posible por eliminar la violencia y las drogas de nuestras calles. Espero que todo

salga bien y que mis compañeros y yo podamos llevar al cabo la misión sin que ocurran incidentes

violentos.

¡Así lo hacemos!

Estructuras

1. The pluperfect subjunctive

9-3 **En la comisaría de la policía.** Hoy la policía detuvo a varias personas pero todos los detenidos niegan las acusaciones. Completa las oraciones con el pluscuamperfecto del subjuntivo.

1. El agente decía que el señor Gómez había robado la tienda.

   El señor Gómez negó que _____.

2. El policía creía que los jóvenes habían estafado a una anciana.

   Los padres de los jóvenes dudaban que sus hijos _____.

3. El testigo juraba que la muchacha había vandalizado el edificio.

   El abogado dijo que era imposible que su cliente _____.

4. La asistenta social dijo que los Rodríguez habían abusado de sus hijos.

   A los vecinos de los Rodríguez les extrañaba que _____.

5. La víctima confirmó que el miembro de la pandilla la había agredido.

   Los policías no estaban seguros de que el joven _____.

6. El maestro reportó que un estudiante había traído un revólver a la escuela.

   El estudiante no pensaba que _____.

9-4 Un robo. Completa el informe sobre un robo con el pluscuamperfecto del subjuntivo de los verbos.

conseguir	estar	robar	vandalizar
dejar	olvidarse	romper	ver
entrar	poder		

Anoche cuando los Trujillo llegaron a casa se sorprendieron de que un ladrón

(1)_____ en su casa. No había señales de entrada forzosa, así que

era probable que el ladrón (2)_____ una llave antes del robo porque

era imposible que los Trujillo (3)_____ de cerrar la puerta al salir.

No había ningún vecino que (4)_____ a una persona desconocida

en el vecindario antes del robo. A la señora Trujillo le molestó que el ladrón

(5)_____ sus joyas. Era una lástima que

(6)_____ la casa. ¡Ojalá que no (7)_____

el florero de cristal porque era una antigüedad! El ladrón había encontrado la colección

de monedas que el señor Trujillo tenía en un escondite. Era como si el ladrón

(8)_____ en la casa antes porque sabía dónde estaban todos

los objetos de valor. Los policías inspeccionaron la casa por si acaso el delincuente

(9)_____ huellas, pero no encontraron nada. Sin embargo, dudaban

que una persona desconocida (10)_____ cometer el crimen, y van

a investigar primero a personas que conocen a los Trujillo.

9-5 Un estafador. Completa el artículo sobre un estafador con el pluscuamperfecto del indicativo o del subjuntivo, según el contexto.

La policía advierte que un delincuente ha estafado a una familia y que probablemente sigue

en la ciudad. La semana pasada un matrimonio reportó que un hombre desconocido

(1)_____ (venir) a su casa y (2)_____

(hacerse) pasar por carpintero. El «carpintero» les (3)_____ (explicar)

que (4)_____ (ver) el techo de la casa y que le extrañaba que

los dueños (5)_____ (dejar) que el techo se estropeara. Les

(6)_____ (decir) que era increíble que ellos no

(7)_____ (reparar) los huecos en el techo y que era probable

que la lluvia ya (8)_____ (empezar) a dañar la estructura de

la casa. El hombre les (9)_____ (convencer) de contratarlo para

reparar el techo, pero a estos señores les sorprendió que el carpintero les

(10)_____ (pedir) un depósito del 25% del total. Sin embargo,

se lo dieron porque temían que el techo ya (11)_____ (deteriorarse)

mucho y se alegraron de que alguien (12)_____ (darse) cuenta

del problema. El hombre recibió el depósito, pero antes de hacer el trabajo

(13)_____ (irse) bajo el pretexto de comprar materiales. Cuando

(14)_____ (pasar) tres horas y el hombre no

(15)_____ (volver) el matrimonio empezó a dudar que

(16)_____ (ser) sincero con ellos y se enfadaron de que les

(17)_____ (estafar). Ayer la policía buscaba a otras familias en esta

zona de la ciudad que (18)_____ (hablar) con el hombre porque era

posible que otras personas (19)_____ (tener) la misma experiencia.

Segunda parte ¡Así lo decimos! Vocabulario

9-6 Los jóvenes y el alcohol. Un sociólogo habla de diferentes actitudes con respecto al alcohol que ha observado en estudiantes universitarios. Completa las oraciones con palabras de *¡Así lo decimos!*

1. Muchos jóvenes dicen que toman alcohol como una forma de _____ de las presiones de la vida académica.

2. Algunos estudiantes confiesan haber participado en juegos relacionados con el alcohol, como _____ que pueden consumir más que otra persona.

3. La mayoría asocia el alcoholismo con un estado permanente de _____ pero no se dan cuenta de que es una adicción que se manifiesta de diferentes formas.

4. Muy pocos consideran que el alcohol que consumen durante los años en la universidad puede tener efectos a _____ como el daño a los órganos internos.

5. Los que se emborrachan cuando están con sus amigos piensan que ésta es una fase _____ de su vida y no creen que se pueda convertir en una adicción.

9-7 Un delincuente menos. Completa el editorial con palabras de *¡Así lo decimos!*

El jueves próximo comenzará en la Corte Suprema el (1)_____ del presunto asesino del líder financiero Augusto Franco. Según su abogado, el (2)_____, Tito Marcel, es inocente. Después de (3)_____ a Marcel por varias horas, la policía y los fiscales se han convencido de su culpabilidad. (4)_____, Marcel confesó ser el líder de una red de (5)_____ que opera en la ciudad y que explota a chicas menores de edad. El interrogatorio fue bastante frustrante para los investigadores porque Marcel no tomaba nada en serio, todas las preguntas le daban (6)_____. Además, todavía Marcel (7)_____ que él no tiene que ver nada con el asesinato de Franco. A pesar de esto, los fiscales afirman que él es el responsable de éste y otros crímenes. Además del cargo de asesinato en primer grado y de traficar con muchachas menores de edad, Tito Marcel está acusado de (8)_____ por teléfono a otros líderes financieros, lo cual es también un delito. Aunque no hay testigos ni evidencia directa, el procurador del distrito se siente confiado de que la evidencia circunstancial será suficiente para enviarlo a la cárcel por el resto de su vida. Una vez en la cárcel, Marcel ya no tendrá el (9)_____ de intimidar a más personas ni de poner la vida de más muchachas en (10)_____.

(11)_____, Marcel se halla detenido en la comisaría mientras se prepara para ser (12)_____.

¡Así lo hacemos!

Estructuras

2. Uses of *se*

9-8 El índice de criminalidad. Paula lamenta el crimen que aqueja a su comunidad. Completa las oraciones con el *se* pasivo de los verbos de la lista.

cometer	robar	vandalizar
oír	traficar	ver

1. _____ cocaína en el barrio.

2. _____ las carteras de la gente en la calle.

3. _____ los edificios de nuestra ciudad.

4. _____ balazos frecuentemente.

5. _____ grafiti por todos lados.

6. _____ fraude en las oficinas públicas.

9-9 Una coalición contra el crimen. Completa la propuesta de esta organización con el *se* impersonal y el futuro de los verbos entre paréntesis.

Pronto (1)_____ (reducir) el crimen en nuestro barrio porque (2)_____ (formar) una coalición de ciudadanos para combatir el crimen. (3)_____ (tomar) medidas para poner fin a los robos en el vecindario. (4)_____ (hacer) inspecciones de las casas y (5)_____ (corregir) lapsos de seguridad. (6)_____ (instalar) alarmas en todas las casas. (7)_____ (presentar) charlas sobre estrategias para la protección contra el crimen. (8)_____ (comprar) cámaras de seguridad para los edificios y (9)_____ (contratar) a una guardia para vigilar las calles. (10)_____ (estar) alerta a personas desconocidas y (11)_____ (llamar) a la policía en caso de actividad sospechosa. Con todos estos cambios (12)_____ (bajar) el índice de criminalidad en el barrio.

9-10 Una explosión. Completa el informe policial con *se* y el pretérito de los verbos.

apagar	encontrar	quemar	romper
detener	hacer	recibir	saber
empezar	interrogar	revisar	sospechar

Ayer (1)_____ estallar una bomba en un edificio municipal.

Afortunadamente nadie fue herido pero (2)_____ las ventanas

y (3)_____ muchos documentos importantes. Cuando

(4)_____ los fuegos (5)_____ la

investigación del crimen. No (6)_____ mucha evidencia pero

(7)_____ que unos terroristas cometieron el crimen porque ayer

(8)_____ una amenaza del grupo.

(9)_____ a los testigos y (10)_____

los videos de seguridad pero no (11)_____ cómo los terroristas

colocaron la bomba en el edificio. Por la noche (12)_____ al líder

del grupo sospechoso.

3. Indefinite and negative expressions

9-11 La delincuencia juvenil. Completa el párrafo con palabras indefinidas y negativas
apropiadas.

Nuestra sociedad debe hacer (1)_____ para reducir el índice de

criminalidad entre los niños. Cuando un niño menor de 16 años comete un delito hay que castigar

a (2)_____ pero no necesariamente a él. A mi modo de ver, si

un niño es citado por hacer (3)_____ ilegal los padres

(4)_____ deben recibir (5)_____

castigo porque ellos tienen (6)_____ de culpa. No tiene

(7)_____ sentido echarle toda la culpa al niño y no

hacer (8)_____ a los padres. En estos casos

(9)_____ hay que considerar el papel de los padres en el

cuidado del niño. El juez debería determinar si el niño pudo cometer el delito porque los padres no hicieron (10)_____ para prevenirlo. En

(11)_____ casos, los delincuentes participan en actividades

ilegales porque los padres (12)_____ los supervisan. Si no hay

(13)_____ que cuide a estos chicos, ¿quién les va a decir que se

comporten bien? Por eso hay que pensar en (14)_____ sanciones

para castigar a los padres que no cumplan con sus responsabilidades.

(15)_____ supervisan a los niños,

(16)_____ sufren las consecuencias.

9-12 Un mentor. En muchos grupos de apoyo las personas adictas a sustancias químicas tienen un mentor que les ayuda. Completa la conversación con palabras indefinidas y negativas.

LORENZO: ¿Qué tal, Carolina?

CAROLINA: Me va muy bien. Hace tres meses que no tomo (1)_____ bebida alcohólica.

LORENZO: ¡Enhorabuena! ¿Has tenido (2)_____ situación difícil esta semana?

CAROLINA: No, esta semana no he tenido (3)_____ problema. Pero no es (4)_____ tan fácil. A veces me siento nerviosa y pienso en tomar (5)_____.

LORENZO: Bueno, (6)_____ vas a eliminar esta tentación. Lo importante es hacer (7) _____ para resistirla. Sabes que (8)_____ puedes contar conmigo si necesitas hablar con (9)_____. (10)_____ puede superar una adicción sin el apoyo de los amigos.

CAROLINA: Tienes razón. Siempre que tengo ganas de tomar (11)_____ bebida alcohólica, (12)_____ hablo contigo (13)_____ llamo a otro miembro del grupo.

LORENZO: Yo (14)_____ usé este método cuando empecé a rehabilitarme y tuve mucho éxito.

CAROLINA: Tú (15)_____ has vuelto a tomar desde que asistes a las reuniones del grupo, ¿verdad?

LORENZO: No bebo alcohol desde hace cuatro años. No puedo decir que (16)_____ tomaré otro trago porque es una lucha diaria. ¡Pero hasta ahora no he tenido (17)_____ crisis!

9-13 Una prueba poligráfica. Tienes que someterte a una prueba poligráfica para un nuevo trabajo. Contesta las preguntas con las expresiones negativas apropiadas.

1. ¿Fuiste acusado/a de un crimen alguna vez?

_____

2. ¿Tienes algún antecedente criminal?

_____

3. ¿Has robado algo en tu vida?

_____

4. ¿Usas alguna droga ilícita?

_____

5. ¿Has cometido fraude o has falsificado documentos?

_____

6. ¿Has ayudado a alguien a cometer un delito?

_____

9-14 Una campaña antidroga. ¿Qué harías tú para informar a los niños sobre los peligros de las drogas? Piensa en un lema para una campaña antidroga y diseña un cartel que se podría usar para educar a los niños sobre las drogas.

Lectura

Vocabulario clave

a la vez	*at the same time*	oleada	*wave*
aisladas	*isolated*	patrullas	*patrols*
atracos	*holdups*	transeúntes	*pedestrians*
cajero automático	*ATM*		

Patrullas estudiantiles para evitar robos

CARACAS–Los estudiantes que viven en las residencias y dormitorios estudiantiles de las tres universidades más grandes e importantes de la ciudad han decidido formar patrullas nocturnas para evitar la oleada de atracos que, según dicen, sufren desde hace meses.

A partir de la próxima semana, más de 100 estudiantes de estos centros universitarios saldrán a las calles próximas a las residencias estudiantiles para buscar a los delincuentes que han robado, agredido y amenazado a un gran número de estudiantes. Durante los últimos meses, más de 30 estudiantes que viven en residencias estudiantiles han sufrido robos y hasta agresiones físicas por parte de individuos o de grupos que actúan armados con revólveres o con cuchillos.

El caso más grave se produjo a las 21:00 horas del pasado viernes, cuando un universitario fue retenido durante más de media hora por dos individuos. Después de robarle los 5.000 bolívares que llevaba en el bolsillo, lo llevaron a un cajero automático, donde lo obligaron a retirar 350.000 bolívares de su cuenta corriente bajo amenaza de muerte.

La víctima, el joven Manuel de la Rosa, residente del dormitorio estudiantil San Vicente, no ha denunciado el atraco en la comisaría debido a las amenazas de los agresores: "Si los denuncio quizá los metan un mes en la cárcel, pero después salen y, como saben donde vivo, pueden venir a buscarme", dijo Manuel.

Uno de los universitarios, Ernesto Peralta, puso en alerta a la Policía Nacional sobre los robos y atracos de los últimos meses. El estudiante señaló con indignación: "La respuesta que me dieron fue que sólo tienen dos carros patrulla para cerca de un millón de habitantes y que debemos denunciar a los delincuentes la próxima vez que roben".

Los estudiantes reconocen que el ánimo entre los universitarios que viven en residencias estudiantiles está "por el suelo"; pero a la vez, ellos quieren participar activamente para eliminar este tipo de crimen. Por eso van a iniciar una operación llamada "patrullas de colegiales" cuyo propósito será "vigilar la presencia de gente sospechosa cerca de las residencias estudiantiles" y si se ve que son atracadores, llamar a la policía y, si es necesario, tomar la justicia en sus manos, señalaron algunos estudiantes esta mañana.

Los estudiantes reclaman, a pesar de las medidas de autoprotección que han planeado, mayor presencia policial. La mayoría de las residencias estudiantiles universitarias se encuentra en zonas bastante aisladas, donde la presencia de transeúntes y vehículos se reduce al mínimo por la noche.

9-15 ¿Has comprendido? Apunta la información sobre el artículo.

1. el lugar del conflicto

_____

2. los delitos

_____

3. la solución de los estudiantes

_____

4. el caso más grave

_____

5. la reacción de la Policía Nacional

_____

9-16 ¿Qué opinas? Contesta las preguntas sobre tu opinión.

1. ¿Fuiste a alguna vez víctima de un atraco? ¿Qué pasó? ¿Denunciaste el atraco?

_____

2. ¿Ha habido robos en la universidad o en la residencia estudiantil? ¿Qué hace la universidad para proteger a los estudiantes? ¿Hay suficiente presencia policial en la zona cerca de la universidad?

_____

_____

3. ¿Qué opinas de la idea de los universitarios de formar patrullas? ¿Puede haber consecuencias negativas? ¿Alguna vez has participado en un grupo de vigilancia?

_____

_____

Taller

9-17 Idear. Piensa en una crisis social que afecta a los estudiantes de tu universidad. Apunta varios síntomas de este problema.

9-18 Desarrollar. ¿Hay algo que se pueda hacer para prevenir, reducir o eliminar el problema? Haz una lista de soluciones.

9-19 Escribir. Escribe un editorial para el periódico universitario en el que explicas el problema. Usa el *se* impersonal para enumerar los ejemplos. Luego desarrolla tus sugerencias sobre cómo hacer frente la crisis. Intenta usar palabras indefinidas y negativas para expresar tus ideas.

Conexiones

9-20 La guerra contra las drogas. Busca información en los periódicos sobre la guerra contra las drogas en un país de habla hispana. Prepara una lista de las medidas que se toman y las sanciones que se imponen y presenta la información a la clase.

El empleo y la economía

10-1 Un servicio de contabilidad. Completa el anuncio publicitario con palabras de *¡Así lo decimos!*

Hermanos Núñez, Contadores

◆ Somos especialistas en la preparación de
(1)_____ municipales y federales.

◆ Nuestros profesionales hicieron la
(2)_____ universitaria en
contabilidad y en derecho.

◆ Todos tienen (3)_____ en asuntos
privados, comerciales y públicos.

◆ Estamos (4)_____ para que
consulten con nosotros los siete días de la semana.

◆ Cobramos una tarifa (5)_____
de $20 por hora.

◆ Le ofrecemos una consulta inicial
(6)_____.

10-2 Una solicitud de empleo. Completa el párrafo en el que Dolores habla de un trabajo que ha solicitado. Usa palabras de ¡Así lo decimos!

Mañana tengo una entrevista para un (1)_____ como intérprete en una empresa multinacional. (2)_____ el trabajo porque creo que tengo las calificaciones necesarias. Hice la (3)_____ universitaria en alemán y japonés y hablo los dos idiomas con fluidez. También participé en un cursillo de (4)_____ para intérpretes en el mundo de los negocios. Trabajé dos años con un distribuidor de computadoras en el departamento de (5)_____, donde consultaba con los clientes extranjeros. Decidí cambiar de compañía porque prefiero un trabajo de (6)_____. Sólo voy a estar (7)_____ para trabajar tres días a la semana. Además, me gustaría tener un sueldo (8)_____ en vez de trabajar a comisión. Estoy (9)_____ a negociar el salario con esta nueva compañía. Cuando (10)_____ para la entrevista mañana podemos hablar del asunto.

Así lo hacemos!

Estructuras

1. Indirect speech

10-3 Una entrevista de trabajo. Magda fue a una entrevista ayer y ahora le está contando los detalles a un amigo. Reformula las preguntas que el jefe de la compañía le hizo y exprésalas de manera indirecta.

MODELO: ¿Cuánto dinero espera ganar este año?

En la entrevista el jefe me preguntó cuánto dinero esperaba ganar este año.

1. ¿Cuántos años de experiencia práctica tiene Ud.?

   _____

2. ¿Dónde estudió Ud. la carrera universitaria?

   _____

3. ¿Podrá Ud. trabajar cuarenta horas semanales?

   _____

4. ¿Estará Ud. disponible para el entrenamiento en quince días?

   _____

5. ¿Qué beneficios requiere Ud.?

   _____

6. ¿Le importa que le entrevistemos una segunda vez?

   _____

10-4 Una reunión con la supervisora. Nuria tuvo una reunión con su supervisora para hablar de su progreso y ahora su colega quiere saber qué dijo. Completa el diálogo con la forma apropiada de los verbos entre paréntesis.

MARCOS: ¿Qué pasó en la reunión? ¿La supervisora te habló de los proyectos que ya hiciste este año?

NURIA: Sí, me dijo que yo (1)_____ (hacer) bien los proyectos que llevé a cabo este año.

MARCOS: ¿Ustedes discutieron las responsabilidades que tienes ahora?

NURIA: Claro, me preguntó si me (2)_____ (gustar) mi puesto actual y si (3)_____ (haber) algo que quisiera cambiar.

MARCOS: Entonces, ¿le mencionaste lo del aumento?

NURIA: Bueno, ella preguntó si (4)_____ (estar) satisfecha con las condiciones de trabajo y le expliqué que en este momento no (5)_____ (ganar) suficiente y que (6)_____ (querer) un aumento.

MARCOS: ¿Te lo concedió?

NURIA: ¡Sí! En un mes me aumentarán el sueldo. Le pregunté cuánto dinero me (7)_____ (dar) y me prometió cinco dólares más por hora. Además, me dijo que me (8)_____ (promover) el año que viene.

MARCOS: ¡Enhorabuena!

10-5 Ventas. Adán trabaja en el departamento de ventas de un distribuidor de equipo industrial. Completa sus apuntes de una conversación con un cliente con la forma apropiada de los verbos.

> ayudar   estar   pensar
> conocer   haber   producir
> crecer   mandar   tener

Ayer hablé con la gerente de una fábrica de automóviles. Me dijo que el año pasado su negocio

(1)_____ mucho y que necesita más equipo de producción para

cumplir con las demandas. Le pregunté cuántos automóviles (2)_____

el año pasado y cuántos (3)_____ fabricar este año. Concluimos

que su fábrica necesitará ocho válvulas hidráulicas nuevas. Ella me preguntó si nosotros

(4)_____ válvulas disponibles, pero en este momento sólo hay

cuatro en el almacén. Me preguntó si las otras válvulas (5)_____

listas para la próxima semana y le contesté que sí. Luego me preguntó si

(6)_____ alguien en nuestra compañía que pudiera ofrecerles

apoyo técnico. Quería saber si uno de nuestros técnicos le (7)_____

a armar el equipo cuando se lo entreguemos. Le aseguré que nuestra compañía

(8)_____ por su buen servicio. Le prometí que yo

(9)_____ dos empleados a su fábrica para ayudarles a

implementar las válvulas.

Segunda parte   ¡Así lo decimos! Vocabulario

10-6 Una tarjeta de crédito. Completa el anuncio publicitario para una tarjeta de crédito con palabras de *¡Así lo decimos!*

TARJETA DE CRÉDITO BANCO NACIONAL

Beneficios

◆ Nuestra tarjeta de crédito le ofrece la (1)_____ de no tener que llevar siempre dinero en efectivo porque se acepta en casi todo el mundo.

◆ Puede usar la tarjeta para (2)_____ dinero del cajero automático.

◆ Ciertas tiendas le ofrecen un descuento de 5% al (3)_____ las compras con nuestra tarjeta.

Condiciones

◆ Le mandaremos (4)_____ mensual con un sumario de sus transacciones.

◆ El (5)_____ para pagar es de 30 días.

◆ Hay que pagar el 10% del (6)_____ cada mes.

◆ Si no recibimos el pago a tiempo le podemos (7)_____ una multa de $20.

10-7 Un servicio financiero. Completa el párrafo sobre una compañía que ayuda a personas con problemas financieros con palabras de *¡Así lo decimos!*

Si Ud. debe dinero por las tarjetas de crédito, la (1)_____ de la casa, los préstamos del banco o los pagarés, probablemente no podrá deshacerse de estas deudas porque la cantidad que paga cada mes sólo cubre el (2)_____ que va acumulándose. Nosotros le podemos ayudar a ordenar estas deudas y evitar el (3)_____ de declarar la (4)_____.

Nosotros le pagaremos el (5)_____ del dinero prestado y a cambio

Ud. nos reembolsará a plazos. En vez de recibir muchas (6)_____

cada mes, nosotros le podemos sacar una cantidad

fija directamente de su (7)_____. La (8)_____

de interés de nuestro servicio es muy baja, y así no perderá mucho dinero. Además, le ayudaremos a

hacer un (9)_____ para no gastar más de lo que puede, según los

límites de su (10)_____ anual. ¡Llámenos ahora y empiece a ahorrar!

¡Así lo hacemos!

Estructuras

2. The relative pronouns *que*, *quien*, and *lo que*, and the relative adjective *cuyo*

10-8 Un problema financiero. Javier hizo un cheque sin fondos que tuvo malas consecuencias. Combina la información para escribir una oración completa en cada caso. Usa los detalles entre paréntesis para escribir una cláusula no restrictiva introducida por un pronombre relativo apropiado.

MODELO: Tengo una cuenta corriente en el Banco Cinco. (La cuenta no tiene muchos fondos.)

Tengo una cuenta corriente, que no tiene muchos fondos, en el Banco Cinco.

1. Hace una semana le hice un cheque a Miguel. (Miguel me había reparado el coche.)

   _____

2. El cheque era por $100. (Hice el cheque sin verificar la cantidad en mi cuenta.)

   _____

3. En la cuenta sólo había $90. (No había usado la cuenta por varios meses.)

   _____

4. El cajero del banco me llamó cuando vio el error. (Conozco al cajero.)

   _____

5. Después, recibí una llamada de Miguel. (Miguel estaba furioso.)

   _____

6. El banco de Miguel le cobró una multa por depositar el cheque. (El banco de Miguel tiene condiciones muy estrictas.)

   _____

7. Miguel tuvo que pagar $15. (Esto no le gustó nada a Miguel.)

   _____

8. Ahora Miguel no me quiere perdonar. (Miguel era un buen amigo mío.)

10-9 Un banquero. El Sr. Quiñones es un banquero que tiene muchas citas hoy. Completa las oraciones con la forma apropiada de *cuyo* o con de *quién,* según el contexto.

1. En cuanto abra el banco tengo que hablar con la pareja _____ cuenta de ahorros tiene un error.

2. A las diez voy a escribirle un recibo al señor _____ préstamo está pagado.

3. Tengo que reunirme con los empleados _____ cajas no se balancearon la semana pasada.

4. Debo escribir cartas a los clientes _____ cuentas corrientes están sobregiradas.

5. No sé _____ es la cartera que encontraron aquí ayer pero esta tarde intentaré encontrar al dueño.

6. Por la tarde tengo una cita con una pareja _____ casa está hipotecada.

7. A las cinco voy a llamar a la Sra. Montero, _____ talonario de cheques fue robado.

8. Quiero averiguar _____ es el dinero que depositamos por equivocación en la cuenta de otro cliente.

10-10 Un plan de beneficios. Completa el memorándum con *que*, *quien*, *lo que* o *cuyo/a*.

De: Directora de personal

A: Empleados de TC

Asunto: Beneficios

Ayer asistí a una reunión con el jefe de la compañía,

(1)_____ nos explicó un nuevo plan de

beneficios (2)_____ van a implementar en un

mes. Todos los empleados (3)_____ llevan más

de un año con la compañía tendrán un mes de vacaciones al año. Este plan

no incluye a las personas con (4)_____ la

compañía firmó un contrato este año, (5)_____

vacaciones serán de dos semanas, como se indica en las condiciones

(6)_____ están descritas en el contrato.

Se establecerá un sistema de comisión para los empleados

(7)_____ trabajan en el departamento de

ventas. Los empleados (8)_____ ventas

sobrepasen la cuota mensual recibirán una comisión del 5% de

(9)_____ vendieron. Habrá unos cambios en

el seguro médico. Todos tendrán que elegir a un médico con

(10)_____ consultarán en todo caso de

enfermedad. Si tienen un problema (11)_____

este médico no puede tratar, éste recomendará a otro médico

(12)_____ campo de especialización sea más

adecuado.(13)_____ más me interesó de

(14)_____ se presentó en la reunión fue el

nuevo plan de retiro (15)_____ van a

implementar este mes. La compañía depositará dinero en una cuenta de

retiro para los empleados, (16)_____ también

contribuirán con cierta cantidad mensual. Si tiene preguntas sobre

(17)_____ explico aquí, vengan a verme.

3. The relative pronouns *el/la cual* and *los/las cuales*

10-11 Un viaje al extranjero. Maripaz va a hacer un viaje a España y necesita poner en regla el dinero que va a llevar consigo. Completa las oraciones con *el cual, la cual, los cuales* o *las cuales.*

1. Mañana tengo que cambiar dinero en un banco, _____ abre a las diez.

2. Debo pedirle al cajero 120 euros, _____ usaré para el transporte público y las comidas en España.

3. El banco me va a cobrar una cantidad por cambiar el dinero,

   _____ es mínima.

4. Voy a pagar lo que debo de mis tarjetas de crédito, sin _____ no podré hacer compras en Europa.

5. Pienso pedir unos cheques de viajero, con _____ pagaré el hotel.

6. Quiero una tarjeta para el cajero automático, _____ usaré en España si necesito sacar más dinero.

10-12 Una nueva cuenta. Completa la conversación en la que Eugenia y un banquero discuten los servicios que ofrece el banco. Usa *el cual, la cual, los cuales* o *las cuales.*

EUGENIA: Buenos días. Quisiera abrir una cuenta en (1)_____ pueda depositar automáticamente mi cheque de la paga.

BANQUERO: ¿Prefiere una cuenta corriente o de ahorros? Las dos son cuentas con
(2)_____ puede hacer un depósito automático pero hay diferencias en el interés, (3)_____ le voy a explicar ahora.
La cuenta corriente le paga un interés variable, (4)_____ depende de la cantidad de dinero que tenga. Obviamente esta cuenta le ofrece la comodidad de hacer cheques, con (5)_____ puede pagar sus gastos mensuales. La cuenta de ahorros requiere un depósito mínimo, por
(6)_____ le pagaremos un interés de 5%. También tenemos una cuenta de ahorros con (7)_____ podría ganar el 7% del total pero tendría que abrir la cuenta con cinco mil dólares,
(8)_____ no podría sacar por un año.

EUGENIA: Prefiero una cuenta corriente. Aquí tengo un cheque con
(9)_____ quiero abrir la cuenta.

BANQUERO: Muy bien. ¿Necesita algo más?

EUGENIA: Sí, necesito una caja fuerte para mis documentos importantes.

BANQUERO: Puede alquilar una caja fuerte pequeña, en (10)_____ puede guardar sus documentos, por $5 al mes.

EUGENIA: Perfecto.

10-13 Consejos financieros. Un asesor le da consejos financieros a un cliente. Combina la información y escribe oraciones completas con *el cual, la cual, los cuales* o *las cuales*.

1. Ud. debe cerrar la cuenta en el banco universitario. La cuenta tiene un índice de interés muy bajo.

   _____

   _____

2. Es mejor depositar el dinero en una cuenta de ahorros. Una cuenta de ahorros puede pagarle hasta el 6% de lo que tiene.

   _____

   _____

3. Ud. puede invertir una suma modesta en la Bolsa. La suma probablemente se multiplicará dentro de unos meses.

   _____

   _____

4. Compre acciones de su propia compañía. Las acciones le saldrán más baratas.

   _____

   _____

5. No pague sus compras con su tarjeta de crédito. La tarjeta de crédito cobra mucho interés.

   _____

   _____

6. Haga un presupuesto para sus gastos. El presupuesto le ayudará a manejar sus finanzas.

   _____

   _____

7. En vez de alquilar un apartamento, compre una casa. Una casa es una inversión para el futuro.

   _____

   _____

8. Cuando compre la casa, pida un préstamo a largo plazo. El préstamo le obliga a pagar muy poco al mes.

   _____

   _____

Nombre _____   Fecha _____

¡Así lo expresamos!

10-14 Un currículum vitae. Prepara un *currículum vitae* que podrías usar para solicitar trabajo. Incluye información sobre tu carrera universitaria, tu experiencia práctica y tus metas. Luego, preséntaselo a la clase y pídeles sugerencias a tus compañeros.

Lectura

Vocabulario clave

alentador	*encouraging*
bodegas	*small grocery stores*
destacar	*to stand out*
pertenecer	*to belong*

Crece y se diversifica la empresa latina en los Estados Unidos

Según los expertos en comercio y economía, los negocios hispanos han experimentado un gran avance en los últimos 20 años y el futuro es aún más alentador. Además, es importante destacar la variedad de industrias en las que estos negocios han tenido éxito. Antes los hispanos mayormente se asociaban con la industria de la alimentación. Hoy los latinos se destacan en otros tipos de industrias, como las altas tecnologías, la construcción, las telecomunicaciones y las computadoras. Y cada vez hay más compañías importadoras y exportadoras que pertenecen a hispanos así como pequeños negocios en las grandes ciudades como tiendas, centros de servicio mecánico, restaurantes, bodegas y supermercados y hasta bancos.

Aunque la industria alimenticia continúa siendo la predominante entre los empresarios hispanos, le siguen en orden de importancia comercios de automóviles, mercancía general, ropa y accesorios y muebles.

Sin duda el nivel de educación así como el poder adquisitivo de los hispanos en los Estados Unidos está aumentando cada vez más rápidamente. Quizá también se deba a la existencia de agencias gubernamentales y organizaciones privadas que ofrecen una variedad de servicios a los hispanos aspirantes a ser dueños o administradores de negocios. Algunos de estos servicios incluyen análisis de necesidades, revisión del plan de negocios, asesoría en el comienzo del negocio, ayuda en el comercio, información sobre recursos comerciales, oportunidades de ayuda del gobierno, referencias de otros negocios y entrenamiento educativo en dirección de empresas.

10-15 ¿Has comprendido? Apunta la información sobre el artículo.

1. el crecimiento de los negocios latinos

   _____

2. el poder de compra de los latinos en los Estados Unidos

   _____

3. la industria más importante en el sector hispano

   _____

4. otras industrias en las cuales los latinos han estado destacándose últimamente

   _____

5. razones para el crecimiento y la diversificación de las empresas latinas en los últimos 20 años

   _____

6. algunos servicios que ofrecen organizaciones y el gobierno a los empresarios latinos

   _____

10-16 ¿Qué opinas? Contesta las preguntas sobre el artículo.

1. ¿Hay negocios en tu ciudad encabezados por personas de origen hispano? ¿Cuáles son algunos de ellos?

   _____

2. ¿Existe una organización que ayuda a los negocios pertenecientes a hispanos en tu ciudad? ¿a otra minoría? Explica.

   _____

Taller

10-17 Idear. Piensa en un problema que tuviste con una tarjeta de crédito, un préstamo, una cuenta corriente o un cajero automático.

10-18 Escribir. Escribe una composición en la que explicas detalladamente el problema y su resolución. Usa correctamente la forma indirecta de reportar lo que dijo otra persona.

10-19 Revisar. Revisa tu composición. ¿Hay ideas que puedas expresar de modo más conciso con el uso de pronombres y adjetivos relativos?

Conexiones

10-20 Un negocio hispano. Busca información en el periódico o en la red informática sobre un negocio en tu país que pertenece a una persona de origen hispano. ¿Recibió la ayuda de alguna organización? ¿Ha tenido mucho éxito? ¿La mayoría de los clientes son hispanos o de otros orígenes?

11

El tiempo libre

11-1 Un campamento de verano. Eres director/a de un campamento de verano para jóvenes y vas a una escuela a hablar en las clases sobre tu programa. Ayuda a los niños a encontrar actividades que les gusten. Completa el párrafo con palabras de *¡Así lo decimos!*

♦ Si te gusta explorar y te interesan los ecosistemas submarinos, apúntate para aprender a

(1)_____.

♦ Si te interesa montar en bicicleta, intenta el (2)_____.

♦ ¿Sabes montar a caballo? Puedes mejorar tus habilidades en nuestro curso de

(3)_____. ¡Te convertirás en un verdadero

(4)_____!

♦ Si te gusta correr, tenemos una (5)_____ de cinco kilómetros

el sábado.

♦ Hay una sesión para aprender a (6)_____ en velero, pero sólo

puedes participar si sabes nadar.

♦ Si te gustan las actividades más peligrosas, ve con el grupo que va a

(7)_____ montañas el miércoles.

♦ Recuerda, la (8)_____ para mandar la solicitud es el 17 de

mayo.

11-2 Unas vacaciones divertidas. Completa la carta en la que Jaime cuenta lo que hizo durante las vacaciones de verano con palabras de *¡Así lo decimos!*

Querida Lupe:

Lo pasé muy bien en el (1)_____ de verano. Participé en muchas

actividades divertidas. El lunes practicamos la (2)_____, lo que

me gustó mucho porque me encantan los caballos. El martes llevamos nuestras bicicletas a la

sierra para un poco de (3)_____ . Por la tarde fuimos a una

(4)_____ de tenis y jugamos por un par de horas. El miércoles

hicimos una (5)_____ de diez kilómetros. ¡Gané yo! El jueves

pasamos el día en el lago donde pudimos (6)_____ y

(7)_____ en velero. Naturalmente, el viernes estábamos muy

cansados y por eso decidimos jugar juegos de mesa en vez de practicar deportes. Jugamos a

las cartas y a las (8)_____. Todas las noches encendíamos

(9)_____ y nos sentábamos alrededor de ellas y contábamos chistes.

Cuando por fin nos acostábamos, estábamos tan cansados que no nos importaba dormir en una

(10)_____ en vez de una cama.

¡Así lo hacemos!

Estructuras

1. Sequence of tenses with the subjunctive

11-3 Una maratón. Maura tiene que escribir un artículo sobre la maratón que tuvo lugar este fin de semana. Completa las oraciones con la forma apropiada del subjuntivo, según el verbo en la primera cláusula.

MODELO: La maratón duró cinco horas.

No me sorprendió que la maratón durara cinco horas.

1. Arantxa Markaida ganó la carrera.

   Los espectadores se alegraron de que _____.

2. Alida Lobo tuvo el segundo lugar.

   Me extrañó que _____.

3. Álvaro Méndez se torció el tobillo.

   Fue una lástima que _____.

4. Los hermanos Sánchez participaron en la maratón.

   Nos hubiera sorprendido que no _____.

5. Todos los atletas alcanzaron el final.

   Dudé que _____.

6. Los patrocinadores dieron un premio de mil dólares para el primer lugar.

   Los organizadores de la maratón pidieron que _____.

7. Harán la maratón otra vez el año que viene.

   Los aficionados han sugerido que _____.

8. El próximo año la maratón tendrá lugar en Puerto Rico.

   Los patrocinadores habrán sugerido que _____.

9. Las reglas de la competencia serán más estrictas.

   Me gustaría que _____.

10. La próxima vez participarán más personas.

    Es bueno que _____.

11-4 Entrenamiento. El equipo de fútbol empezó el entrenamiento ayer. Cambia las oraciones al pasado para explicar lo que pasó.

1. El entrenador manda que los futbolistas levanten pesas.

   _____

2. Al capitán del equipo le molesta que los otros jugadores no hayan practicado durante el invierno.

   _____

3. No hay nadie que esté en mejor condición física que el portero (*goalie*).

   _____

4. Es una lástima que uno de los jugadores se haya fracturado la pierna.

   _____

5. Los aficionados dudan que el equipo gane el campeonato este año.

   _____

6. Los jugadores prefieren que el entrenador no les haga correr tantas millas.

   _____

11-5 El paracaidismo. Laura es instructora de paracaidismo. Completa lo que le dice a un grupo de principiantes con la forma apropiada del subjuntivo.

¡Buenos días! Me alegro de que Uds. (1)_____ (apuntarse) para este

curso de paracaidismo. Me gusta que (2)_____ (haber) tanto interés en el

deporte. Espero que todos ya (3)_____ (leer) la información en el folleto

que les dimos cuando se inscribieron en el curso. El paracaidismo puede ser peligroso y es

importante que todos (4)_____ (entender) los riesgos. Por eso hemos

pedido que (5)_____ (firmar) un contrato para eliminar nuestra

responsabilidad en caso de un accidente. El folleto también explica el equipo que necesitarán para el

deporte. Preferiría que todos (6)_____ (comprar) un paracaídas lo antes

posible porque es probable que (7)_____ (ensayar) el uso del equipo

dentro de unos días. Me imagino que Uds. esperaban que hoy (8)_____

(empezar) a tirarnos de la avioneta, pero sería mejor que Uds. (9)_____

(tener) una idea muy clara de lo que tienen que hacer antes de subir en el avión. Además, el Instituto

Nacional de Paracaidismo ha recomendado que los principiantes (10)_____

(estudiar) la tecnología que se va a usar antes de intentar el deporte. Sé que a Uds. les hubiera

gustado que (11)_____ (ir) directamente a la parte divertida del

entrenamiento, pero debemos hacer todo lo posible para evitar un accidente.

11-6 El buceo. Paco acaba de aprender a bucear. Completa el párrafo con la forma apropiada del subjuntivo.

El mes pasado empecé a tomar lecciones de buceo. Fue importante que

(1)_____ (tomar) el curso de entrenamiento primero porque quería

que los instructores me (2)_____ (enseñar) a utilizar el equipo.

Además, en muchos lugares se requiere que los buzos (*divers*) (3)_____

(tener) el certificado antes de que (4)_____ (participar) en el deporte.

Ayer el instructor sugirió que yo (5)_____ (meterse) en el agua

con el equipo de buceo por primera vez. ¡Nunca he tenido una experiencia que se

(6)_____ (comparar) con ésa! Esperaba que el buceo me

(7)_____ (gustar), pero me sorprendió que la vista

(8)_____ (ser) tan impresionante. Dudaba que los animales

marinos (9)_____ (quedarse) en la zona donde estaba yo, pero

muchos de los peces permanecieron allí tranquilos. Intenté no hacer movimientos rápidos para que

no (10)_____ (asustarse). Fue una pena que el instructor me

(11)_____ (hacer) volver arriba tan pronto pero él sólo quería que

(12)_____ (estar) unos minutos en el agua. Espero que la próxima vez

me (13)_____ (permitir) pasar más tiempo en el agua. Preferiría que

la próxima vez nosotros (14)_____ (ir) a un sitio donde el agua

(15)_____ (estar) más clara. Me gustaría que el instructor

(16)_____ (buscar) un sitio con menos contaminación. Ojalá que

(17)_____ (poder) ir al Caribe, pero no tengo dinero para eso.

11-7 Una agenda. Completa la agenda de Clara con palabras de *¡Así lo decimos!*

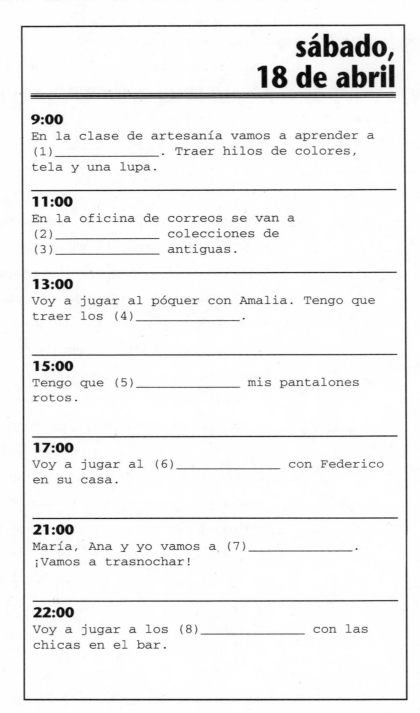

sábado, 18 de abril

9:00
En la clase de artesanía vamos a aprender a
(1)_____. Traer hilos de colores,
tela y una lupa.

11:00
En la oficina de correos se van a
(2)_____ colecciones de
(3)_____ antiguas.

13:00
Voy a jugar al póquer con Amalia. Tengo que
traer los (4)_____.

15:00
Tengo que (5)_____ mis pantalones
rotos.

17:00
Voy a jugar al (6)_____ con Federico
en su casa.

21:00
María, Ana y yo vamos a (7)_____.
¡Vamos a trasnochar!

22:00
Voy a jugar a los (8)_____ con las
chicas en el bar.

11-8 En el casino. Completa el párrafo en el que Félix describe su trabajo en el casino con palabras de *¡Así lo decimos!*

Me fascina mi trabajo en el casino porque varía mucho de un día a otro. A veces trabajo en la mesa de póquer y me toca repartir las (1)_____ a los clientes. De vez en cuando trabajo en la caja y cambio las fichas (*chips*) que los clientes usan para hacer sus (2)_____. Pero la mayoría de las personas que vienen al casino no apuestan en juegos de mesa, sino que pasan horas en las (3)_____. Mi puesto favorito es el de guardia. La mayoría de nuestros clientes vienen al casino cuando (4)_____ como parte de una noche divertida. Para algunos, el juego es sólo una (5)_____, pero para otros es una adicción. Mi responsabilidad como guardia es observar detenidamente las (6)_____ de los clientes y asegurarme de que sean legales. Es difícil porque algunos son muy (7)_____ y hacen trampa. ¡Cambian las cartas sin que se note! Es un trabajo muy emocionante, pero una desventaja es que el horario es muy largo. El casino está abierto hasta las seis de la madrugada, y muchas veces tengo que (8)_____.

¡Así lo hacemos!

Estructuras

2. Uses of definite and indefinite articles

11-9 Un coleccionista de estampillas. Completa el párrafo con el artículo definido apropiado. ¡Ojo! No se necesita en todos los casos.

Todas (1)_____ semanas hay una reunión de mi club de (2)_____ coleccionistas de (3)_____ estampillas. Nos reunimos en (4)_____ centro estudiantil de (5)_____ universidad (6)_____ jueves a (7)_____ once de (8)_____ mañana. Hay cinco miembros en (9)_____ grupo: (10)_____ profesora Ortega, (11)_____ doctor Olivari, (12)_____ Fray Bernardo, (13)_____ Sor María y yo. Esta semana les voy a mostrar mis estampillas de países latinoamericanos. Tengo estampillas de (14)_____ Salvador, (15)_____ Chile y (16)_____ Venezuela. Vamos a hablar sobre (17)_____ valor de (18)_____ estampillas. Después de (19)_____ reunión todos vamos a comer (20)_____ almuerzo juntos en (21)_____ cafetería universitaria.

11-10 Planes. Completa el diálogo con los artículos definidos e indefinidos apropiados.

SUSANA: Hola, Gloria. ¿Qué quieres hacer (1)_____ domingo?

GLORIA: ¿Te apetece ir a (2)_____ corrida de toros?

SUSANA: No, no me gustan (3)_____ toros.

GLORIA: ¿Qué tal si vamos al estadio? Acaba de empezar (4)_____ temporada de fútbol y me gustaría ver (5)_____ partido del domingo porque va a jugar (6)_____ nuevo portero de nuestro equipo.

SUSANA: Si quieres ir al estadio debes ponerte (7)_____ impermeable porque va a llover mucho por (8)_____ tarde. Sería mejor pensar en (9)_____ actividad para hacer en casa. ¿Quieres jugar a (10)_____ cartas?

GLORIA: De acuerdo. A mí me fascina (11)_____ póquer porque es (12)_____ juego emocionante. ¿Te interesa jugar por dinero?

SUSANA: ¡No! Sólo tengo (13)_____ poco de dinero en (14)_____ banco.

11-11 Un torneo de ajedrez. Completa el anuncio con el artículo definido o indefinido, según se necesite o no.

¡Vengan al torneo de (1)_____ ajedrez! (2)_____ torneo tendrá lugar

(3)_____ sábado a (4)_____ nueve de (5)_____ mañana en

(6)_____ gimnasio de (7)_____ universidad. Será (8)_____ evento

fascinante. Vendrán (9)_____ participantes de todo (10)_____ mundo. Habrá

(11)_____ jugador de (12)_____ República Dominicana que ganó

(13)_____ campeonato (14)_____ año pasado y (15)_____ otro jugador

de (16)_____ Puerto Rico que lo ganó hace dos años. (17)_____ gran premio será

(18)_____ mil dólares. ¡Qué (19)_____ espectáculo más emocionante!

3. Uses of the gerund and the infinitive

11-12 El banyi. Rita tuvo una experiencia emocionante la semana pasada. En cada caso, escoge la palabra adecuada según el contexto.

A mí me fascinan los deportes pero siempre ando (1. *buscar / buscando*) nuevas actividades porque los pasatiempos tradicionales me parecen (2. *aburriendo / aburridos*). La semana pasada descubrí una actividad (3. *fascinando / fascinante*) —el banyi. Vi un anuncio en la televisión sobre un curso de banyi y salí (4. *correr / corriendo*) para apuntarme. La primera vez que lo intenté me puse nerviosa porque (5. *tirarse / tirándose*) de un punto tan elevado es (6. *aterrorizando / aterrorizador*). Cuando lo hice, me caí (7. *gritar / gritando*). Pero fue una experiencia muy (8. *emocionando / emocionante*) y quiero volver a hacerlo. ¡Ahora las actividades tranquilas como (9. *jugar / jugando*) tenis me interesan muy poco!

11-13 El toreo. Completa el párrafo con el gerundio o el infinitivo de los verbos, según el contexto.

correr	matar	participar	torear
ir	mirar	pensar	ver

A muchas personas la idea de (1)_____ una corrida de toros les parece absurda porque opinan que (2)_____ un toro es cruel. A mí tampoco me gusta (3)_____ en los pasatiempos violentos. Sin embargo, después de (4)_____ a una corrida de toros por primera vez salí de la plaza (5)_____ en el toreo como un espectáculo fascinante. Hay unos momentos tensos cuando el toro sale (6)_____ hacia el torero, pero es increíble cómo el torero domina al toro. Los espectadores se quedan (7) _____ al torero con gran entusiasmo cuando manipula el capote. Siempre me parecía que (8)_____ era una actividad peligrosa pero no sabía que requería tanta gracia.

11-14 El juego. Mariana le pregunta a Esteban lo que le gusta hacer en el casino. Completa la conversación con infinitivos o gerundios, según el contexto.

MARIANA: Esteban, ¿juegas mucho en el casino?

ESTEBAN: Sí, paso todos los sábados (1)_____ en el casino.

MARIANA: ¿Apuestas mucho dinero cuando vas al casino?

ESTEBAN: No, porque (2)_____ mucho me pone nervioso.

MARIANA: ¿Te gusta jugar al póquer?

ESTEBAN: Sí, (3)_____ al póquer es uno de mis pasatiempos favoritos.

MARIANA: ¿Fumas cuando estás en el casino?

ESTEBAN: No, está prohibido (4)_____ en el casino donde yo juego.

MARIANA: ¿Te pones a llorar cuando pierdes mucho dinero?

ESTEBAN: Nunca salgo del casino (5)_____ porque no apuesto mucho dinero.

¡Así lo expresamos!

11-15 Una guía de ocio. Entérate de unos eventos que van a tener lugar esta semana en tu ciudad y diseña una guía de ocio. Preséntasela a la clase y compara las actividades que incluiste con las que escogieron tus compañeros de clase.

Lectura

Vocabulario clave

agobia	*burdens*	en marcha	*running; flying*
alejada	*far away*	nudo	*knot*
alojamiento	*lodging*	parapente	*hang-gliding*
aterrizajes	*landings*	toledana	*near the town of Toledo*
cuando menos	*at the very least*		

Para practicar en verano: Parapente y paracaidismo

Todos los años el calor agobia a los habitantes de Madrid durante el verano. Por eso, muchos madrileños, especialmente los jóvenes, siempre tratan de encontrar soluciones al calor al igual que actividades que son buenas para el cuerpo. Nueva Aviación parece haber encontrado la solución a ambos problemas. Esta empresa descubrió la forma de ganar dinero buscando la diversión de los ciudadanos y su participación en actividades deportivas aparentemente desconocidas.

En su programa de actividades para este verano destacan, por ejemplo, los cursos de paracaidismo, una práctica normalmente muy alejada de las posibilidades de los ciudadanos. La idea de abandonar un avión en marcha pone, cuando menos, un nudo en la garganta. Una decisión que antiguamente sólo se tomaba en casos de emergencia. Pero ahora no. Los que prueban alguna vez esa sensación le cogen el gusto y ansían repetirla. El paracaidismo deja de ser una necesidad para casos extremos para convertirse en una diversión.

La zona elegida por la empresa organizadora de los cursos es Ocaña, una localidad toledana situada a 60 kilómetros de Madrid que cuenta con una de las mejores instalaciones de España. El curso básico se compone de dos saltos desde 800 metros con paracaídas rectangulares dirigibles de última generación y un radiotransmisor para dirigir los aterrizajes. Todo esto, bajo la supervisión de excelentes instructores. El precio es de 240 euros.

Otra de las ofertas, ya existente en años anteriores, son los cursos de parapente. Seis días intensivos en La Alcarria, a 70 kilómetros de Madrid, en una de las mejores zonas de vuelo de la península, para aprender un deporte divertido y relajante. Incluye clases teóricas y prácticas, material, licencia de la federación, alojamiento durante cinco noches y acceso a la piscina durante los días del curso. El precio por persona es igualmente de 240 euros.

11-16 ¿Has comprendido? Contesta las preguntas sobre el anuncio.

1. ¿Qué hace la empresa Nueva Aviación?

   _____

2. ¿Qué actividades ofrece este verano?

   _____

3. ¿En qué consiste el curso básico de paracaidismo?

   _____

4. ¿Cuánto cuesta el curso?

   _____

5. ¿Qué incluye el curso de parapente?

   _____

11-17 ¿Qué opinas? Contesta las preguntas de la lectura.

1. ¿Has practicado alguna vez el paracaidismo o el parapente? ¿Te gustaría participar en estas actividades? ¿Por qué?

   _____

2. ¿Qué opinas de los deportes «pasados» o «extremos» que están de moda actualmente? ¿Crees que son populares porque son divertidos o porque son peligrosos?

   _____

3. ¿Qué te parece el precio de las actividades en el anuncio? ¿Gastarías tanto dinero para participar en estos deportes? ¿Cuánto dinero gastas al año en tus pasatiempos?

   _____

Taller

11-18 Idear. Piensa en un pasatiempo extraordinario en el que participaste alguna vez. Apunta algunos recuerdos sobre la experiencia.

11-19 Escribir. Narra la experiencia que tuviste. Explica por qué lo hiciste, cómo esperabas que fuera y cómo te sentiste al hacerlo. ¿Te gustaría participar en la actividad otra vez? Usa correctamente los tiempos del subjuntivo en la composición.

11-20 Compartir. Cambia tu composición por la de un/a compañero/a de clase. ¿Te gustaría participar en el pasatiempo que describió él/ella?

Conexiones

11-21 Los pasatiempos en el mundo hispánico. Busca una guía de ocio en la red informática o en un periódico hispano. ¿Cuáles son los pasatiempos que se anuncian? ¿Qué eventos te sorprenden? ¿Qué actividades son parecidas a las que te gustan a ti?

12 Siglo XXI

12-1 Una expedición submarina. Un grupo de científicos puertorriqueños explorará la segunda región más profunda del mundo que está al norte de la isla. Completa la noticia sobre su futura experiencia con palabras de *¡Así lo decimos!*

Cuatro científicos puertorriqueños estarán (1)_____ de una pequeña estación submarina y llevarán a cabo la próxima semana una expedición en el fondo del mar. Su propósito primordial será (2)_____ esta región casi desconocida de nuestro planeta así como (3)_____ nuevas especies de plantas y animales para estudiarlas y poder (4)_____ otras especies que están en peligro de extinción. La estación submarina es muy pequeña y tiene muchos aparatos electrónicos que desempeñarán (5)_____ específicas. Por ejemplo, la estación tiene un par de brazos (6)_____ que recogerán muestras de ese misterioso ecosistema. La (7)_____ se compone de un biólogo marino, un ingeniero mecánico y una microbióloga. Según el biólogo Franco Rengel, será difícil para ellos (8)_____ a vivir en un espacio tan pequeño sin poder ver la luz del sol, pero está seguro de que la misión será todo un éxito.

12-2 La tecnología médica. Completa el párrafo sobre la medicina y la tecnología con palabras de *¡Así lo decimos!*

El mundo de la medicina está revolucionándose y hoy (1)_____ niveles muy sofisticados en cuanto a la biotecnología. Por ejemplo, hoy, muchas personas pueden oír gracias a un (2)_____ muy pequeño que se coloca en el oído. También los cirujanos pueden operar a una persona a larga distancia. Es decir, el (3)_____ donde se lleva a cabo la operación puede estar en un país y el médico en otro. La razón es que la cirugía también se ha (4)_____.

Pero quizá lo más increíble en los avances tecnológicos de la medicina es la

(5)_____, que permitirá en un futuro cercano alterar o destruir

células cancerosas, bacterias, virus y otros microorganismos dentro del cuerpo, pues se trata

de máquinas casi microscópicas. Gracias a la tecnología, hoy se pueden

(6)_____ muchas más vidas que en el pasado.

¡Así lo hacemos!

Estructuras

1. *Se* for unplanned occurrences

12-3 Los aparatos electrónicos. Luz no puede hacer su trabajo porque los aparatos de la oficina no funcionan. Completa su conversación con la supervisora con los pronombres apropiados.

SRA. ORDÓÑEZ: Luz, ¿por qué no has sacado las fotocopias que te pedí?
¿(1)_____ olvidó hacerlo?

LUZ: No pude sacar las copias porque (2)_____ rompió la fotocopiadora esta mañana.

SRA. ORDÓÑEZ: ¿Hablaste con nuestro nuevo cliente sobre su pedido?

LUZ: Bueno, estábamos hablando por teléfono cuando
(3)_____ cortó la conexión.

SRA. ORDÓÑEZ: ¿Por qué no usas tu teléfono celular?

LUZ: No lo tengo, (4)_____ quedó en casa.

SRA. ORDÓÑEZ: ¿Y no (5)_____ ocurrió escribirle por correo electrónico?

LUZ: No puedo porque (6)_____ perdió la contraseña para acceder al programa.

SRA. ORDÓÑEZ: Escríbele una carta, entonces.

LUZ: La impresora del ordenador está rota. Los secretarios intentaban moverla esta mañana cuando (7)_____ cayó.

SRA. ORDÓÑEZ: ¡Qué desastre! Debemos hablar con nuestro técnico para que nos repare los aparatos.

LUZ: Es que el técnico no vino a la oficina hoy. (8)_____ enfermó el hijo y se quedó en casa con él.

SRA. ORDÓÑEZ: Parece que hoy no podremos trabajar. ¡Ya (9)_____ fue la mañana y no hemos hecho nada!

12-4 La tecnología moderna. Guillermo piensa en la tecnología que le haría más fácil la vida. Completa las oraciones con los pronombres apropiados y el presente del indicativo o subjuntivo de los verbos, según el contexto.

1. Mi esposa y yo necesitamos cerraduras (*locks*) que sólo requieran una contraseña porque _____ (perder) frecuentemente las llaves de la casa.

2. Quiero un autómata para prepararme la cena porque a mí siempre _____ (quemar) la comida.

3. Voy a comprarle una agenda electrónica a mi hijo mayor para que no _____ (olvidar) lo que tiene que hacer para sus clases.

4. Les compraré un teléfono celular a mis hijas con tal de que no _____ (ocurrir) usarlo más de cinco minutos al día.

5. Debemos comprar un nuevo ordenador antes de que _____ (estropear) el que tenemos.

6. Me gustaría tener un robot para limpiar las habitaciones de mis hijos, a quienes _____ (caer) todo lo que tocan.

12-5 Una fábrica robotizada. El señor Núñez explica por qué va a reemplazar a sus empleados con un sistema robotizado. Completa el párrafo con el pretérito de los verbos de la lista y los pronombres apropiados.

caer	ocurrir
ir	perder
quemar	romper

Colegas, siento decirles que ahora que empezamos el nuevo milenio (1)_____ robotizar la fábrica. A nosotros ya (2)_____ la época de la mano de obra humana. Para competir con las grandes compañías tengo que usar los métodos de producción más eficaces, y los autómatas no tienen fallas como los seres humanos. Hace unos meses ustedes no limpiaron el equipo después de usarlo y (3)_____ una máquina. David, tú eres muy torpe. La semana pasada (4)_____ más de diez productos. Matilde, ayer no pudimos entrar en el almacén porque a ti (5)_____ la llave. ¡Y tienen unos vicios peligrosos! Hace unos días (6)_____ mis documentos importantes porque alguien dejó un cigarrillo cerca de mi escritorio. Lo siento mucho, pero es mejor que use autómatas porque así habrá menos problemas.

12-6 Proyectos para el nuevo milenio. El doctor Rojas es un astrofísico que está trabajando en muchos proyectos para el nuevo milenio. Completa las oraciones con palabras de *¡Así lo decimos!*

1. El doctor Rojas piensa diseñar un _____ más económico que los que usan ahora para los viajes al espacio.

2. Está estudiando la posibilidad de _____ armas nucleares al

   espacio para _____ los cometas que se acercan a la Tierra.

3. Quiere establecer un sistema para avisar al público si un meteoro va a

   _____ la Tierra.

4. Está analizando las órbitas de muchos cuerpos celestes para saber si uno puede

   _____ contra otro.

12-7 El cometa Shoemaker. Completa el párrafo con palabras de *¡Así lo decimos!* ¡Ojo!
        Hay que usar el pretérito de los verbos.

Actualmente hay mucho interés en la posibilidad de que un cometa caiga en la Tierra
(1)_____ a la colisión entre el cometa Shoemaker y Júpiter. En 1992
la fuerza gravitacional de Júpiter (2)_____ la órbita del cometa, el
cual se quebró en varios fragmentos. En 1994, los pedazos (3)_____
contra el planeta. Estos (4)_____ del cometa no
(5)_____ la superficie del planeta sino que
(6)_____ en la atmósfera. Las explosiones
(7)_____ muchas partículas a la atmósfera.
(8)_____ varios meses las partículas fueron dispersadas por el viento.

¡Así lo hacemos!

Estructuras

2. The passive voice

12-8 La conquista del cosmos. Muchos avances fueron logrados por individuos y grupos de científicos que hoy nos permiten saber más sobre el universo. Escribe oraciones completas con la voz pasiva.

MODELO: primer cometa artificial / lanzar / los alemanes
El primer cometa artificial fue lanzado por los alemanes.

1. el telescopio / inventar / Galileo Galilei

   _____

2. los agujeros negros / descubrir / Stephen Hawking

   _____

3. la primera nave espacial reusable / diseñar / NASA

   _____

4. el primer satélite artificial, *Sputnik*, / construir / en Korolev

   _____

5. la teoría de la relatividad / proponer / Albert Einstein

   _____

6. las galaxias NGC 4261 y M100 / fotografiar / *Hubble*

   _____

7. un meteorito proveniente de Marte / analizar / en un laboratorio norteamericano

   _____

8. la existencia de otros planetas fuera de nuestro sistema solar / verificar / científicos de Harvard y San Francisco State

   _____

12-9 Invenciones y descubrimientos. Escribe oraciones completas en voz pasiva para explicar los acontecimientos.

1. la cámara de video / inventar / Vladimir Zworykin

   _____

2. el disco compacto / crear / la compañía RCA en 1972

3. los rayos X / descubrir / en 1895

_____

4. el rayo láser con propósitos médicos / desarrollar / Maiman

_____

5. el primer estudio científico de la electricidad / llevar a cabo / William Gilbert

_____

6. la primera calculadora electrónica de bolsillo / lanzar al mercado / en 1976

_____

7. la energía solar / utilizar / por primera vez para operar un motor de vapor en 1878

_____

8. el termómetro Fahrenheit / concebir / en 1715

_____

12-10 Un meteorito. Completa la trama de una película de ciencia ficción con la forma pasiva de los verbos.

| avisar | detectar | tomar |
| derribar | donar | |

En el cuento de ciencia ficción «Meteorito», un meteoro que se acercaba a la Tierra

(1)_____ por unos científicos del observatorio universitario. Las

autoridades de los poblados en peligro (2)_____ y algunas

precauciones (3)_____, por eso nadie resultó herido. Sin embargo,

muchos edificios y casas (4)_____ por el meteorito. Miles de dólares

(5)_____ por el gobierno para reconstruir estos pueblos.

3. Diminutives and augmentatives

12-11 Los objetos del futuro. ¿Cómo serán los objetos del futuro? Completa las oraciones con palabras diminutivas y aumentativas, según el contexto.

1. Los coches probablemente serán muy pequeños porque los _____ usarán menos gasolina que los _____ que eran populares en el pasado.

2. Los teléfonos serán más compactos. El éxito de la tecnología celular hará que la gente prefiera los _____ que puedan llevar en el bolsillo a los _____ que usamos ahora.

3. Las computadoras seguirán evolucionando. Las _____ que tenemos en nuestras oficinas y casas serán reemplazadas por _____ portátiles.

4. Los televisores serán más grandes que nunca. Todos querrán cambiar sus _____ por los _____ de pantalla grande.

5. Las casas serán más pequeñas. Con la sobrepoblación del mundo no habrá sitio para estas _____ que tenemos ahora, y todos vivirán en _____.

12-12 La vida extraterrestre. Completa el párrafo con el diminutivo o aumentativo de las palabras de la lista, según el contexto.

fósil	planeta	señales
meteoros	problema	trozo

¿Hay vida en otras partes del universo? Muchos científicos se dedicarán al estudio de este

(1)_____ en el nuevo milenio. Todavía no tenemos evidencia firme,

pero hay algunas (2)_____ que apuntan a la posibilidad de vida

extraterrestre. Existen meteoros enormes en el espacio, pero al entrar en la atmósfera terrestre, su

tamaño se reduce y se convierten en (3)_____. Algunos de ellos que

han caído en la Tierra se han analizado y se han encontrado (4)_____

que parecen ser de bacteria. Se estudiará Europa, un satélite de Júpiter, porque se cree que hay agua

por debajo de los (5)_____ de hielo que cubren la superficie. Se sabe

que hay otros sistemas de planetas en el universo, y tal vez algunos de estos cuerpos tengan las

condiciones necesarias para sostener formas de vida. Hasta ahora sólo se ha podido detectar

(6)_____ más grandes que Júpiter, pero se puede suponer que

también hay planetas más pequeños. Estos descubrimientos no comprueban la presencia de vida

extraterrestre, pero demuestran que merece la pena buscarla.

¡Así lo expresamos!

12-13 Un producto para el nuevo milenio. Piensa en un producto que crees que será útil durante las primeras décadas del nuevo milenio. Diseña una página publicitaria para la red informática para vender el producto.

Lectura

Vocabulario clave			
carga	*charge*	pesados	*heavy*
enlazar	*to bind, to join*	procedía	*came from*
fuente	*source*	rodeaba	*surrounded*
nacimiento	*birth*		

LA IONIZACIÓN: EL COMIENZO DE TODO

Hasta hace poco, los astrónomos que estudiaban el nacimiento de las primeras estrellas y galaxias miraban sólo a los objetos más brillantes y más pesados del universo. Pero ahora, también pueden aprender cosas sobre la formación de estrellas y galaxias estudiando las partículas de materia más diminutas: los átomos de hidrógeno ionizados (con carga eléctrica) repartidos entre las galaxias.

Al principio, el universo era tan caliente y denso que el hidrógeno estaba ionizado, por lo que los electrones y protones no se podían enlazar. Cuando se enfrió lo bastante para que las partículas pudieran unirse, sus cargas eléctricas se neutralizaron mutuamente. Así nacieron las primeras estrellas y galaxias. Éstas empezaron a formarse hace aproximadamente mil millones de años. Poco después, el hidrógeno volvió a ionizarse por obra de alguna fuente de energía.

Al principio, los astrónomos creyeron que la energía venía de quásares (estrellas gigantescas que se alejan a gran velocidad). Pero Paul Shapiro, un astrónomo de la Universidad de Tejas, calculó que la energía probablemente procedía de estrellas jóvenes y calientes.

Estas estrellas pueden haber expulsado gran parte del gas que las rodeaba, impidiendo la formación de otras estrellas e incluso haciendo explotar a sus galaxias-madres. Así, estudiando el gas ionizado entre las galaxias, los astrónomos pueden aprender más cosas sobre el nacimiento de las primeras estrellas y galaxias.

12-14 La ionización: el comienzo de todo. Completa las frases con información basada en la lectura.

1. Antes los astrónomos _____

2. Hoy en día los astrónomos también _____

3. La ionización de los átomos de hidrógeno _____

4. El universo era _____

5. Las primeras estrellas y galaxias _____

6. El Dr. Paul Shapiro _____

7. Al expulsar parte del gas que las rodeaba, las estrellas _____

8. Los astrónomos pueden aprender más sobre el principio del universo _____

Taller

12-15 Idear. Piensa en algunas de las predicciones que has oído sobre lo que pasará en el siglo XXI. ¿Cuáles te parecen probables?

12-16 Expandir. Apunta los cambios que crees que tendrán lugar en algún aspecto de la vida (por ejemplo: la medicina, la ciencia, la educación, la política, las relaciones familiares) en el siglo XXI.

12-17 Escribir. Escribe una composición en la que explicas cómo será este aspecto de la vida en el siglo XXI. Usa el *se* impersonal para expresar lo que se hará en el futuro.

Conexiones

12-18 Los hispanoamericanos en el nuevo milenio. Se estima que para los primeros años del siglo XXI los hispanos serán la minoría más numerosa de los Estados Unidos. Busca información en los periódicos o en otras fuentes de información sobre el crecimiento de la población hispana en los Estados Unidos y el impacto que tendrá en las primeras décadas del nuevo milenio.

LAB MANUAL

J. Scott Despain

Jennifer Despain

Comunicación y cultura

SECOND EDITION

1

El arte de contar

1.   The preterit tense

1-1   La semana de Agustín. La semana pasada Agustín estuvo tan ocupado que incluso escribió en su agenda varias cosas para hacer el mismo día y a la misma hora. Primero, lee la información que Agustín apuntó y después, escucha el audio para saber qué es lo que Agustín decidió hacer cada día de la semana pasada. Escucha el audio tantas veces como sea necesario y después, escribe una frase indicando lo que Agustín hizo cada día.

MODELO: Tú lees: Lunes: ver Expedientes X en casa de Aitor a las 10:00 p.m.
                Tú escuchas: El lunes vi los Expedientes X en casa de Aitor.
                Tú escribes: *El lunes Agustín vio los Expedientes X en casa de Aitor.*

Lunes

ver Expedientes X en casa de Aitor a las 10:00 p.m. (me encanta Dana Scully)

Martes

película de terror en el Bijou a las 8:00 p.m.

¿estudiar en casa? .... ☹

Miércoles

entregar el trabajo para la clase de Tomás ☹
entregar el trabajo para la clase de literatura ☹

Jueves

fiesta en casa de Estíbaliz (desde las 9:00 p.m. en adelante) ☺
estudiar para el examen de estadística

Viernes

examen de estadística

¿salir por la noche?

Sábado

dormir hasta tarde
limpiar
preparar comida para la cena (10 invitados a cenar)

Domingo

dormir, dormir y dormir

Martes

_____

Miércoles

_____

Jueves

_____

Viernes

_____

Sábado

_____

Domingo

_____

1-2 La pesadilla de María. Ayer María tuvo una pesadilla (*nightmare*) terrible. Escucha su relato tantas veces como sea necesario y después, usa la información para poner los hechos en orden cronológico.

____ 1. María leyó un libro de miedo.

____ 2. El monstruo se empezó a reír.

____ 3. María se despertó sudando.

____ 4. Alguien entró en su cuarto.

____ 5. El monstruo empezó a llorar.

____ 6. El monstruo miró fijamente a María.

____ 7. El monstruo se convirtió en un esqueleto.

____ 8. María le preguntó qué le ocurría.

2. The imperfect tense

1-3 **La curandera.** *Bendíceme Última* es una novela del escritor Rudolfo Anaya. Última es una vieja curandera que va a vivir a la casa de Antonio, un niño de 6 años. Los dos se hacen amigos y Última le enseña a Antonio los poderes de las hierbas y de la magia. Con Última, Antonio explora los orígenes de su familia y conoce secretos del pasado pagano de los indígenas. En las siguientes frases, Última le cuenta a Antonio cómo adquirió su conocimiento. Primero, lee las frases en las dos columnas. Después, escucha el audio tantas veces como sea necesario, y utiliza la información que escuches para determinar qué verbo de la lista debes usar para completar cada frase. Después, lee las oraciones otra vez para ver si son lógicas.

caminar	fortalecer
sumergir	ser
curar	enseñar
respetar	

1. Cuando era niña _____ todos los días para buscar hierbas.

2. El Gran Curandero me _____ a diferenciar las hierbas buenas de las malas.

3. A veces, el Gran Curandero y yo _____ los pies en el río helado.

4. Las privaciones _____ el alma.

5. La gente del pueblo _____ mucho al Curandero.

6. Con su magia y conocimientos _____ a los enfermos.

7. El secreto del Curandero _____ hablar poco y escuchar.

1-4 **Las familias de Anna y Vicente.** Anna y Vicente hablan de miembros de sus familias que tienen poderes especiales. Escucha la conversación tantas veces como sea necesario y después, marca cada frase con una X en la columna de Vicente o en la de Anna.

	Vicente	Anna
1. Una amiga imaginaria	_____	_____
2. Una tía que predecía el futuro	_____	_____
3. Un tío que hablaba con los extraterrestres	_____	_____
4. Una experiencia con cosas verdes	_____	_____
5. Una vecina que era bruja	_____	_____
6. Pesadillas por las noches	_____	_____

1-5 **La historia de Lucía.** Escucha el siguiente fragmento sobre lo que Lucía hizo ayer. Después, marca cada frase con una X en la columna correspondiente, indicando *Cierto* o *Falso*.

	Cierto	Falso
1. A Lucía le leyeron las manos ayer.	_____	_____
2. Lucía creyó todo lo que dijo el adivino.	_____	_____
3. Lucía conoció a un extraterrestre.	_____	_____
4. El amigo de Lucía la invitó a cenar.	_____	_____
5. Lucía estuvo muy contenta ayer.	_____	_____

1-6 **Ampliación de vocabulario.** En el fragmento anterior hay muchas expresiones que no se aprenden en los libros. Algunas de estas expresiones son:

1. clarito y bien clarito

2. darse cuenta

3. oler mal

4. ser el colmo

Escucha las frases en las que esas expresiones aparecen en el relato de Lucía e intenta adivinar el significado de cada una según su contexto. Escribe tu respuesta en inglés.

1. Clarito y bien clarito: _____

2. Darse cuenta: _____

3. Oler mal: _____

4. Ser el colmo: _____

Algunas de las frases son difíciles de entender sin el contexto de toda la conversación de Lucía. Si es necesario, escucha otra vez todo el relato de Lucía y escribe el significado de las palabras que te falten.

SEGUNDA PARTE   ¡Así lo hacemos!

3.   Preterit vs. imperfect

NOTE: The ➲ indicates when you should stop the recording for pre- or post-listening practice.

➲1-7   **El susto de Cristina.** A continuación vas a leer una historia sobre lo que le ocurrió a Cristina cuando era pequeña. Completa el siguiente párrafo con la forma correcta del verbo adecuado en el imperfecto, en el pretérito o con los adverbios correspondientes. Utiliza los siguientes verbos y expresiones para completar los espacios en blanco.

contar	entonces	ser
cuando	haber	una noche
dormir	ir	y

Cuando (1)_____ pequeña a mi hermano le encantaba asustarme. Por eso, él siempre

me (2)_____ historias de miedo, y como me gustaban tanto, yo siempre le escuchaba.

(3)_____ mi hermano me contó una historia sobre la Santa Compaña de los montes de Galicia,

en España. La Santa Compaña está formada por almas que vagan en pena por sus pecados. Mi

hermano me contó que, a veces, estas almas se escondían en las camas de las personas para

llevárselas mientras (4)_____. Mi hermano decía que todo el que se encontraba con un alma

enloquecía inmediatamente (5)_____ se convertía en una de ellas.

Después de escuchar esa historia yo me (6)_____ a la cama a dormir. Y justo

(7)_____ estiré los pies en la cama sentí que (8)_____ algo frío y húmedo entre mis

piernas. Empezé a llorar y a gritar hasta que mis padres vinieron a mi cuarto para ver qué pasaba.

(9)_____ descubrieron el motivo de mi susto, que sólo era una camiseta mojada que mi

hermano había escondido en mi cama ¡Qué susto!

1-8 Leyendas. Escucha las siguientes oraciones e identifica si los verbos están en el pretérito o en el imperfecto. Escucha el audio tantas veces como sea necesario y después, explica cuál es la razón de tu elección.

MODELO: **Tú escuchas:** Era una noche clara, las estrellas estaban en el cielo y la luna lucía clara.

Tú escribes: *era; imperfecto porque hace referencia a tiempo*
estaban; imperfecto porque es una descripción
lucía; imperfecto porque es una descripción

1. _____

   _____

2. _____

   _____

3. _____

   _____

4. _____

   _____

5. _____

   _____

6. _____

   _____

7. _____

   _____

1-9 La muerte anda por la calle. Escucha el siguiente fragmento tantas veces como sea necesario y después, responde a las siguientes preguntas.

1. La historia se desarrolla en _____.
   a. una noche tranquila
   b. una noche fría
   c. una tarde desapacible

2. La mujer andaba por la calle _____.
   a. con miedo
   b. de prisa
   c. a oscuras

3. En una esquina apareció _____.
   a. un borracho
   b. una mujer
   c. una figura

4. La mujer _____.
   a. se defendió de la persona
   b. esperó a la persona
   c. huyó de la persona

5. La figura _____.
   a. estaba desfigurada
   b. llevaba una máscara
   c. era horrible

6. La figura _____.
   a. mató a la mujer
   b. le entregó algo
   c. le quitó el dinero

7. El personaje misterioso era _____.
   a. la muerte
   b. un ladrón
   c. un asesino

¡Así lo expresamos!

1-10 Antes de escuchar. En la próxima actividad vas a aprender más sobre el cuentacuentos español. Antes de escuchar los siguientes fragmentos, enlaza las siguientes palabras o frases con las definiciones que les corresponden para saber cuánto ya sabes sobre este tema.

_____ 1. cuentacuentos   a) el lugar y tiempo de una historia

_____ 2. en carne viva   b) se sube a los pisos altos

_____ 3. escenario   c) el principio o el origen de algo

_____ 4. gesto   d) cuchillo grande

_____ 5. uno tiene tablas   e) un pasatiempo; no el trabajo fijo de uno

_____ 6. vio la luz   f) en directo, en vivo

_____ 7. afición   g) saco de papelería y desperdicios

_____ 8. ascensor   h) movimiento con sentido de la cara, cuerpo, mano, etc.

_____ 9. puñal   i) persona que le cuenta historias cortas al público

_____ 10. bolsa de basura   j) alguien que posee experiencia en el teatro

1-11   Mientras escuchas. A continuación vas a escuchar cuatro fragmentos sobre los nuevos cuentacuentos españoles.

Fragmento A. Escucha este primer fragmento, una introducción a los cuentacuentos, tantas veces como necesites para poder llenar los espacios en blanco.

1. Durante los últimos años _____ en España la figura del cuentacuentos.

2. Las dos cosas que se necesitan para ser cuentacuentos son _____
_____

3. Los _____ nocturnos son escenarios ideales para los nuevos cuentacuentos.

Fragmento B. Este segundo fragmento es grabado por Estefanía Contreras, una reportera. Te va a dar más información en cuanto a un grupo específico de cuentacuentos. Escucha el segundo fragmento tantas veces como necesites para poder llenar los espacios en blanco.

4. Por medio de los cuentacuentos podemos escuchar _____,
_____, _____, o _____.

5. El grupo «Cuanto Cuento» _____
con sus cuentos «a viva voz».

Fragmento C. Ahora vas a escuchar parte de una entrevista entre Estefanía y miembros de «Cuanto Cuento». Escucha el tercer fragmento tantas veces como necesites para poder llenar los espacios en blanco.

6. Lo que hacen los cuentacuentos es _____
_____

7. La historia, en definitiva, _____
_____

8. Ser cuentacuentos es mi segundo oficio, porque _____
_____

Fragmento D. Finalmente, vas a escuchar una historia contada por Yolanda que se llama «El muerto del ascensor». Escucha el cuarto fragmento tantas veces como necesites para poder poner en orden las oraciones siguientes.

_____ a. La narradora quiere ver algún muerto cortés en el ascensor.

_____ b. Se imagina ser parte de una película.

_____ c. El ascensor huele a basura.

_____ d. Sale del portal, vuelve a entrar y a llamar al ascensor.

_____ e. A veces es una eternidad subir cinco pisos.

⊛1-12 **Después de escuchar.** Contesta las siguientes preguntas en voz alta.

1. ¿Qué piensas de los cuentacuentos?

2. ¿Tienes interés en ser cuentacuentos?

3. ¿Qué piensas del cuento «El muerto del ascensor»? ¿Te fue chistoso, serio, interesante?

4. ¿Cuáles son algunos de tus cuentos favoritos que te contaban cuando eras joven?

5. ¿Cuáles son tus ideas para un buen cuento?

2

La tecnología y el progreso

Primera parte ¡Así lo hacemos!

1. Uses of *ser*, *estar*, and *haber*

→**2-1 La contaminación.** Completa las siguientes oraciones con la forma correcta del verbo *ser*, *estar* o *haber* según corresponda.

Hoy en día, el tema de la contaminación (1)_____ un tema actual que preocupa a todos.

Hace unos años no (2)_____ preocupación social, pero ahora, gracias a las continuas

campañas que (3)_____ en la televisión, en la radio y en los medios de comunicación en

general, todo el mundo (4)_____ convencido de que éste es un problema de todos. La

contaminación que afecta a la capa de ozono no (5)_____ un problema de coches y

fábricas. (6)_____ que darse cuenta de que nosotros en nuestras casas (7)_____

responsables de los desperdicios que creamos y de cómo los tratamos.

2-2 La campana molesta. Estás escuchando un programa en la radio que trata sobre la gasolina pero cada vez que alguien dice alguna de las formas del verbo *ser*, *estar* o *haber* hay una campana que no te deja escuchar. Escribe cuál es el verbo que falta en cada frase y después, explica el por qué de tu elección.

MODELO: **Tú escuchas:** La gasolina (*ring*) un producto que no tiene el mismo precio en todos los países.
Tú escribes: *es, porque el verbo ser describe la gasolina.*

1. _____

2. _____

3. _____

4. _____

5. _____

6. _____

7. _____

8. _____

9. _____

2. The future tense

2-3 Negociaciones. Carmen y Cristina son amigas, pero son muy diferentes. Carmen siempre es optimista respecto al medio ambiente y piensa que para el año 2050 todos los problemas se habrán solucionado. Cristina es muy pesimista y siempre contradice a Carmen. Lee las frases que dice Carmen, y después escribe la respuesta que Cristina le daría.

MODELO: CARMEN: El problema de la capa de ozono va a terminar para el año 2050.
CRISTINA: *El problema de la capa de ozono no terminará para el año 2050.*

1. CARMEN: Las fábricas no van a contaminar más en el año 2050.

   CRISTINA: _____

2. CARMEN: Los desperdicios no van a causar más problemas en los ríos en el 2050.

   CRISTINA: _____

3. CARMEN: El mar va a estar más limpio para el año 2050.

   CRISTINA: _____

4. CARMEN: Las máquinas van a producir menos desechos en el 2050.

   CRISTINA: _____

5. CARMEN: Las empresas se van a preocupar por el medio ambiente en el 2050.

   CRISTINA: _____

2-4 El mes sobre el medio ambiente. Este mes la universidad ha organizado una serie de cursos y seminarios sobre el medio ambiente y sobre los problemas de la contaminación. Escucha la siguiente conversación entre Gustavo y Patricia tantas veces como sea necesario. Después, escribe en el calendario la fecha de cada conferencia y el tema que va a tratar cada una.

NOVIEMBRE						
LUNES	**MARTES**	**MIÉRCOLES**	**JUEVES**	**VIERNES**	**SÁBADO**	**DOMINGO**
		1	2	3	4	5
6	7	8	9	10	11	12
13	14	15	16	17	18	19
20	21	22	23	24	25	26
27	28	29	30			

2-5 La tecnología copia el mundo real. La biónica usa la naturaleza como fuente de inspiración para la creación de elementos que usamos en la vida cotidiana. Por ejemplo, las agujas de las inyecciones son una imitación de las trompas de las moscas y las lámparas que tenemos en las mesas son copia del brazo humano. ¿Sabes de dónde viene la idea de los cascos para las motos? En el siguiente diálogo Jorge y Gabriela hablan sobre esta relación. Escucha atentamente tantas veces como sea necesario y marca la respuesta adecuada según lo que dicen.

1. El mundo tecnológico es _____.
   a. completamente original
   b. superior a la naturaleza
   c. copia de la naturaleza

2. La idea de los cascos de las motos viene _____.
   a. del carbón
   b. del cristal
   c. de la tortuga

3. Físicos y biólogos trabajan _____.
   a. para copiar mejor a la naturaleza
   b. juntos para superar a la naturaleza
   c. en distintas áreas de la naturaleza

4. Con el tiempo la tecnología _____.
   a. sucumbirá ante la naturaleza
   b. superará a la naturaleza
   c. será copia exacta de la naturaleza

5. La actitud de Jorge hacia lo que dice Gabriela es de _____.
   a. interés
   b. ironía
   c. aburrimiento

6. Gabriela piensa que el tema es _____.
   a. muy importante
   b. aburrido
   c. una pérdida de tiempo

⊕2-6 Ampliación de vocabulario. Si no has podido entender todas las palabras del fragmento anterior ¡no importa! Lee las siguientes palabras y expresiones e intenta descifrar su significado con ayuda del contexto. Si es necesario, escucha de nuevo la conversación de la actividad anterior.

1. aprovechar: _____

2. conservan: _____

3. obtendrá: _____

4. fuente de inspiración: _____

5. resistentes: _____

6. duraderos: _____

7. caracol: _____

Segunda parte   ¡Así lo hacemos!

3.   The Spanish subjunctive in noun clauses

2-7   La tecnología en la casa. Escucha las siguientes frases tantas veces como sea necesario y después, clasifica cada frase bajo una de las siguientes categorías, según corresponda.

	Hecho real	Duda/ Negación	Emocíon	Expresión impersonal	Voluntad
1.					
2.					
3.					
4.					
5.					
6.					
7.					
8.					
9.					

2-8   El cine y la realidad. A continuación vas a escuchar una serie de ideas incompletas. Escucha el audio tantas veces como sea necesario y usa la información que escuches para determinar si el verbo necesario para completar cada frase debe ir en el subjuntivo o en el indicativo. Explica la razón de tu elección.

MODELO: **Tú escuchas:**   La película *Acción civil* con John Travolta trata sobre una fábrica que produce residuos tóxicos y contamina el agua de la zona. Esta película está teniendo mucho éxito. Sí, pero seguro que...
  Tú lees: (contar)
  Tú escribes: *indicativo, porque no hay duda.*

1. (decir) _____

2. (no preocuparse) _____

3. (cambiar) _____

4. (darse cuenta) _____

5. (no poder disfrutar) _____

2-9   Las computadoras y los niños. Las computadoras son parte de nuestra vida y casi no podemos imaginarnos la vida sin ellas. Ahora vas a escuchar un fragmento sobre los efectos que las computadoras y el mundo de la cibernética en general, tienen en nosotros. Escucha el siguiente texto tantas veces como sea necesario y después, marca cada frase con una X en la columna correspondiente.

	Cierto	Falso
1. El uso de los videojuegos y del Internet está sustituyendo a los juegos tradicionales.	_____	_____
2. Los niños llenan la falta de relaciones personales con los videojuegos y la computadora.	_____	_____
3. Los padres consideran que la computadora es el equivalente moderno de los juegos tradicionales.	_____	_____
4. Las personas tímidas esconden su timidez en el anonimato de la computadora.	_____	_____
5. Aquéllos que pasan mucho tiempo jugando con computadoras y con el Internet tienden a sufrir fracaso escolar.	_____	_____
6. Los expertos están preocupados por el uso constante de la computadora.	_____	_____

⊕**2-10   Y ahora tú.** Con base en el texto de la actividad anterior responde a las siguientes preguntas, con tus propias palabras.

1. ¿Qué piensan los padres sobre el uso de´la computadora por parte de los hijos?

   _____

2. ¿Por qué crees que a los adolescentes les gusta el Internet?

   _____

3. ¿Cuáles son los beneficios de los videojuegos?

   _____

4. ¿Cúales son los inconvenientes de los juegos de computadora?

   _____

5. ¿Cuál es la mejor solución en cuanto al uso de la computadora?

   _____

6. ¿Por qué crees que padres y expertos consideran necesario el juego tradicional?

   _____

¡Así lo expresamos!

◑2-11 **Antes de escuchar.** Para ayudarte a comprender mejor el texto que escucharás en la próxima actividad, ahora tienes que determinar cuánto sabes sobre las energías alternativas. Lee las siguientes oraciones y marca la respuesta adecuada en cada caso.

1. La energía propuesta para suplantar a la energía tradicional se llama energía _____.
   a. diferencial
   b. alternativa
   c. carbónica

2. Un combustible que empezó a usarse hace dos siglos para la locomoción es _____.
   a. el aceite
   b. el petróleo
   c. la electricidad

3. La energía que aprovecha el calor del sol es la _____.
   a. sólica
   b. solar
   c. térmica

4. La energía que aprovecha el viento es la _____.
   a. eólica
   b. vientera
   c. ventera

5. La energía que no se agota y se renueva constantemente se llama _____.
   a. no mortal
   b. renovable
   c. inacabable

2-12   Mientras escuchas. Esta actividad está dividida en varias partes. Primero escucha el fragmento completo y responde a la primera pregunta.

1. Escucha atentamente el texto e identifica las ideas principales. Después, escríbelas con tus propias palabras.

   _____

   _____

Primera parte

Fragmento A. Ahora vuelve a escuchar el **Fragmento A** y responde a las siguientes preguntas.

2. ¿Cuáles son los tipos de energías que se proponen?

   _____

3. ¿Cuáles son las ventajas y desventajas de las energías renovables?

   _____

Segunda parte

Fragmento B. Ahora vuelve a escuchar el **Fragmento B** y responde a la pregunta.

4. ¿Cuáles son las condiciones para obtener la energía eólica?

   _____

   _____

   _____

⊕**2-13   Después de escuchar.** ¿Cuál es tu impresión del tipo de energía alternativa que se presenta en estos fragmentos? ¿Crees que tiene futuro? ¿Por qué?

   _____

   _____

   _____

   _____

3

Los derechos humanos

Primera parte   ¡Así lo hacemos!

1.   The subjunctive with impersonal expressions

3-1 Violencia en el hogar. María ha participado en unas conferencias sobre la violencia doméstica que sufren las mujeres. Escucha lo que dice María tantas veces como sea necesario. Después, completa las oraciones según el modelo.

> MODELO: **Tú escuchas:** He estado en una conferencia sobre la violencia que algunas mujeres sufren en el hogar.
> **Tú lees:**   ¡Es increíble que (existir)_____!
> **Tú escribes:** *¡Es increíble que exista violencia en el hogar!*

1. Tú: Es horrible que (no denunciar) _____.

2. Tú: ¡Es increíble que (suceder) _____!

3. Tú: ¡Es probable que (ayudar) _____!

4. Tú: Es cierto que (hacer) _____.

5. Tú: Es indudable que (ser difícil) _____.

3-2 Paz en el mundo. En esta actividad vas a escuchar una serie de frases con expresiones impersonales. Primero, escucha el audio tantas veces como sea necesario. Después, escribe el verbo principal de cada frase e indica si es indicativo, subjuntivo o infinitivo. Explica la razón de tu elección.

> MODELO: **Tú escuchas:** Es dudoso que alguna vez se llegue a una paz total en el mundo.
> **Tú escribes:** *llegue, subjuntivo porque expresa duda.*

1. _____

2. _____

3. _____

4. _____

5. _____

6. _____

7. _____

3-3 **Los derechos humanos en el mundo.** En los periódicos y en la televisión continuamente escuchamos noticias sobre las violaciones de los derechos humanos. Estas violaciones han sido un elemento constante durante el siglo pasado. Alemania, Argentina, Chile y Afganistán son sólo algunos de los países que han padecido estos males. Éste es el tema del siguiente fragmento. Escucha el audio tantas veces como sea necesario. Después, marca la respuesta correcta para cada pregunta según la información dada.

1. En el siglo pasado se han producido _____.
   a. algunas violaciones de los derechos humanos
   b. muy pocas violaciones de los derechos humanos
   c. las peores violaciones de los derechos humanos

2. Afganistán, Alemania y Chile son _____.
   a. sólo muestras de terror en el mundo
   b. los únicos casos de terror en el siglo pasado
   c. los peores casos de terror en el mundo

3. El Tribunal Penal Institucional juzga _____.
   a. a los dictadores
   b. genocidios y escándalos económicos
   c. todo tipo de crimen contra la humanidad

4. El Tribunal Penal Institucional funciona _____.
   a. desde 2001
   b. desde 1998
   c. desde 1994

5. Las masacres en nombre de la pureza de sangre son _____.
   a. un acto del pasado
   b. un acto con los días contados
   c. un acto del presente

⊕**3-4 Reflexiones.** A continuación vas a tener la oportunidad de dar tu opinión sobre algunos aspectos del fragmento que acabas de escuchar.

1. En el fragmento de la actividad anterior se habla de injusticias que ocurrieron no hace mucho o que están ocurriendo todavía. ¿Puedes decir cuáles son?

_____

_____

_____

_____

2. ¿Hay alguna forma de terminar con los abusos de los derechos humanos? ¿Cuáles son tus recomendaciones para acabar con este problema?

_____

_____

_____

_____

2. Direct and indirect object pronouns and the personal *a*

3-5 Injusticia en el mundo. Lee las siguientes frases e identifica el objeto directo o indirecto en cada una. Después, vuelve a escribir la frase sustituyendo el objeto directo o indirecto por su pronombre. *¡Ojo!* Algunas frases pueden tener ambos objetos, directo e indirecto. Al final, escucha la cinta y compara las frases que escuches con las que tú has escrito, para ver si son correctas.

> MODELO: **Tú lees:**   Durante muchos años numerosos países han sufrido la violencia.
> **Tú escribes:** *objeto directo: la violencia*
> *Durante muchos años numerosos países la han sufrido.*

1. El periodista le mandó una carta al presidente para terminar con la censura.

   _____

   _____

2. El presidente va a publicar la carta esta semana.

   _____

   _____

3. Los medios de comunicación quieren entrevistar a Milosevic en agosto.

   _____

   _____

4. Milosevic no quería terminar la guerra.

   _____

   _____

5. Los países aliados quieren garantizar los derechos humanos en todo el mundo.

   _____

   _____

3-6 Reacción a la declaración de los derechos humanos. A continuación vas a escuchar una serie de frases que incluyen un pronombre de objeto directo o indirecto. Escucha el audio tantas veces como sea necesario y después, marca la respuesta correcta para cada frase.

1. se   los   la   las
2. los   nos   la   se
3. los   lo   le   te
4. las   se   me   los
5. nos   se   me   los

3. *Gustar* and similar verbs

⊕3-7 Garzón y Pinochet. Armando y José son amigos, pero uno es opuesto al otro. Armando es optimista y todo le parece bien y José es pesimista, siempre está enfadado y no le gusta nada. A continuación lee un diálogo que ellos tuvieron hace unos años en un café. Usa los verbos indicados para completar los espacios en blanco. ¡Ojo! No uses el mismo verbo más de una vez.

> hace falta   me cae mal   queden
> interesa   me fascina
> me cae bien   me parece

JOSÉ: ¿Has leído el artículo sobre Pinochet? Ya verás como al final no va a la cárcel. Ese hombre (1)_____.

ARMANDO: No, ya verás como hacen algo. El juez Garzón hará algo para que todo salga bien. Ese hombre (2)_____.

JOSÉ: La verdad es que ese juez es bueno. (3)_____ que es un hombre de principios claros. Estoy seguro de que Pinochet morirá antes de que le pase algo. De todas maneras no creo que le (4)_____ muchos años de vida.

ARMANDO: ¡Qué no, José! Pero siguiendo con el juez español, para ser capaz de pedir una extradición así (5)_____ coraje. ¿Sabes que en Chile hacen chistes de Pinochet y de Garzón?

JOSÉ: Lo único que le (6)_____ a la gente es hacer chistes y nada más.

Nótese: Al corriente (junio, 2001), la corte chilena considera la responsabilidad que tuvo Pinochet como encubridor de los asesinatos y los secuestros.

3-8 Me gusta y me disgusta. A continuación vas a oír una serie de frases. Escúchalas tantas veces como sea necesario y después, escribe el verbo que vaya mejor con cada frase en el espacio indicado.

> | caer bien | faltar | molestar |
> | caer mal | impresionar | parecer |

1. _____

2. _____

3. _____

4. _____

3-9 Las mujeres en el mundo del trabajo. Hoy en día es habitual ver a la mujer en el mundo del trabajo. Sin embargo, no siempre ha sido así. Éste es el tema del fragmento que vas a escuchar. Escucha el audio tantas veces como sea necesario y después, marca la respuesta correcta para cada pregunta según la información.

1. La discriminación de la mujer se da _____.
   a. sólo en las normas de comportamiento
   b. en muchos aspectos de la vida diaria
   c. sólo en el trabajo

2. Hoy en día nos parece extraño encontrar _____.
   a. mujeres amas de casa
   b. profesoras, enfermeras y secretarias
   c. físicas, ingenieras y astronautas

3. La discriminación de la mujer en el trabajo es _____.
   a. un hecho del pasado
   b. un hecho actual
   c. un hecho ficticio

4. Tradicionalmente la enseñanza fue un trabajo de _____.
   a. hombres
   b. hombres y mujeres
   c. mujeres

5. En el siglo XIX la mujer vio en la enseñanza _____.
   a. una forma de independencia
   b. una ayuda al salario familiar
   c. una forma de mantener relaciones sociales

→3-10   Reflexiones. Ahora, utiliza la información que escuchaste en la actividad anterior para contestar las siguientes preguntas.

1. Explica por qué la mujer eligió el mundo de la enseñanza como forma de trabajo.

_____

_____

_____

2. En tu opinión, ¿crees que la enseñanza es un trabajo de mujeres o de hombres? ¿Por qué?

_____

_____

_____

3. Describe brevemente algún caso en el que tú hayas visto la discriminación en el trabajo por razones de raza, sexo o religión.

_____

_____

_____

⊕3-11 Antes de escuchar. Antes de escuchar un fragmento de noticias sobre los niños desaparecidos en Argentina, completa el siguiente crucigrama con las palabras correctas de la lista, según las definiciones.

delito	disidente	ley	tribunal
dictadura	fiscal	presos	
dictamen	inmunidad	represalia	

1. Persona o conjunto de personas que juzgan

2. Decisión, informe legal final que el juez toma en un caso

3. Personas que viven en prisiones

4. Crimen, ofensa, acto en contra de la ley

5. Régimen político tiránico

6. Persona que acusa al preso

7. Norma de la justicia

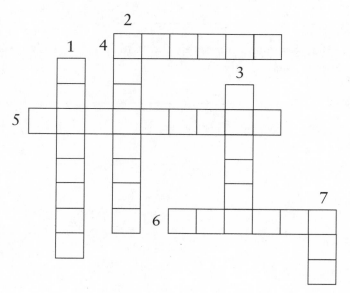

3-12 Mientras escuchas. En este fragmento se habla de Argentina y de algunas de las consecuencias de la dictadura que sufrió el país desde 1976 hasta 1982. Escucha el fragmento tantas veces como sea necesario y después, organiza las siguientes frases en orden lógico.

_____ Los niños raptados viven con familias adoptivas.

_____ Se presentó una acusación, una querella, en contra de los militares.

_____ Militares y personas afines a la dictadura raptan a los hijos de los presos.

_____ Los niños nunca descubren quiénes son sus padres verdaderos.

_____ El caso de los niños raptados será investigado.

4

El individuo y la personalidad

1. Reflexive constructions

4-1 El señor Domínguez. El señor Domínguez es el peluquero y barbero de un pueblo. A continuación vas a escuchar qué hace en un día normal. Escucha el audio tantas veces como sea necesario y después, marca a quién le hace cada acción el Sr. Domínguez, según las indicaciones de la tabla.

	a sí mismo	a los hombres	a las mujeres
despertar			
levantar			
duchar			
afeitar			
poner			
peinar			
lavar			
secar			
maquillar			

4-2 Los novios. Gloria y Miguel son novios. Aquí Miguel nos cuenta la historia de cómo se conocieron. Junta los verbos de la columna de la izquierda con los finales de frase de la columna de la derecha y escribe tu historia en el espacio indicado. Después, escucha el audio tantas veces como sea necesario y compara la historia de Miguel con la tuya.

(nosotros) conocerse...

(yo) enamorarse...

(ella) llevar...

(nosotros) llevarse muy bien...

(nosotros) verse...

(nosotros) darse...

(nosotros) llamarse...

(nosotros) escribirse...

desde el primer momento

cartas de amor

todos los días

de ella inmediatamente

un vestido de flores pequeñitas

por teléfono constantemente

el primer beso debajo de un árbol

La historia comienza con...

Cuando Gloria y yo nos conocimos, fue una ocasión muy especial.

1. _____

2. _____

3. _____

4. _____

5. _____

6. _____

7. _____

4-3 **Una historia de Carmen.** Isabel está contando una historia de su hermana Carmen cuando era pequeña. Escucha el siguiente fragmento tantas veces como sea necesario y responde a las siguientes preguntas.

1. Cuando Carmen era pequeña, vivía _____.
   a. con sus padres y sus hermanas
   b. con sus hermanas
   c. en la Rioja

2. Carmen vestía _____.
   a. siempre muy bien
   b. a veces no muy bien
   c. siempre muy mal

3. Por las noches Carmen se cepillaba el pelo _____.
   a. un ratito porque no le gustaba
   b. a veces cuando veía la televisión
   c. cien veces antes de ir a dormir

4. Cuando tenía once años, Carmen _____.
   a. se enojó con sus amigas
   b. se enamoró de un chico
   c. se compró maquillaje

5. Carmen se enfadó con Javier por _____.
   a. hablar con una chica con maquillaje
   b. salir con sus amigos
   c. no ir al parque con ella

6. Javier se enfermó _____.
   a. de tristeza
   b. de chocolate
   c. de pelear

2. Agreement, form, and position of adjectives

4-4 La fiesta de ayer. Ayer Neli y Clara estuvieron en una fiesta. Ahora están hablando sobre las personas que conocieron allí, sobre la comida y sobre las conversaciones que tuvieron con la gente. Escucha su diálogo tantas veces como sea necesario y relaciona las siguientes personas y cosas con los adjetivos que les correspondan.

_____ 1. Neli   a) valiente

_____ 2. fiesta   b) tenaz

_____ 3. Martín   c) afligido/a

_____ 4. Juan   d) vanidoso/a

_____ 5. Marta   e) costarricense

_____ 6. Paz   f) cansado/a

_____ 7. Carlos   g) bueno/a

_____ 8. comida   h) divertido/a

_____ 9. Marisa   i) desenvuelto/a

_____ 10. Susi   j) inquieto/a

_____ 11. Arturo   k) sensible

4-5 Las dos amigas. Doña Elvira y doña Pilar son dos buenas amigas. Aquí tienes unos dibujos de las dos mujeres. Escribe debajo de cada persona los adjetivos de la caja que la describe. Después, escucha el audio para verificar tus respuestas.

alta	llevar una chaqueta nueva	pobre mujer
delgada	parecer desafortunada	rebelde
elegante	parecer dichosa	tener mucha imaginación
grande	pequeña	

3. The past participle and the present perfect tense

4-6 ¿Han vuelto de viaje? Los padres de Luis y Manuel han estado de vacaciones por dos semanas. Ellos vuelven mañana y la casa está toda sucia y desordenada. Luis y Manuel tienen que limpiarla ahora, pero los dos tienen un día muy ocupado y es difícil llegar a un acuerdo. Ahora, Luis está en la calle haciendo unos encargos (*errands*) y llama por teléfono a Manuel. Escucha la conversación tantas veces como sea necesario y después, marca en la tabla lo que ha hecho cada uno y lo que tienen que hacer.

	Luis	Manuel
comprar café y leche		
sacar dinero del banco		
limpiar los cuartos		
limpiar el baño		
hacer las camas		
preparar la comida		
arreglar las sillas		
pedir la cola a los vecinos		
comprar flores		

4-7 Un mal día. Marina ha tenido un día muy difícil y se lo está contando a Irene. Antes de escuchar la conversación empareja las frases de la caja A con las frases de la caja B para formar una conversación. Después, escucha el audio tantas veces como sea necesario y comprueba si tus frases coinciden con la información que escuchas.

Caja A

1. He tenido un día malísimo.

2. Me he caído al suelo cuando salía de casa.

3. No, pero después he descubierto que mis gafas estaban rotas.

4. He puesto pegamento (*glue*) en las gafas.

Caja B

_____ a) ¿Qué te ha pasado?

_____ b) ¿Y te ha funcionado?

_____ c) ¿Te has roto algo?

_____ d) ¿Y entonces, cómo has podido ver las preguntas del examen?

4-8 Raúl. Marcos y Arcea hablan sobre el accidente de una persona a la que ellos conocen, Raúl. Escucha la conversación tantas veces como sea necesario y contesta las siguientes preguntas.

1. Raúl está en el hospital por _____.
   a. los nervios
   b. un accidente de coche
   c. una operación

2. La pasión de Raúl es _____.
   a. el trabajo y hacer la vida difícil a los demás
   b. el trabajo y el dinero
   c. hacer la vida imposible a los demás y el dinero

3. El mayor valor de Raúl es _____.
   a. el trabajo
   b. el amor
   c. el dinero

4. Eva encontró a Raúl en _____.
   a. su cuarto
   b. la cocina
   c. el cine

5. El último negocio de Raúl consistía en _____.
   a. hacer una buena acción
   b. construir aviones
   c. ganar mucho dinero

6. Arcea y Marcos piensan que Raúl es _____.
   a. una buena persona
   b. un sinvergüenza
   c. un idiota

➔4-9 Impresiones. Usa la información que escuchaste en la actividad anterior para responder a las siguientes preguntas con tus propias palabras. Recuerda que puedes volver a escuchar el diálogo tantas veces como sea necesario.

1. ¿Qué piensan Arcea y Marcos de Raúl?

   _____

2. ¿Qué piensa Marcos de Eva?

   _____

3. ¿Qué piensan Marcos y Arcea del negocio fracasado de Raúl?

   _____

4. ¿Creen Marcos y Arcea que Raúl va a cambiar después de esta mala experiencia?

   _____

¡Así lo expresamos!

→4-10 **Antes de escuchar.** ¿Qué sabes de la cultura hispana? ¿Conoces a algún pintor, escritor, cantante, poeta, director de cine, actor, modelo, diseñador de modas? Enlaza los siguientes personajes con una nacionalidad y una profesión.

____ ____	1. Frida Kahlo	a) colombiano/a	A.	diseñador/a de moda
____ ____	2. Gabriel García Márquez	b) español/a	B.	cantante
____ ____	3. Antonio Banderas	c) cubano/a	C.	actor/actriz
____ ____	4. Víctor Jara	d) dominicano/a	D.	escritor/a
____ ____	5. Gloria Estefan	e) mexicano/a	E.	pintor/a
____ ____	6. Oscar de la Renta	f) argentino/a	F.	tenista
____ ____	7. Gabriela Sabatini	g) chileno/a	G.	cantautor/a

4-11 **Mientras escuchas.** A continuación vas a escuchar un fragmento sobre varias figuras destacadas de la cultura española. Escucha el fragmento tantas veces como necesites y después, completa la tabla que aparece.

Primera parte

1.

	Pablo Picasso	Juan Ramón Jiménez	Calderón de la Barca	Santa Teresa de Ávila
lugar de nacimiento	Málaga	d.	——	h.
obra	a.	e.	*Amor, honor y poder* *La vida es sueño*	——
profesión	b.	poeta	g.	i.
hecho destacado	c.	f.	vida misteriosa	reformadora de la orden de los carmelitas fundadora de conventos

2. A pesar de vivir en diferentes siglos todos estos personajes tuvieron algo en común en el año 1981. ¿Sabes qué es?

Segunda parte

A continuación vas a escuchar una poesía de Santa Teresa. Escucha la poesía cuantas veces sea necesario y escribe qué significado tiene para ti y por qué. Las poesías tienen diferentes significados para cada persona así que no tengas miedo de expresar lo que piensas.

_____

_____

_____

_____

_____

_____

➔4-12   **Después de escuchar.** Muchas personas han escrito poesía alguna vez. ¿Has escrito tú poesía? ¿Cuál era el tema? ¿Te gusta la poesía? Razona tu respuesta.

_____

_____

_____

5

Las relaciones personales

1.   The subjunctive vs. the indicative in adjective clauses

➔5-1   **Consejero matrimonial.** Los señores Pelayo tienen problemas matrimoniales. Ahora están visitando a un consejero matrimonial. Cada uno le dice qué es lo que busca, necesita y espera de su pareja. Escribe frases completas indicando lo que el Sr. y la Sra. Pelayo le dicen al consejero. Usa los verbos indicados en el tiempo apropiado para cada situación.

Señor Pelayo	Señora Pelayo
reírse de mis chistes (*jokes*) no pelear conmigo ser una persona sensible ser dominante	traer el desayuno a la cama escuchar cuando le cuento algo tener celos cuando hablo con otros hombres salir a cenar y hablar toda la noche

(no) buscar	(no) gustar	(no) necesitar	(no) querer

MODELO: *Necesito una persona que me escuche.*

Señor Pelayo

1. _____

2. _____

3. _____

4. _____

Señora Pelayo

1. _____

2. _____

3. _____

4. _____

5-2 **Se busca pareja.** Andrés tiene varios amigos, Simón, Juan, Ángel, Elena y Sofía, que se quejan porque no tienen pareja y están solos. Ahora Andrés está leyendo la sección de contactos del periódico para encontrar una solución. Andrés ha hecho una descripción de sus amigos y de lo que cada uno desea. Lee los anuncios de periódico, escucha el audio tantas veces como sea necesario y decide qué persona en los anuncios es la más adecuada para cada uno de los amigos de Andrés.

a.
Mujer soltera, 30 años,
busca hombre de la misma edad para salir a cenar, tener buena conversación, salir a bailar y compartir ratos especiales. No compromiso. Solamente amistad y diversión.

b.
Joven de 26 años
busca a la mujer de su vida. Persona tranquila, romántica, le gusta viajar a países exóticos, románticos en donde el amor vive para siempre ... desayunos en la cama, rosas rojas, sorpresas agradables ... todo eso es mi especialidad cuando me enamoro de verdad.

c.
30 años, soltero,
le gusta bailar y pasarlo bien. Busca compañía para ir al teatro, a conciertos y al cine. Le gusta tomar café y la buena conversación con una copa de cognac, le gusta cocinar y rodearse de muchos amigos.

d.
40 años, seria,
con trabajo y buen sueldo, formal pero con sentido del humor. Viuda, madre de dos niños de 10 y 12 años, busca pareja para compartir su vida. Por favor, no respondan aquellos que no tengan fines matrimoniales serios.

e.
38 años, divorciada.
Odio a los machistas como mi exmarido. Enérgica, opiniones propias, pero a la vez capaz de conversar plácidamente sobre variedad de temas.

1. Sofía _____
2. Simón _____
3. Juan _____
4. Ángel _____
5. Elena _____

5-3   El consultorio de doña Consuelo. Vas a escuchar un fragmento del programa de radio de Dña. Consuelo. Ella tiene un consultorio sentimental y responde a las cartas de sus oyentes por medio de la radio. Escucha el audio tantas veces como sea necesario y después, marca la respuesta correcta según la información que escuchas.

1. La carta que lee doña Consuelo es de _____.
   a. un oyente del programa
   b. una amiga suya
   c. un hombre desesperado

2. La carta es de _____.
   a. desengaño
   b. amor
   c. desamor

3. La relación que se describe en la carta es entre _____.
   a. un hombre y una mujer
   b. un hombre y un hombre
   c. una mujer y una mujer

4. Según la carta que lee doña Consuelo las personas _____.
   a. se conocen superficialmente
   b. no se conocen
   c. son muy amigas

5. Doña Consuelo piensa que el problema _____.
   a. es difícil
   b. es muy común
   c. no tiene solución

6. Doña Consuelo le dice a la persona que _____.
   a. busque el momento adecuado
   b. se olvide de ese amor
   c. es un amor imposible

⊕5-4 **Impresiones.** Con base en la información que escuchaste en la actividad anterior, responde a las siguientes preguntas.

1. Después de escuchar la voz de doña Consuelo, ¿cómo te imaginas que es ella? (alta, baja, delgada, gorda, joven, vieja...)

   _____

   _____

2. ¿Cómo te imaginas que es la persona que escribe la carta? (alta, baja, delgada, gorda, joven, vieja, tipo de trabajo, sueldo...).

   _____

   _____

3. ¿Por qué crees que la gente escribe cartas en busca de ayuda a los consultorios sentimentales?

   _____

   _____

4. Escribe en los siguientes cuadros cuáles son las cosas positivas, ventajas, y las negativas, desventajas, de trabajar en un consultorio sentimental.

Ventajas	Desventajas

5. ¿Te gustaría trabajar en un consultorio sentimental? Razona tu respuesta.

   _____

   _____

Segunda parte   ¡Así lo hacemos!

2.   The future perfect and pluperfect tenses

➔5-5   **Dentro de unos años.** Carmen, quien tiene 20 años, es una chica muy organizada. Ahora está haciendo planes para el resto de su vida y calculando lo que habrá hecho dentro de unos años. Combina la información de la columna de la izquierda con la de la derecha para formar oraciones que indiquen lo que Carmen habrá hecho para cada fecha. Recuerda que las frases deben seguir un orden lógico.

(no) terminar de estudiar	2013
(no) tener 3 hijos	2009
(no) trabajar en un hospital	2024
(no) vivir un apasionado matrimonio con su esposo	2015
(no) conocer la pasión	2002
(no) tener nietos	2030
(no) perder todo el dinero en un juego de azar	2059

MODELO: **Tú ves:**   (no) casarse   2006
              Tú escribes: *Para el año 2006 (no) me habré casado.*

1. _____

2. _____

3. _____

4. _____

5. _____

6. _____

7. _____

5-6 **La vida de Maite Zúñiga.** Éste es un fragmento sobre la vida de Maite Zúñiga. En cada frase vas a escuchar dos verbos. Después de escuchar el audio tantas veces como sea necesario, marca los verbos en cada frase de la siguiente forma:

a) Si el verbo está en el infinitivo o en el pasado simple, escribe un **1** junto al verbo.

b) Si el verbo está en el pretérito pluscuamperfecto, escribe un **2** junto al verbo.

MODELO: **Tú lees:** vivir en Madrid _____ vivir en San Sebastián _____
Tú escuchas: Antes de vivir en Madrid, mis padres habían vivido en San Sebastián.
Tú escribes: vivir en Madrid ____**1**____
vivir en San Sebastián _____**2**____

1. vivir 20 años en Madrid _____ nacer _____

2. ir a la escuela _____ estudiar mis hermanos _____

3. ir a la universidad _____ cumplir 15 años _____

4. enseñar a conducir _____ tener 18 años _____

5. comprar un coche _____ trabajar mucho _____

3. Comparisons with nouns, adjectives, verbs, and adverbs

5-7 **Comparando.** A continuación vas a escuchar unos fragmentos en los que se comparan personas, animales o cosas. Escucha el audio tantas veces como sea necesario y escribe una comparación usando una sola frase con las palabras que aparecen en el recuadro.

MODELO: **Tú escuchas:** Mi madre tiene 60 años. Mi tía tiene 62 años.
Tú escribes: *Mi madre es menor que mi tía.*

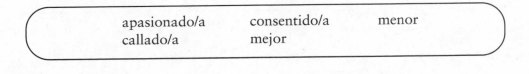

apasionado/a   consentido/a   menor
callado/a   mejor

1. Manuel _____

2. Yo _____

3. Luisa _____

4. Aquel pastel _____

5. Elena _____

5-8 Comparando profesores. Escucha el siguiente diálogo entre Marta y Cristina tantas veces como sea necesario. Después, marca cada frase con una X en la columna apropiada.

	Cierto	Falso
1. Cada día Cristina tiene más trabajo que el día anterior.	_____	_____
2. El profesor González es el profesor que menos trabajo da.	_____	_____
3. Al profesor González no le gusta chismear.	_____	_____
4. La profesora García es la mejor profesora del departamento.	_____	_____
5. Marta es la alumna que más tarde llega a las clases.	_____	_____

5-9 La familia de Susi. Susi le está enseñado a Julia una foto de su familia. Escucha el siguiente diálogo tantas veces como sea necesario y contesta las preguntas.

1. En la foto que Susi le enseña a Julia están sus hermanos, un primo, su tía y _____.
   a. una amiga
   b. su madre
   c. sus padres

2. La chica que aparece en la foto es _____.
   a. una prima de Susi
   b. la madre de Susi
   c. una tía de Susi

3. La madre de Susi es _____.
   a. más joven que su padre
   b. de la misma edad que su padre
   c. mayor que su padre

4. Juanjo es _____.
   a. más extrovertido que Rafael
   b. más antipático que Rafael
   c. menos cariñoso que Rafael

5. El primo de Susi es _____.
   a. grosero
   b. tímido
   c. tacaño

6. A Julia parece que _____.
   a. le interesa el primo de Susi
   b. le cae mal el primo de Susi
   c. no le interesa el primo de Susi

➔**5-10 Expresiones.** En el fragmento de la actividad anterior hay una serie de palabras que tal vez no hayas escuchado antes. Mira las siguientes expresiones y trata de descifrar su significado según el contexto. Recuerda que puedes volver a escuchar el audio tantas veces como sea necesario.

1. estar muy orgullosa: _____

2. ser como dos gotas de agua: _____

3. gesticular: _____

¡Así lo expresamos!

→ 5-11 **Antes de escuchar.** En la próxima actividad vas a escuchar una historia sobre relaciones personales. Las siguientes preguntas te ayudarán a conocer más cosas sobre ti mismo antes de escuchar el fragmento. Recuerda que las respuestas son personales.

1. ¿Cómo conoces a tus novios/as?
   a. a través de amigos
   b. en la biblioteca
   c. en mis clases
   d. en las fiestas
   e. ....

2. ¿Qué es lo primero en que te fijas en un/a chico/a?
   a. en la simpatía
   b. en el aspecto físico
   c. en el sentido del humor
   d. en la imaginación
   e. ....

3. ¿A dónde vas la primera vez que sales con un/a chico/a?
   a. al cine
   b. a cenar/comer
   c. a un bar
   d. ....

4. ¿Qué piensas de las citas a ciegas?

   _____

5. ¿Has tenido alguna vez una cita a ciegas? ¿Qué pasó?

   _____

5-12 Mientras escuchas. Se dice que la realidad supera a la ficción y aquí tienes un ejemplo de ello. En 1985 Televisión Española emitió una película sobre el lejano Oeste. En la época de la colonización de California los hombres solamente trabajaban y no tenían familias. Para arreglar la situación de estos hombres se formó una caravana de mujeres para ir a California a casarse con ellos.

Los hombres de un pequeño pueblo de España llamado Plan, usaron esa idea de la televisión para cambiar sus vidas en la realidad.

1. A continuación vas a escuchar un fragmento en el que se describen el valle y el pueblo, la gente que los habita, sus profesiones y sus ideas. Antes de escuchar, mira la tabla para saber qué tipo de información necesitas escribir en cada espacio. Después, escucha el audio tantas veces como sea necesario y completa la tabla con las respuestas adecuadas.

valle	trabajo	población	historia

2. Este fragmento termina con la expresión *Que sea lo que Dios quiera.* ¿Qué crees que significa esta expresión?

_____

3. ¿Qué piensas del valle? ¿Crees que es un lugar atractivo para vivir? ¿Por qué?

_____

_____

_____

⊕**5-13 Después de escuchar.**

1. ¿Qué crees que pasará? ¿Crees que los solteros de Plan encontrarán mujeres con las que puedan casarse?

   _____

   _____

   _____

2. ¿Qué piensas de esta historia? ¿Piensas que hay mujeres que están dispuestas a buscar un marido de esta forma?

   _____

   _____

   _____

   _____

3. ¿Qué diferencia hay entre una cita a ciegas y esta caravana de mujeres?

   _____

   _____

   _____

6

El mundo del espectáculo

Primera parte ¡Así lo hacemos!

1. The subjunctive vs. the indicative in adverbial clauses

⊕6-1 El concurso. Oscar quiere que Laura participe en un juego de la televisión. Laura está muy nerviosa y le pone una serie de condiciones antes de aceptar. Aquí está su conversación, pero tienes que determinar cuál es la respuesta de Oscar que corresponde a cada condición de Laura. Pon las frases en orden lógico.

Laura
_____ 1. Mira, Oscar, no iré al concurso **para** hacer el ridículo.
_____ 2. Seguro que te desilusionas **después de que** estemos en la grabación. ¡Hay que estar muchas horas!
_____ 3. No iré **a menos que** me invites a cenar después de la grabación.
_____ 4. Está bien, me pondré guapa **en caso de que** veamos a Harrison Ford.

Oscar
a) Te invitaré a cenar **adonde** quieras **con tal de que** vengas al programa conmigo.
b) No seas tonta. Es una buena ocasión **para que** veamos un estudio de televisión por dentro.
c) No seas así. Seguro que **en cuanto** lleguemos veremos a muchos actores famosos.
d) Voy a llamar al programa **antes de que** te arrepientas.

6-2 El coro de la Universidad. Susana le cuenta a Beatriz cómo entró al coro de la universidad. Primero, une las partes de las tres columnas de forma adecuada para crear frases lógicas en orden lógico. Después, escucha la conversación y comprueba si tus respuestas son correctas.

Susana es miembro del coro de la universidad	**tan pronto como**	la oigan cantar no la van a admitir
Varias personas se unen	**hasta que**	el primer concierto
No puede ser parte del coro	**sin pensarlo más,**	se presenta para hacer la prueba
Tiene miedo de que	**en cuanto tengamos**	termine de cantar
Un día,	**después de**	no cante delante del director
Te llamaré	**antes de que**	hacer una audición

1. _____

2. _____

3. _____

4. _____

5. _____

6. _____

6-3   Mi vida es una telenovela. Teresa y Eva hablan sobre una experiencia que tuvo Eva con un chico que conoció hace poco tiempo. Escucha el diálogo tantas veces como sea necesario y después, marca la respuesta correcta a las siguientes preguntas.

1. La vida de Eva es _____.
   a. una telenovela
   b. una película de terror
   c. un drama

2. El nuevo amigo de Eva quiere ser
   _____.
   a. camarógrafo
   b. director de cine
   c. recitador de poesía

3. La historia de Eva es parte de _____.
   a. la realidad
   b. una película
   c. una broma pesada

4. Eva es _____.
   a. una actriz profesional
   b. profesora en la universidad
   c. ayudante de producción

5. Teresa piensa que la historia es _____.
   a. horrible
   b. divertida
   c. de miedo

6. El tono de Eva cuando cuenta esta historia es _____.
   a. divertido
   b. enfadado
   c. asustado

⊕6-4   Ampliación de vocabulario. En el fragmento anterior hay palabras que tal vez no conozcas bien. Intenta descifrar el significado de las siguientes expresiones según su contexto. Recuerda que puedes volver a escuchar el audio tantas veces como sea necesario.

1. estaba loco por mí (estar loco por alguien): _____

2. una broma pesada: _____

3. Yo me hice la loca (hacerse el loco/a): _____

4. Di mi toque personal (dar un toque personal): _____

Segunda parte   ¡Así lo hacemos!

2.   Commands (formal and informal)

⊛6-5   Francisco, director de orquesta. Francisco es director de orquesta y padre de dos niños. Por eso él está muy acostumbrado a mandar. Mira los mandatos en la primera columna y conéctalos con la(s) persona(s) que los recibe(n) en la segunda columna.

Siéntense en sus sitios.   orquesta
Vete a la cama ahora mismo.
No llegue tarde mañana.
Comed el desayuno.   a una persona de la orquesta
Portaos bien.
No se distraiga, por favor.
No pelees con tu hermano.   hijos
Vengan al ensayo temprano.
No hagáis ruido, estoy trabajando.
No hablen cuando dirijo.   a uno de sus hijos

6-6   Dibujos. A continuación vas a escuchar la descripción de una fotografía. En el cuadro a continuación dibuja lo que oigas. Usa las indicaciones escritas en tu cuaderno como ayuda.

ARRIBA
↑
← **IZQUIERDA**   **DERECHA** →
↓
ABAJO

3. The subjunctive with *ojalá*, *tal vez*, and *quizá(s)*

6-7 Sueños en el futuro. Simón piensa en todas las cosas que desea y que puede que haga en su vida. Vuelve a escribir cada frase utilizando una expresión como *ojalá*, *tal vez* o *quizás*, según se indique en cada frase.

MODELO: **Tú lees:** Espero que algún día toque bien la guitarra. (Ojalá)
Tú escribes: *Ojalá algún día toque bien la guitarra.*

1. Quiero ser tan bueno como Paco de Lucía. (ojalá)

   _____

2. Deseo ganar mucho dinero para poder viajar. (ojalá)

   _____

3. Si gano mucho podré tener vacaciones largas. (tal vez)

   _____

4. Cuando trabaje en el mundo del arte conoceré a personas famosas. (quizás)

   _____

5. Es posible que me inviten a cenar y a comer a sus casas. (tal vez)

   _____

6. También es posible que seamos buenos amigos. (quizás)

   _____

7. Hmm ... es posible que me esté adelantando demasiado. (tal vez)

   _____

6-8   Sueños de grandeza. Escucha las siguientes frases tantas veces como sea necesario y señala cuál es la expresión que precede al verbo en el subjuntivo, cuál es el verbo y cuál es su infinitivo.

> MODELO: **Tú escuchas:** Tal vez la semana próxima vaya a un concierto.
> **Tú escribes:** *Tal vez*
> *vaya → venir*

1. _____

2. _____

3. _____

4. _____

5. _____

6. _____

7. _____

6-9   Salto a la fama. Pablo irá mañana a un programa de la radio para presentar una de sus canciones. Escucha el diálogo entre Pablo y su amigo Víctor. Después de escuchar el audio tantas veces como sea necesario, usa la información para contestar las preguntas.

1. Pablo está _____.
   a. nervioso
   b. contento
   c. ilusionado

2. Pablo consiguió un _____.
   a. contrato en la radio
   b. premio en un concurso
   c. contacto en la radio

3. Pablo toca _____.
   a. en un grupo
   b. solo
   c. con un amigo

4. Pablo toca _____.
   a. la flauta
   b. el violín
   c. la guitarra

5. Pablo canta _____.
   a. canciones de amigos
   b. canciones de personas famosas
   c. canciones propias

6. Pablo tiene que _____.
   a. ensayar para la radio
   b. trabajar en el supermercado
   c. componer más canciones

6-10 Emociones. A continuación vas a escuchar unos fragmentos del diálogo anterior. Escúchalos y di qué emociones indican los tonos de voz en los siguientes fragmentos. Si quieres, puedes utilizar las opciones en la caja.

alterado	enfadado	seguro de sí mismo
emocionado	nervioso	triste

Fragmento 1

_____

Fragmento 2

_____

Fragmento 3

_____

Fragmento 4

_____

Fragmento 5

_____

¡Así lo expresamos!

➔**6-11 Antes de escuchar.** En la próxima actividad vas a escuchar una entrevista con una bailarina famosa. Estas preguntas te van a ayudar a saber qué piensas tú sobre el tema del baile.

1. Todo el mundo baila en algunas ocasiones. ¿Qué tipo de música te gusta bailar?

   _____

2. ¿Has ido alguna vez al teatro para ver algún musical, ballet u ópera?

   _____

3. ¿Qué piensas de expresiones artísticas como la ópera, los conciertos y el ballet?

   _____

6-12 Mientras escuchas. Alicia Alonso es una bailarina cubana. A sus 78 años, una de las periodistas de *Puerta del Sol* le hace una entrevista sobre su vida como bailarina y sobre la situación actual de los artistas en su país. Escucha la conversación tantas veces como sea necesario y responde a las preguntas.

1. ¿Donde empezó la afición de Alicia Alonso por el baile?

   _____

2. ¿Qué tipos de bailes españoles se mencionan en el audio?

   _____

3. ¿Cuándo fue el debut de la bailarina? ¿Y dónde fue?

   _____

4. ¿En qué lugares baila la bailarina Alicia Alonso?

   _____

   _____

   _____

5. En el audio se menciona la pieza de ballet *Giselle*. ¿Por qué es tan importante esta pieza en la vida de la artista?

_____

_____

_____

6. Describe cuál es la situación actual de los artistas en Cuba.

_____

_____

_____

_____

_____

_____

7. ¿Qué piensa ella sobre los artistas que han pedido asilo a otros países?

_____

_____

_____

7

La diversidad y los prejuicios

1. Preterit vs. imperfect, review

7-1 La muerte anda por la calle. Escucha el siguiente fragmento tantas veces como sea necesario. Mientras escuches, escribe cada uso del pretérito y del imperfecto en la tabla de abajo.

	Verbo
Imperfecto	
Pretérito	

2. *Hacer* and *desde* in time expressions

➔**7-2 El cajón desordenado.** Usa las palabras a continuación y ponlas en orden para escribir oraciones con sentido.

1. vives /¿desde / Madrid? / cuándo / en /

   _____

2. Luna / hace / la / 30 años / que / fue / de / más / el / hombre / a

   _____

3. hace / que / unos / estudio / meses / español

   _____

4. ¿cuánto / que / trabajas / laboratorio? / tiempo / en / hace / el

   _____

5. mucho / hacía / que / conocía / tan / feminista / no / tiempo / a / radical / una /

   _____

7-3 La línea del tiempo. Liliana está haciendo un resumen de su vida en los últimos años. Escucha lo que dice tantas veces como necesites y apunta qué acontecimientos le ocurrieron en las fechas que aparecen a continuación.

1. 1986 _____

2. 1988 _____

3. 1990 _____

4. 1993 _____

5. 1997 _____

6. 1998 _____

7-4 Organizaciones de mujeres. Pilar, la presentadora de un programa de actualidad le hace una entrevista a Carolina, la directora de una organización legal de ayuda para mujeres en el trabajo. Escucha la conversación tantas veces como sea necesario y contesta las preguntas a continuación.

1. Carolina es directora de _____.
   a. un programa de radio
   b. una central nuclear
   c. una organización legal

2. La madre de Carolina era _____.
   a. científica
   b. ama de casa
   c. profesora

3. La madre de Carolina trabajó _____.
   a. de profesora en la universidad
   b. de ama de casa
   c. de científica en una central nuclear

4. En los últimos años el número de mujeres científicas _____.
   a. ha aumentado
   b. se ha mantenido igual
   c. ha disminuido

5. El origen de la iniciativa se halla en la discriminación sufrida por _____.
   a. ella
   b. otras personas
   c. su madre

6. La organización de Carolina apoya a la mujer _____.
   a. siempre
   b. en casos justos
   c. a menudo

➔**7-5** **Ahora tú.** No es raro escuchar que la mujer ha sido objeto de discriminación en el trabajo. Sin embargo éste no es el único caso y a menudo se oyen otros casos de discriminación por raza y religión. Teniendo en cuenta tu propia experiencia responde a las siguientes preguntas.

1. Es probable que tú hayas notado la discriminación de algún grupo por raza, origen, sexo, tendencia sexual o religión. ¿Puedes explicar algún caso concreto?

   _____

   _____

   _____

2. En el fragmento anterior has escuchado cómo la organización de Carolina investiga los casos antes de empezar un juicio. ¿Crees que hay personas que intentan sacar ventaja diciendo que han sido objeto de discriminación? ¿Por qué?

   _____

   _____

   _____

   _____

3. El movimiento de los derechos civiles supuso un gran cambio en la sociedad de Estados Unidos. ¿Qué cambios se han producido desde entonces en la sociedad?

   _____

   _____

   _____

   _____

Segunda parte   ¡Así lo hacemos!

3. *Por* and *para*

7-6 Radio estropeada. Hay un programa en la radio que trata sobre la desigualdad en el trabajo, pero tu radio no funciona y siempre que dicen *por* o *para* hay algún problema. Escribe cuál es la preposición que falta en cada caso y explica por qué. Recuerda que puedes escuchar el audio tantas veces como sea necesario.

> MODELO: **Tú escuchas:**   Hoy estamos aquí [sound of a broken radio] hablar de un problema que nos afecta a todos: la discriminación.
> **Tú escribes:**   *para, porque es el objetivo de la conversación.*

1. _____

2. _____

3. _____

4. _____

5. _____

6. _____

7-7 Atentos. Aquí tienes las respuestas a las preguntas que vas a escuchar. Escucha el audio tantas veces como sea necesario y escribe la pregunta correspondiente arriba de cada respuesta.

1. _____

Vengo por ti a las ocho.

2. _____

Es para la fiesta de cumpleaños de Susana.

3. _____

Te lo vendo por 10 euros.

4. _____

Necesito terminarlo para la próxima semana.

5. _____

Hemos venido para hablar del problema.

6. _____

He venido por Segovia.

4. Verbs that require a preposition before an infinitive

7-8 Superar el miedo. Estefanía va a contarte cómo aprendió a decirle que no a la gente. Primero, une las frases de la derecha con las que les correspondan en la columna de la izquierda. Después, escucha el audio tantas veces como sea necesario y compara tus frases con la información de Estefanía.

1. Voy a	a) a hacer frente a la gente.
2. Aprendí	b) a reírse en público de su propio comportamiento.
3. No me atrevía	c) contarte una historia.
4. Me sentía obligada	d) de no haberme negado.
5. Siempre me arrepentía	e) a respetar a todos los empleados de la empresa.
6. Un día mi jefa empezó	f) a hacer todo lo que me pedían.
7. No consentí	g) a decir que no a las personas.
8. Insistí	h) en escuchar una explicación.
9. Mi jefa se avergonzó	i) de avergonzarse otra vez.
10. Ella empezó	j) en soportar más esa actitud.
11. Ella tiene miedo	k) de estar en esa situación.

7-9 **El plan de la semana.** Estitxu a veces tiene problemas de organización. Pero esta semana va a empezar a anotar todo lo que tiene que hacer. A continuación vas a escuchar el plan de Estitxu para esta semana. Escucha lo que dice tantas veces como sea necesario y apúntalo en el calendario que sigue.

LUNES	MARTES	MIÉRCOLES	JUEVES	VIERNES	SÁBADO	DOMINGO

7-10 **Acoso en el trabajo.** Estamos acostumbrados a escuchar casos de acoso sexual a la mujer en el trabajo. Pero no solamente el hombre acosa a las mujeres. Alberto te va a explicar algo que le pasó a él en su trabajo y cómo se solucionó. Escucha lo que dice Alberto tantas veces como sea necesario y responde a las preguntas.

1. El acoso sexual de esta historia es de _____.
   a. un hombre a una mujer
   b. una mujer a otra mujer
   c. una mujer a un hombre

2. Alberto trabaja en un equipo _____.
   a. mayormente de hombres
   b. mayormente de mujeres
   c. de igual número de hombres y mujeres

3. Alberto pensaba que él estaba en una situación _____.
   a. fácil
   b. pasiva
   c. complicada

4. Alberto habló _____.
   a. con la persona del problema
   b. con la directora
   c. con sus amigos

5. La directora escuchó _____.
   a. atentamente
   b. sin atención
   c. divertida

6. La directora decidió _____.
   a. olvidar el caso de acoso
   b. apoyar el caso de acoso
   c. no seguir el caso de acoso

⊕7-11   **Ahora tú.** Algunas personas se han encontrado en situaciones semejantes a la que escuchaste en la historia de Alberto. Quizás tú hayas sido una de ellas, sepas de algún caso semejante o tengas alguna opinión respecto al tema. Basándote en el texto y en tu propia opinión, responde a las siguientes preguntas.

1. ¿Por qué crees que Alberto sentía miedo a denunciar su caso?

   _____

   _____

2. ¿Qué habrías hecho tú en su situación?

   _____

   _____

   _____

3. ¿Crees que hay diferencia en cómo los hombres tratan el tema del acoso sexual en comparación a las mujeres? ¿Por qué?

   _____

   _____

4. ¿Piensas que la directora en la historia de Alberto actuó de forma justa? ¿Por qué?

   _____

   _____

¡Así lo expresamos!

➔**7-12 Antes de escuchar.** En la próxima actividad vas a escuchar un fragmento relacionado con el SIDA en los niños. Estas preguntas te van a ayudar a determinar lo que tú ya sabes sobre este tema.

1. ¿Qué sabes sobre el SIDA? (modo de contagio, prevención, ...)

_____

_____

_____

_____

2. ¿Conoces a alguna persona que tenga el SIDA?

_____

3. ¿Cuál es tu reacción hacia las personas que tienen el SIDA? ¿Cuál es la reacción de la sociedad en general hacia las personas que tienen esta enfermedad?

_____

_____

_____

4. ¿Has conocido algún caso (amigo, por la prensa, por la televisión) de alguna persona que haya sufrido discriminación por tener el SIDA? ¿Piensas que las personas que tienen el SIDA sufren algún tipo de discriminación en la vida diaria? ¿Por qué?

_____

_____

_____

_____

7-13   Mientras escuchas. Montse era una niña de 4 años que tenía el SIDA. El 30 de marzo de 1990 fue al colegio por primera vez. La llegada de Montse al colegio trajo una serie de problemas a la comunidad. Escucha el **Fragmento A** y responde a las siguientes preguntas.

Fragmento A

1. ¿Cuáles son las razones de las madres para no dejar entrar a Montse en el colegio?

    _____

    _____

2. ¿Qué piden las madres para estar seguras de que Montse no es peligrosa para sus hijos/as?

    _____

    _____

3. ¿Qué piensa la tía de Montse sobre el miedo de las madres?

    _____

    _____

Fragmento B

4. Ahora vas a escuchar la opinión de varios médicos sobre el SIDA. En este **Fragmento B** vas a escuchar la opinión de un médico sobre cómo y por qué hay que convivir con los que padecen del SIDA. Escribe las ideas más importantes de lo que dice el médico y di si estás de acuerdo.

    _____

    _____

    _____

    _____

Fragmento C

5. Escucha el **Fragmento C**. Según este médico ¿es posible que se pueda transmitir el virus por contacto social, esto es, jugando y compartiendo objetos hasta de uso personal?

    _____

Fragmento D

6. Escucha el **Fragmento D**. ¿Es cierto que se puede minimizar el problema del SIDA?

    _____

    _____

    _____

⊕**7-14   Después de escuchar.**

1. Piensa y di qué harías tú si un/a compañero/a tuyo/a te dijera que tiene el SIDA.

   _____

   _____

   _____

2. ¿Qué harías tú si tu hijo/a te dijera que tiene el SIDA?

   _____

   _____

   _____

3. ¿Piensas que el miedo de las madres de el audio es normal? ¿Por qué?

   _____

   _____

   _____

4. ¿Qué les dirías tú a las madres que tienen miedo de que otros niños les pasen el SIDA
   a sus hijos?

   _____

   _____

   _____

8

Las artes culinarias y la nutrición

Primera parte ¡Así lo hacemos!

1. The imperfect subjunctive

⊝8-1 Comiditas. Lee las siguientes oraciones. Junta las ideas de las dos oraciones para crear una sola, usando el imperfecto de subjuntivo.

MODELO: **Tú lees:** Mi hermano quería comer antes de las dos. Yo le dije: espera.
Tú ves: Le pedí
Tú escribes: *Le pedí que esperara hasta las dos.*

1. A mí me encanta el chocolate. No tenían trufas en el restaurante.

   Yo deseaba _____

2. A mi padre le gustaba el cordero. A nadie le gustaba tanto como a él.

   No conocía a nadie _____

3. A mí me gustó mucho el salmón que cocinó Begoña. No me quiso dar la receta.

   Yo quería _____

4. Cociné arroz con maíz y champiñones. A mi madre le gusta ponerles mucha sal.

   Mi madre esperaba _____

5. Compré solomillo y patatas. Le pedí una cebolla a mi vecina.

   Yo quería _____

6. Esas albóndigas parecían ricas pero estaban al otro lado de la mesa. ¿Me las acercaría alguien?

   Era posible _____

8-2 Una cena desastrosa. Eduardo y Pedro fueron a un restaurante para celebrar una ocasión especial. Sin embargo, no tuvieron mucha suerte. Ahora, ellos están hablando sobre la cena. Escucha lo que dicen tantas veces como sea necesario y completa las frases usando el imperfecto de subjuntivo.

MODELO: **Tú ves:** Yo dudé que   (no) ser bueno
    Tú escribes: *Yo dudé que ese restaurante fuera bueno.*

Ya me parecía extraño que   (no) pedir disculpas.
Nunca creí que   (no) saber saltear las verduras.
Ya te dije que   (no) pedir ese postre.
Es una vergüenza que   (no) ser tan caro.
Yo no pensé que   (no) haber camarones frescos.
Es increíble que   (no) encontrar un restaurante tan malo.

1. _____

2. _____

3. _____

4. _____

5. _____

6. _____

8-3   La cena. Merche te va a hablar sobre un cumpleaños muy especial que ella celebró con su amiga Mónica. Escucha el siguiente fragmento tantas veces como sea necesario y responde a las siguientes preguntas.

1. Mónica es _____.
   a. una cocinera excelente
   b. cocinera en ocasiones
   c. horrible en la cocina

2. Mónica preparó _____.
   a. un plato y postre
   b. aperitivo, plato y postre
   c. dos platos y postre

3. La casa de Mónica olía _____.
   a. a quemado
   b. a ajo
   c. muy bien

4. Los bomberos llegaron porque se quemó
   _____.
   a. la casa
   b. la cocina
   c. el pollo

5. La cena fue _____.
   a. perfecta en todos los detalles
   b. un desastre pero divertida
   c. un desastre y horrible

6. Merche quiere _____.
   a. recordar ese cumpleaños
   b. celebrar otro cumpleaños igual
   c. olvidar ese cumpleaños

8-4   Ampliación de vocabulario. En el fragmento de la actividad anterior escuchaste algunas expresiones que tal vez no conozcas. Lee las frases e intenta descifrar su significado por el contexto. Recuerda que puedes volver a escuchar el audio tantas veces como necesites.

1. Tener muy buena pinta: _____

2. Hacer la boca agua: _____

3. Fue un desastre (ser un desastre): _____

4. Se lo tomaron bien (tomárselo bien): _____

2. The conditional and conditional perfect

8-5 Aprendiendo a cocinar. Ángel e Isabel están cocinando una nueva receta. La receta que ellos tienen en su libro es solamente para cuatro personas y ellos tienen que cocinar para seis. Ahora, tú vas a escuchar la conversación entre Ángel e Isabel. Cada vez que Ángel dice algo, Isabel empieza a hablar pero nunca completa las frases. Escucha el audio tantas veces como sea necesario y completa cada frase con la opción adecuada de la caja.

> deberían dar diferentes medidas.
> eso sería mala suerte.
> habría cantidad suficiente.
> habría llamado por teléfono para avisar.
> no sé si podríamos preparar comida para más de seis personas.
> yo le añadiría un poco más de agua.
> yo lo pondría 45 minutos.

1. _____

2. _____

3. _____

4. _____

5. _____

6. _____

7. _____

8-6 El régimen. María e Irene están a régimen. Pasan tanta hambre que no hacen más que pensar en comida. Escucha su conversación tantas veces como sea necesario y apunta qué es lo que les gustaría hacer a cada una en el cuadro correspondiente.

	María	Irene
comería una vaca		
comería un pollo con salsa y patatas		
aderezaría las verduras con aceite		
rompería las revistas de moda como *Cosmopolitan*		
quemaría las revistas de moda como *Cosmopolitan*		
iría a un restaurante a comer albóndigas		
tiraría la pesa por la ventana		

3. The indicative or subjunctive in *si*-clauses

8-7 Demasiadas condiciones. Escucha las siguientes frases y escribe cuáles son los verbos en cada frase y en qué tiempo están.

MODELO: **Tú escuchas:** Si vienes a cenar, preparé tarta de chocolate.
Tú escribes: *vienes, presente de indicativo*
prepararé, futuro de indicativo

1. _____

2. _____

3. _____

4. _____

5. _____

6. _____

7. _____

8-8 El cumpleaños de Agustín. El otro día fue el cumpleaños de Agustín. Todo fue muy bien pero hubo algunos problemas. Escúchalos tantas veces como sea necesario y escribe qué habrías hecho tú en cada caso.

MODELO: **Tú escuchas:** El martes pasado fue el cumpleaños de Agustín. Estaba muy contento y quería celebrarlo pero el martes era un mal día porque todos tenían que estudiar para el miércoles. Agustín no sabía si hacer la fiesta o no. ¿Qué habrías hecho tú si hubieras sido Agustín?
Tú escribes: *Si yo hubiera sido Agustín, yo habría hecho la fiesta.*

1. _____

2. _____

3. _____

4. _____

5. _____

6. _____

8-9 Receta de albóndigas. Doña Azucena es la presentadora de un programa de televisión sobre comida. A continuación vas a escuchar cómo se hacen las albóndigas. Escucha la receta tantas veces como sea necesario y contesta las preguntas siguientes.

1. Para hacer las albóndigas se necesitan _____.
   a. 200 gramos de carne de ternera y 200 de carne de cerdo
   b. 400 gramos de carne de ternera y 100 de carne de cerdo
   c. 100 gramos de carne de ternera y 400 de carne de cerdo

2. A la carne hay que añadirle _____.
   a. ajo, perejil, huevo, cebolla y sal
   b. ajo, perejil, pan rallado, cebolla y sal
   c. ajo, perejil, pan rallado, huevo y sal

3. Para la salsa hay que poner _____.
   a. aceite, cebolla, zanahoria, maíz y sal
   b. aceite, cebolla, zanahoria, guisantes y sal
   c. aceite, cebolla, guisantes, maíz y sal

4. A la salsa se le puede añadir vino _____.
   a. blanco
   b. tinto
   c. rosado

5. Normalmente con la carne se bebe vino _____.
   a. blanco
   b. rosado
   c. tinto

6. Esta receta es de _____.
   a. un programa de televisión
   b. un libro de cocina
   c. una amiga de Doña Azucena

Nombre _____   Fecha _____

¡Así lo expresamos!

➔8-10 **Antes de escuchar.** En la próxima actividad vas a escuchar un fragmento sobre la dieta mediterránea. Ahora, contesta estas preguntas para averiguar tus opiniones sobre la dieta en general.

1. ¿Cuántas veces comes al día?

   _____

2. ¿Piensas que llevas una vida sana? ¿Por qué?

   _____

   _____

3. ¿Qué tipos de comida conoces?

   _____

   _____

4. ¿Cuáles de estos platos pertenecen a la comida española?
   a. tacos   c. gazpacho   e. espaguetis
   b. tortilla de patatas   d. burritos   f. paella

8-11 **Mientras escuchas.** Ahora vas a aprender un poco más sobre una dieta muy saludable, la dieta mediterránea.

Fragmento A

Escucha el **Fragmento A** tantas veces como sea necesario y escribe cuáles son los ingredientes fundamentales de la comida mediterránea.

_____

_____

_____

Fragmento B

El aceite es un producto típicamente mediterráneo con una historia muy interesante porque está muy relacionado a diversas culturas. Escucha el **Fragmento B** y escribe qué aportación tuvo cada cultura al aceite.

a. Griegos y fenicios: _____

b. Romanos: _____

c. Árabes: _____

Fragmento C

El vino es asimismo un producto mediterráneo por excelencia. Escucha lo que dice este fragmento sobre el vino, y responde a las preguntas.

a. En la antigüedad el vino era considerado una bebida de _____.

b. Las primeras cepas (*grapevines*) llegaron a _____.

c. Regiones españolas en las que se produce vino son _____

_____

_____

Fragmento D

A continuación en el **Fragmento D** vas a escuchar dos recetas que tienen como ingrediente el aceite o el vino. Escribe las recetas en los recuadros que aparecen a continuación.

Gazpacho	Sangría

⊛8-12   Después de escuchar.

1. En el audio has escuchado cuáles son los ingredientes fundamentales de la dieta mediterránea. ¿Cuáles son los elementos básicos de la dieta en el lugar donde vives?

   _____

   _____

   _____

2. El vino es un producto común en la dieta mediterránea. En Estados Unidos hay zonas como California en las que se produce mucho vino. Sin embargo, el vino es caro y se considera un producto de lujo. ¿Cuál piensas que es la razón?

   _____

   _____

   _____

9

Nuestra sociedad en crisis

1. The pluperfect subjunctive

9-1 Fernando no es asesino. Has recibido una visita de la policía. Ellos buscan a tu amigo Fernando porque se ha cometido un asesinato y piensan que él puede ser el asesino. Ahora tú estás solo y piensas sobre toda la situación. Escucha las siguientes oraciones tantas veces como sea necesario y escribe en las líneas del tiempo la acción que ocurre antes que la otra. Usa los verbos que aparecen en el recuadro como ayuda.

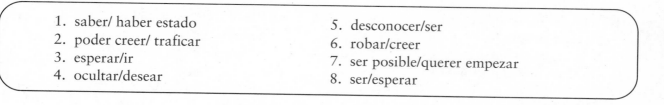

1. saber/ haber estado
2. poder creer/ traficar
3. esperar/ir
4. ocultar/desear
5. desconocer/ser
6. robar/creer
7. ser posible/querer empezar
8. ser/esperar

MODELO: **Tú escuchas:** En ningún momento pensé que él hubiera sido el asesino.

Tú escribes:

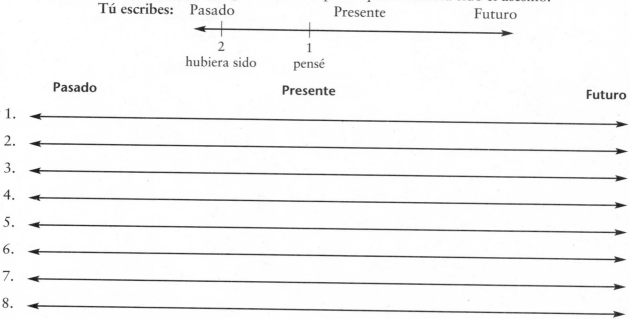

9-2 Vidas difíciles. Jesús, Eva, Carmen y Javier han pasado por situaciones difíciles en sus vidas. Escucha sus historias y di qué hubieras hecho tú en su lugar. Usa las frases que aparecen a continuación como ayuda.

Yo creo que	(no) robar la manzana.
Yo pienso que	(no) apuñalar al hombre.
Yo dudo que	(no) llamar a Harrison Ford.
Es probable	(no) escapar a otra ciudad.
	(no) matar a esa persona.
	(no) denunciar a la policía

1. Si yo hubiera sido Jesús _____

2. Si yo hubiera sido Eva _____

3. Si yo hubiera sido Carmen _____

4. Si yo hubiera sido Javier _____

9-3 La vida de Fernando. Fernando está contando la historia de su vida y explicando por qué lo está buscando la policía. Escucha el siguiente fragmento tantas veces como sea necesario y responde a las siguientes preguntas.

1. Cuando Fernando era pequeño _____.
   a. tenía mucho dinero
   b. tenía poco dinero
   c. no tenía nada de dinero

2. La primera vez que Fernando robó se sintió _____.
   a. bien
   b. mal
   c. normal

3. El tatuaje de su pandilla era _____.
   a. una serpiente
   b. un león
   c. un águila

4. Para Fernando ir a la cárcel era _____.
   a. un juego
   b. horrible
   c. divertido

5. Cuando entraron en la casa, envenenaron (*poisoned*) _____.
   a. a los dueños
   b. al agente de seguridad
   c. a los perros

6. Cuando Fernando tuvo el revólver en la mano _____.
   a. disparó a la mujer
   b. tiró el arma al suelo
   c. disparó al suelo

9-4 Algo más sobre la vida de Fernando. Escucha el audio del ejercicio anterior otra vez. Fíjate en la entonación de Fernando al hablar, y usa esa información para contestar las siguientes preguntas.

1. ¿Cuál es el tono de Fernando cuando habla de cuando dejó de ir a la escuela? ¿Crees que se arrepiente?

   _____

   _____

2. ¿Piensas que Fernando quería robar a ese matrimonio? ¿Por qué?

   _____

   _____

   _____

3. Por la voz de Fernando, ¿cómo se siente él cuando recuerda los planes para robar a ese matrimonio? ¿Por qué?

   _____

   _____

   _____

4. ¿Por qué no mató Fernando a la mujer?

   _____

   _____

5. ¿Qué crees que piensa Fernando de su vida pasada? ¿Por qué?

   _____

   _____

   _____

2. Uses of *se*

9-5 Instrucciones para un buen vecino. Hay varias maneras de proteger la vecindad donde se vive. Un programa que ha tenido mucho éxito es el de «Cuidar la vecindad». Primero, usa las palabras de cada línea para crear una oración completa usando el *se impersonal*. Después una policía te va a dar la respuesta correcta, para, luego, tener una lista correcta de cómo formar un programa de «Cuidar la vecindad».

MODELO: **Tú ves:**   hablar / para recibir / con / más informacíon / la policía
         Tú dices: Se habla con la policía para recibir más información.
         Tú escuchas: Se habla con la policía para recibir más información.

1. llegar / a los vecinos / a conocer

_____

2. reunir / de la vecindad / de las preocupaciones / para hablar

_____

3. seleccionar / para / de la vecindad / calle / a líderes / cada

_____

4. pedir / en los buzones / poner / señales / para

_____

5. apuntar / de placa / los números / autos sospechos / de los

_____

6. cerrar / de los autos / con llave / de la casa / las puertas / y

_____

7. utilizar / de calle / de casa / y / luces automáticas

_____

8. comunicar / actividad sospechosa / le / toda / a la policía

_____

9-6 **¿Qué se hace en España?** Vas a escuchar un diálogo en el que Vicente y Javier hablan de ciertas cosas que son típicas en diferentes partes de España. Marca en dónde (ciudad, comunidad o toda España) se hace cada cosa, según las indicaciones de la tabla. Recuerda que puedes escuchar el audio tantas veces como sea necesario.

| Alicante | Cataluña | Madrid | San Sebastián | Valencia | toda España |

1. se come paella _____

2. se come turrón _____

3. se hace turrón _____

4. se bebe cava _____

5. se toman las uvas _____

6. se tocan las campanas _____

7. se celebra la Noche Vieja _____

8. se celebra el 20 de enero _____

9. se celebra la fiesta de San Jorge _____

10. se regalan libros y rosas _____

3. Indefinite and negative expressions

9-7 **En la comisaría.** Alberto y Arturo trabajan en la policía. Han terminado su turno y están hablando de cómo les ha ido. Completa el diálogo de forma lógica, usando las frases a continuación.

> O viene algún ladrón nuevo o me cambio de comisaría.
> ¿Ha sido alguien que conocemos?
> ¿Algún crimen?
> Me gustaría algo o alguien nuevo.
> Seguro que alguien buscaba drogas.
> ¿Has tenido algún problema esta noche?

ALBERTO: Hola Arturo, (1) _____.

ARTURO: Alguno sí he tenido. Ha habido un robo en el banco de la esquina.

ALBERTO: (2) _____.

ARTURO: Un par de ellos. Uno en el banco y otro en la farmacia.

ALBERTO: En la farmacia...(3) _____.

ARTURO: Muy inteligente, Alberto.

ALBERTO: (4) _____.

ARTURO: Siempre es alguien que conocemos.

ALBERTO: Nunca vienen ladrones o criminales nuevos a esta zona.

(5) _____.

ARTURO: Nunca tenemos suerte. Siempre nos tocan los mismos crímenes y las mismas personas.

ALBERTO: Ya está bien. (6) _____.

ARTURO: Ni lo uno ni lo otro. Aquí se está muy bien.

Nombre _____   Fecha _____

9-8 Emparejando. Escucha las siguientes definiciones de personas y cosas famosas y trata de descifrar a quién corresponden.

MODELO: **Tú escuchas:** Alguien que vino del planeta Criptón.
        Tú escribes: *Supermán*

> Michael Jordan   Oprah Winfrey
> Steven Spielberg   Indiana Jones
> Bill Gates   Venus y Serena Williams

1. _____   4. _____

2. _____   5. _____

3. _____   6. _____

9-9 Borrachera con consecuencias. Pablo y Marta están hablando sobre algo que le ha pasado a una de sus amigas. Escucha la conversación tantas veces como sea necesario y responde a las siguientes preguntas.

1. Lola ha tenido un accidente _____.
   a. de coche
   b. de moto
   c. en bicicleta

2. La gente de la fiesta había bebido _____.
   a. poco
   b. lo normal
   c. demasiado

3. Una persona se había enfadado con _____.
   a. Lola
   b. todo el mundo
   c. otra persona

4. Después del accidente la persona amenazó a _____.
   a. los amigos de Lola y a la policía
   b. los amigos de Lola pero no a la policía
   c. la policía pero no a los amigos de Lola

5. La persona durmió en _____.
   a. su casa
   b. el hospital
   c. la comisaría

6. La persona que causó el accidente fue _____.
   a. una persona desconocida
   b. el ex novio de Lola
   c. otra persona conocida

⊙9-10 **Impresiones.** Usa la información que escuchaste en el diálogo anterior para responder a las siguientes preguntas, según tu propia opinión.

1. ¿Por qué crees que el ex novio de Lola estaba enfadado?

   _____

2. ¿Qué habrías hecho tú si eso ocurriera en una fiesta en tu casa?

   _____

3. ¿Qué piensas tú que se debe hacer si alguien te amenaza con una pistola?

   _____

¡Así lo expresamos!

➔9-11   Antes de escuchar. En la próxima actividad vas a escuchar un fragmento sobre el terrorismo en el Perú. Contesta las siguientes preguntas para ayudarte a averiguar cuánto sabes sobre este tema.

1. Durante el año 1999 el presidente del Perú era _____.
   a. Castro
   b. Aznar
   c. Fujimori

2. Un movimiento guerrillero peruano es _____.
   a. Tupac Amarú
   b. ETA
   c. Frente Farabundo Martí

3. Las personas retenidas en un secuestro se llaman _____.
   a. secuestradores
   b. atacados
   c. rehenes

4. Las casas oficiales de países extranjeros en las capitales de otros países se llaman _____.
   a. consulados
   b. embajadas
   c. oficinas

9-12   Mientras escuchas.

1. Este fragmento trata sobre un asalto a la embajada japonesa en el Perú. En el recuadro a continuación escribe todas las palabras que escuches sobre los secuestradores (quiénes eran, cuántos), los secuestrados (quiénes eran, cuántos, cuántos días estuvieron encerrados), el presidente (su nombre completo, las cosas que hace), y si hubo muertos.

Secuestradores	Secuestrados	Presidente	¿Muertos?

2. Aquí tienes los diferentes momentos de la noticia que se cuenta en el fragmento. Escucha la noticia otra vez y pon estas frases en el orden adecuado, según la información que escuches.

_____ El presidente Alberto Fujimori habla a la prensa.

_____ La operación dura 45 minutos.

_____ La Guerrilla Peruana Tupac Amarú mantiene a 72 rehenes durante 126 días.

_____ Se inicia la operación de liberación.

_____ Los secuestrados hablan a la prensa.

⊕9-13 Después de escuchar.

A veces los políticos (presidentes) usan ciertos hechos para aumentar su popularidad entre la gente o para hacer olvidar errores cometidos. ¿Puedes hablar de algún caso en que el presidente de tu país ha querido aumentar su popularidad con alguna medida política?

_____

_____

_____

_____

10

El empleo y la economía

1. Indirect speech

10-1   Lo que dicen Estíbaliz y Rafael. Contesta las siguientes preguntas según lo que digan Rafael y Estíbaliz. Escucha el audio tantas veces como sea necesario.

MODELO: **Rafael:**   Hoy hace buen tiempo.
          Pregunta: ¿Qué dijo Rafael?
          Tú: *Rafael dijo que hoy hace buen tiempo.*

1. ¿Qué dijo Estíbaliz?

   _____

2. ¿Qué dice Rafael?

   _____

3. ¿Qué comentó Estíbaliz?

   _____

4. ¿Qué dice Rafael?

   _____

5. ¿Qué dice Estíbaliz?

   _____

6. ¿Qué te preguntó Rafael?

_____

7. ¿Qué anuncia Estíbaliz?

_____

8. ¿Qué prometió Rafael?

_____

10-2 **Agencia de trabajo.** Trabajas en una agencia de trabajo y ahora estás ayudando a uno de tus jefes. Estás hablando por teléfono con Paco, un chico que trabaja en otra oficina, y tu jefe también quiere participar en la conversación. Ahora tú tienes que decirles a los dos qué dice, pregunta o piensa la otra persona.

MODELO: **Jefe:** Necesitamos tres contadores para un nuevo banco.
Tú: *Paco, mi jefe dice que necesitamos tres contadores para un nuevo banco.*

1. Tú: _____

2. Tú: _____

3. Tú: _____

4. Tú: _____

5. Tú: _____

6. Tú: _____

7. Tú: _____

10-3 La entrevista de Clara. Clara ha tenido su primera entrevista de trabajo. Ahora se lo está contando a su amigo Sergio. Escucha el diálogo tantas veces como sea necesario y responde a las siguientes preguntas.

1. Clara ha tenido una entrevista para ser _____.
   a. taxista
   b. arquitecta
   c. ingeniera

2. La entrevista es para un trabajo _____.
   a. fijo a tiempo parcial
   b. no fijo a tiempo completo
   c. fijo a tiempo completo

3. La segunda entrevista será dentro de _____.
   a. un mes
   b. una semana
   c. varios días

4. En las dos semanas siguientes Clara tiene _____.
   a. dos entrevistas
   b. cuatro entrevistas
   c. cinco entrevistas

5. Clara está en un período de _____.
   a. buena suerte
   b. mala suerte
   c. poca suerte

6. Sergio llamará a Clara para hacer _____.
   a. una casa
   b. un puerto
   c. un lago

10-4 Impresiones. Ahora, escucha otra vez el diálogo anterior, fijándote en el tono de voz de las personas. Después, responde a las preguntas.

1. ¿Cómo se encuentra Clara después de hacer la entrevista?

   _____

2. ¿Crees tú que Clara piensa que la van a llamar?

   _____

3. ¿Qué crees que piensa Sergio de sí mismo?

   _____

4. ¿Qué significa la expresión *toco madera*?

   _____

5. ¿Por qué toca madera Clara?

   _____

2. The relative pronouns *que, quien,* and *lo que,* and the relative adjective *cuyo*

10-5 **El comienzo de un negocio.** Escucha las siguientes frases tantas veces como sea necesario. Después, escribe el pronombre relativo en cada frase y explica por qué se usa.

MODELO: **Tú oyes:** Ya ha llegado el giro postal que me mandaste.
Tú escribes: *que, porque el antecedente es una cosa.*

1. _____

2. _____

3. _____

4. _____

5. _____

6. _____

7. _____

8. _____

9. _____

10-6 **La reunión de vecinos.** Alicia te va a hablar sobre una reunión de vecinos muy interesante que tuvo la semana pasada. Escucha lo que dice tantas veces como sea necesario y marca las frases siguientes según sean ciertas (C) o falsas (F).

_____ 1. A Alicia no le gusta el perro, pero le gusta la mujer.

_____ 2. El director del banco tiene poco tiempo.

_____ 3. El presupuesto era bueno.

_____ 4. A Alicia le pone nerviosa la presencia de su vecina.

_____ 5. Alicia no entiende por qué la mujer hablaba tanto.

_____ 6. El director del banco tiene paciencia sin límite.

_____ 7. La mujer continuó hablando hasta el final.

3. The relative pronouns *el/la cual* and *los/las cuales*

10-7 En el banco. Escucha las siguientes frases y señala cuál es el pronombre relativo en cada una y a qué palabra hace referencia. Recuerda que puedes escuchar el audio tantas veces como sea necesario.

> MODELO: **Tú escuchas:** La bolsa de Nueva York, la cual es muy famosa, está en la calle Wall.
> **Tú escribes:** *La cual* ➔ *la bolsa*

1. _____   5. _____

2. _____   6. _____

3. _____   7. _____

4. _____

10-8 Lo que hacen las personas. En este fragmento vas a escuchar las descripciones de las personas en el dibujo. Escucha el audio tantas veces como sea necesario y después, escribe el número correspondiente junto al dibujo de cada persona.

> MODELO: **Tú escuchas:** La niña, la cual tiene una coleta y un vestido, es la hija del director del banco. (0)
> **Tú escribes:** *0* junto al dibujo de la niña.

0

10-9 **La primera tarjeta de crédito.** Esther ha tenido muchos problemas para conseguir una tarjeta de crédito. Ahora ella le habla a su amigo Rafa de los problemas que ella tuvo. Escucha la conversación tantas veces como sea necesario y responde a las siguientes preguntas.

1. Esther no tenía una tarjeta de crédito porque _____.
   a. la buscaba la policía
   b. tenía deudas en el banco
   c. hubo una confusión

2. Esther había pedido una tarjeta de crédito _____.
   a. muchas veces
   b. alguna vez
   c. el año pasado

3. Esther no tenía la tarjeta por _____.
   a. estar en bancarrota
   b. un problema de la computadora
   c. tener poco dinero

4. El nuevo crédito de Esther es _____.
   a. muy alto
   b. normal
   c. bajo

5. Esther piensa comprar _____.
   a. un estéreo
   b. libros
   c. un billete de avión

6. Esther piensa usar la tarjeta _____.
   a. a menudo
   b. una vez al mes
   c. con cuidado

10-10 **Ampliación de vocabulario.** En el diálogo anterior escuchaste expresiones que tal vez no hayas oído antes. Léelas e intenta descifrar su significado por el contexto. Recuerda que puedes volver a escuchar el diálogo tantas veces como sea necesario.

1. Por si las moscas: _____

2. Menos da una piedra: _____

3. El dinero te quema las manos: _____

4. Tener un agujero en el pantalón: _____

¡Así lo expresamos!

⊕10-11   Antes de escuchar. En la próxima actividad vas a escuchar un fragmento sobre unos empresarios bastante jóvenes. Ahora, contesta las siguientes preguntas para averiguar qué sabes tú sobre el mundo del trabajo.

1. ¿Cuál fue tu primer trabajo? ¿Qué hacías? ¿Cuánto ganabas?

   _____

   _____

   _____

2. ¿Qué tipo de trabajos has tenido? ¿Te han gustado? ¿Por qué?

   _____

   _____

   _____

3. ¿Crees que tener un título universitario ayuda a conseguir un buen trabajo? ¿Por qué?

   _____

   _____

   _____

4. ¿Has tenido algún negocio alguna vez? ¿Has pensado en tenerlo? Razona tu respuesta.

   _____

   _____

   _____

5. ¿Por qué crees que hay jóvenes que crean sus propias empresas?

   _____

   _____

   _____

10-12 Mientras escuchas. A continuación vas a escuchar un fragmento sobre jóvenes empresarios españoles. Escucha el audio tantas veces como sea necesario y después, responde a las siguientes preguntas.

1. ¿Qué tipo de trabajos hacen los jóvenes para independizarse?

   _____

   _____

   _____

2. ¿Cuáles son las razones que da Bernardo Ungría por las que los jóvenes deciden ser empresarios?

   a. _____

   b. _____

   c. _____

   d. _____

3. En el audio se dice que no hay características generales que describan a todos los jóvenes empresarios. Sin embargo, se habla de cuatro rasgos comunes en los jóvenes empresarios. ¿Cuáles son?

   a. _____

   b. _____

   c. _____

   d. _____

4. Hay dos cosas a las que renuncia el joven empresario. ¿Cuáles son?

   a. _____

   b. _____

⊕10-13   Después de escuchar.

1. ¿En qué te gustaría trabajar en el futuro?

   _____

   _____

2. ¿Quieres ser dueño de tu propia empresa? ¿Por qué?

   _____

   _____

   _____

3. Una de de las características de tener tu propio negocio es que tú eres tu propio jefe.
   Escribe cuáles son las ventajas y desventajas de ser tu propio jefe.

Ventajas

Desventajas

11

El tiempo libre

1. Sequence of tenses with the subjunctive

11-1 Mezclas. Escucha las siguientes frases en las que uno de los verbos está en el subjuntivo. Identifica cuál es el verbo, si es presente o imperfecto de subjuntivo y explica por qué.

MODELO: Tú escuchas: Dudaba que él supiera navegar a vela.

Tú escribes: *supiera → imperfecto de subjuntivo porque dudaba es imperfecto.*

1. _____
2. _____
3. _____
4. _____
5. _____
6. _____
7. _____
8. _____
9. _____
10. _____

11-2 Problemas, intenciones, deseos... Raúl, Sofía, Elena, Cristina y Teresa son deportistas. Su vida no es fácil y tienen problemas, intenciones y deseos que la gente no entiende. Por eso ellos han ido a hablar con un consejero para que les ayude a solucionar sus problemas. Lee atentamente lo que les pasa. Después, escucha el audio y di cuál es la respuesta del consejero que le corresponde a cada una de estas personas.

A. _____

Teresa: Llevo varios años entrenando para este campeonato internacional de atletismo. Ahora siento mucha presión. Pienso que todo el mundo, mis amigos, mis entrenadores y mi familia esperan que gane el torneo. Estoy muy nerviosa. Por las noches tengo pesadillas y me despierto sudando. A veces pienso que lo mejor es que no vaya al campeonato. Sé que lo que me pasa es que tengo miedo.

B. _____

Elena: Ayer me fracturé el brazo. Fue muy doloroso. Lo peor es que estaba entrenando para una competición de remo. Con una sola mano no puedo remar y no puedo participar en la competición nacional el próximo mes. La próxima competición a nivel nacional será dentro de seis meses. No sé si para entonces ya tendré fuerzas en el brazo.

C. _____

Raúl: Una de mis grandes pasiones fue el paracaidismo. Me encantaba saltar del avión y sentir el peligro durante unos segundos. Pero el paracaidismo es un deporte peligroso. Un día el paracaídas de uno de mis amigos no se abrió y él se mató. Desde entonces no he podido volver a saltar. ¿Cómo es posible que desde aquel momento haya cambiado tanto mi pasión por volar?

D. _____

Sofía: Entreno todos los días porque quiero ir a las próximas olimpiadas. Estoy en un equipo de vela. Cuando era pequeñita mi madre me llevaba con ella a navegar. Ahora corro para mantenerme ágil y levanto pesas para tener fuerzas. El deporte de la vela es muy duro pero me apasiona. A veces pienso que me apasiona demasiado. El único tema de conversación que tengo con mis amigos es el de navegar. No hablo de nada más.

11-3   El campamento. El año pasado Ayem fue a un campamento. Le gustó tanto que ahora quiere ir otra vez y les está contando a sus padres todas las cosas que hizo y que quiere volver a hacer. Escucha su relato tantas veces como sea necesario y contesta las preguntas siguientes.

1. Cuando hacían ejercicio había _____.
   a. un monitor
   b. al menos un monitor
   c. varios monitores

2. La gente del pueblo era _____.
   a. amable
   b. antipática
   c. tímida

3. Según la gente del pueblo el *Pato* era una persona _____.
   a. peligrosa
   b. asustadiza
   c. loca

4. Cuando el *Pato* vio el accidente dijo que el monitor estaba _____.
   a. muerto
   b. dormido
   c. inconsciente

5. Cuando estaban con el *Pato*, Ayem y sus amigos estaban _____.
   a. tranquilos
   b. nerviosos
   c. relajados

6. Ayem piensa que la experiencia del verano fue _____.
   a. buena
   b. mala
   c. regular

Segunda parte ¡Así lo hacemos!

2. Uses of definite and indefinite articles

11-4 Artículo, ¿sí o no? Escucha las siguientes frases. Algunas llevan el artículo definido, otras un artículo indefinido y otras no llevan artículo. Escucha el audio tantas veces como necesites e identifica en cada frase si lleva artículo o no, y cuál es la razón.

> MODELO: **Tú escuchas:** El sol nos da calor.
> **Tú escribes:** *el, porque es un nombre que es específico.*

1. _____

2. _____

3. _____

4. _____

5. _____

6. _____

7. (2 casos) _____

8. _____

9. _____

10. _____

11-5 El matrimonio Domínguez. Marcos te va a hablar sobre el matrimonio Domínguez. Pero primero, tú tienes que unir los principios de las frases de la izquierda con los finales de frase que aparecen a la derecha para formar ideas lógicas. Después escucha lo que dice Marcos tantas veces como sea necesario y comprueba si lo que dice Marcos en el audio coincide con lo que tú escribiste.

1. Los Domínguez hablan _____
2. La señora Domínguez _____
3. Él tiene _____
4. Sus alumnos dicen que _____
5. Él es _____
6. Yo conozco a _____
7. Sus idiomas favoritos son _____
8. A todo el mundo le gusta _____
9. Señora Domínguez _____

a) colecciona sellos.
b) un matrimonio encantador.
c) profesor en la universidad.
d) cien barajas de naipes.
e) el profesor Domínguez es genial.
f) francés, alemán, inglés y español.
g) el alemán y el inglés.
h) le digo cuando la veo.
i) el matrimonio Domínguez.

3. Uses of the gerund and the infinitive

11-6 Silencio, por favor. Santiago es el gerente en una empresa en la que todo el mundo está un poco nervioso hoy. Ahora vas a escuchar lo que algunos empleados le dicen a Santiago. Escucha el audio tantas veces como sea necesario y después, decide qué opción de la caja le corresponde a cada frase.

> Bajando las escaleras.
> Cantar es divertido pero no en el trabajo.
> Escuchando y mirando se aprende mucho.
> Haciendo ejercicio.
> Pedir y se os dará.
> Se prohibe fumar.

1. _____

2. _____

3. _____

4. _____

5. _____

6. _____

11-7 Personajes famosos. Cada persona famosa tiene su pasión. Escucha el audio tantas veces como sea necesario y enlaza cada persona famosa con la frase que le vaya mejor a cada una.

1. Madonna _____

2. Albert Einstein _____

3. Ernest Hemingway _____

4. Sigmund Freud _____

5. Winston Churchill _____

6. Marilyn Monroe _____

7. Rigoberta Menchú _____

11-8 ¡Apuestas! Carmen y sus amigas se han reunido esta noche para jugar una partida. Escucha su conversación tantas veces como sea necesario y responde a las siguientes preguntas.

1. Las mujeres están jugando _____.
   a. a las cartas
   b. al parchís
   c. a las canicas

2. Las mujeres apuestan _____.
   a. la cena
   b. las bebidas
   c. los puros

3. Las mujeres son _____.
   a. tres
   b. cinco
   c. cuatro

4. Estas amigas piensan jugar _____.
   a. hasta las doce de la noche
   b. toda la noche
   c. hasta las tres de mañana

5. El ambiente entre las mujeres es _____.
   a. tenso
   b. divertido
   c. aburrido

6. Marta va a contar _____.
   a. una historia
   b. un problema
   c. un chisme

11-9 ¿Cómo son ellas? Escucha el audio otra vez y escribe en el recuadro cómo te imaginas que son estas mujeres, por sus voces y por lo que ellas dicen en la conversación.

	Marta	Eva	Lucía	Cristina	Carmen
Edad					
Profesión					
Estatura					
Peso					
Color de ojos					
Estado civil					
¿Pareja?					
Gustos (fumar, bailar, leer, hacer deporte...)					

¡Así lo expresamos!

⊕ **11-10   Antes de escuchar.** En la próxima actividad vas a escuchar un fragmento sobre los juegos de azar. Ahora, contesta las siguientes preguntas para ayudarte a descubrir cuánto sabes tú ya sobre este tema.

1. Cuando juegas a algún deporte, ¿te gusta apostar? ¿Por qué?

_____

_____

2. ¿Qué tipo de juegos están permitidos en este país?

_____

_____

3. ¿Dónde se encuentra la mayoría de los casinos y salas de juego?

_____

_____

_____

4. ¿Por qué crees que la gente juega en los casinos? ¿Qué buscan en lugares como Las Vegas?

_____

_____

11-11   Mientras escuchas. Ahora escucha el fragmento tantas veces como sea necesario y responde a las siguientes preguntas según la información que escuches.

1. ¿Por qué se juega?

_____

_____

2. Los españoles juegan por tres razones. ¿Cuáles son?

a. _____

b. _____

c. _____

3. ¿Sabes cuál es el antecedente del juego legalizado?

_____

_____

_____

4. La lotería y la ONCE son dos juegos de azar muy conocidos en España. Completa el siguiente cuadro con la información del audio.

	Lotería Nacional	ONCE
origen (año)	a.	c.
reforma (año)	b.	d.
propósito de la reforma	ayuda al estado	creación del cuponazo para impulsar a la ONCE

⊙11-12 Después de escuchar.

1. En algunos estados de Estados Unidos el juego y la lotería están legalizados. ¿Crees que el tipo de educación o nivel social de las personas influye en quién participa en el juego de la lotería?

_____

_____

_____

2. ¿Crees que hay diferencia entre las personas que juegan al casino o a la lotería? ¿Crees que hay un juego que es más sofisticado que otros?

_____

_____

_____

12

Siglo XXI

1. *Se* for unplanned occurrences, and other uses of *se*

12-1 Un mal día. Luis ha tenido uno de esos días en los que todo sale mal y ha tenido que disculparse y dar explicaciones todo el día por lo que le está pasando. Escucha el audio tantas veces como sea necesario y decide cuál de las frases en la caja diría Luis en cada situación.

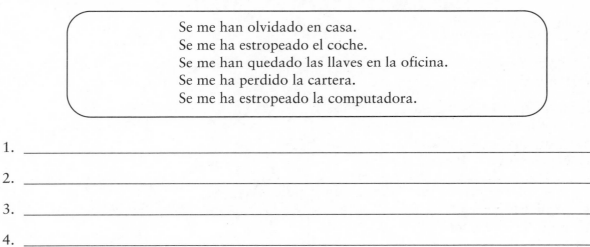

Se me han olvidado en casa.
Se me ha estropeado el coche.
Se me han quedado las llaves en la oficina.
Se me ha perdido la cartera.
Se me ha estropeado la computadora.

1. _____

2. _____

3. _____

4. _____

5. _____

12-2 Mala suerte. Hay días en los que sería mejor no despertarnos. Escucha la siguiente historia que cuenta María tantas veces como necesites, y di si las siguientes frases son ciertas (C) o falsas (F).

1. _____ Sonó el despertador pero María siguió durmiendo.

2. _____ Llegó tarde al examen de física.

3. _____ María se cayó en un sitio lleno de agua.

4. _____ Se le olvidó la cartera en casa.

5. _____ El coche funcionó bien.

12-3 Novelas de terror. Miguel es una persona llena de fantasías. Escucha su relato tantas veces como sea necesario y responde a las preguntas siguientes.

1. Miguel es un personaje de _____.
   a. la vida real
   b. una novela de misterio
   c. una novela

2. La historia se desarrolla en _____.
   a. el muelle
   b. el puerto
   c. la ciudad

3. Miguel vio acercarse a _____.
   a. unos borrachos
   b. la tripulación de un barco
   c. algunos jóvenes borrachos

4. Cuando los marineros entraron en la casa empezó una _____.
   a. reunión
   b. pelea
   c. fiesta

5. Cuando abrió los ojos Miguel estaba en _____.
   a. el fondo del mar
   b. un barco ilegal
   c. un cuarto conocido

6. Miguel se dio cuenta de que él no era un _____.
   a. prisionero
   b. marinero
   c. héroe

➔12-4   Impresiones. Responde a las siguientes preguntas teniendo en cuenta lo que has escuchado en el audio de la actividad anterior.

1. Imagínate que eres una persona que da interpretaciones a los sueños. ¿Qué puede significar el sueño que ha tenido Miguel?

   _____

   _____

   _____

2. ¿Crees que en los sueños mostramos nuestros deseos ocultos?

   _____

   _____

   _____

3. ¿Has soñado alguna vez con algún libro o película que habías leído? Descríbelo.

   _____

   _____

   _____

2a.   The passive impersonal *se*

12-5   Descubrimientos. Escucha las siguientes oraciones en voz activa tantas veces como necesites y ponlas en pasiva impersonal usando el *se* y la forma apropiada del verbo.

MODELO: **Tú escuchas:**   Galileo observó que la Tierra giraba alrededor del Sol en el siglo XVI.
          Tú escribes: En el siglo XVI se observó que la Tierra giraba alrededor del Sol.

1. Ya en la antigüedad _____ .

2. En 1969 _____ .

3. Desde Houston _____ .

4. En la Segunda Guerra Mundial _____ .

5. En los años 50 _____ .

6. El fuego _____ .

7. El teléfono _____ .

8. En la Guerra de Crimea _____ .

2b. The passive voice

12-6 Personajes famosos en apuros. Los siguientes personajes históricos están en apuros. Escucha las siguientes frases tantas veces como sea necesario y di a quién le puede corresponder cada una.

> Alexander Graham Bell   Isaac Newton   Max Planck
> Leonardo Da Vinci   Pablo Picasso   Jules Verne
> Rudyard Kipling

1. _____

2. _____

3. _____

4. _____

5. _____

6. _____

7. _____

3. Diminutives and augmentatives

⊕12-7 Cuentos. A menudo los títulos de los cuentos tienen algún diminutivo o aumentativo. Relaciona los siguientes títulos o personajes con su pareja correspondiente.

1. Los tres cerditos _____   a) salvó al príncipe

2. El Principito _____   b) se convirtió en cisne

3. Blancanieves _____   c) visita a la abuela

4. Caperucita Roja _____   d) engañan al lobo

5. El patito feo _____   e) vive con los siete enanitos

6. La sirenita _____   f) quería una rosa

12-8 Cosita, cosaza. A continuación tienes una serie de nombres con diminutivos y aumentativos. Escucha la descripción de cada elemento en el audio, y elige la opción que le corresponda de las palabras de la caja.

Danny DeVito	Mercurio	el Titanic
el Everest	un pigmeo	la torre Sears
Harrison Ford	El *Quijote*	Volkswagen
Júpiter	Rolls Royce	

MODELO: Tú escuchas: Una estatua grandota
         Tú escribes: La Estatua de la Libertad

1. _____
2. _____
3. _____
4. _____
5. _____
6. _____

7. _____
8. _____
9. _____
10. _____
11. _____

12-9 Mis profesores. Mercedes les cuenta a sus sobrinos qué hacía ella en el colegio cuando era niña. Escucha el fragmento tantas veces como sea necesario y responde a las siguientes preguntas.

1. Cuando era pequeña Mercedes era una _____.
   a. estudiante buena
   b. estudiante mala
   c. estudiante regular

2. Una clase que no le gustaba era _____.
   a. literatura
   b. química
   c. física

3. La profesora de historia era _____.
   a. una mujer pequeñita y torpe
   b. una mujer grande y torpe
   c. una mujer grande y nerviosa

4. Según Mercedes, Alberto es _____.
   a. inteligente pero muy perezoso
   b. vago y un poco perezoso
   c. inteligente y trabajador

5. Mercedes piensa que los amigos de Alberto son _____.
   a. malas personas y una mala influencia
   b. muy divertidos y una buena influencia
   c. muy divertidos pero mala influencia

6. Alberto piensa escribir _____.
   a. un dramón
   b. una telenovela
   c. un novelón

¡Así lo expresamos!

⊕12-10   Antes de escuchar. Imagínate que estás en el año 2235. Piensa quién hará cada una de las siguientes cosas, y marca el cuadro correspondiente.

	los seres humanos	las máquinas
1. Trabajar en un supermercado.		
2. Poner gasolina en los coches.		
3. Conducir los coches.		
4. Preparar la comida.		
5. Corregir exámenes.		
6. Hacer investigaciones en el espacio.		
7. Trabajar en centrales de energía.		
8. Explorar planetas desconocidos.		

1. El fragmento que vas a escuchar se titula *Un millón*. ¿Cuál crees que es el tema? ¿Por qué?

_____

_____

_____

12-11   Mientras escuchas.

Fragmento A

1. Ahora vas a escuchar el **Fragmento A.** ¿De qué piensas que se trata el fragmento? Explica qué detalles apoyan tu opinión.

_____

_____

_____

Fragmento B

2. A continuación vas a escuchar en el **Fragmento B,** los momentos finales de la actuación de Raúl, uno de los concursantes. Raúl ha llegado al final del concurso y está a punto de ganar o de perder un millón. Escucha atentamente y responde a las siguentes preguntas.

   a. ¿Cómo es la personalidad de Raúl?

_____

_____

_____

   b. ¿Qué es lo que ofrece Raúl al concurso si es que pierde la apuesta?

_____

Fragmento C

3. En este fragmento hay un momento de tensión entre Raúl y el presentador del concurso. ¿Qué es lo que ocurre?

_____

_____

_____

_____

⊕12-12   Después de escuchar.

1. ¿Qué te parecería tener que hablar con una máquina que tuviera el poder de decidir si dices la verdad o no?

_____

_____

_____

_____

2. Según la información del audio, ¿por qué crees que Raúl no quiere aceptar la oferta que le ofrece la compañía Wellman?

_____

_____

_____

3. ¿Por qué crees que Raúl insiste en seguir con su oferta hasta el final? ¿Qué hubieras hecho tú?

_____

_____

_____

LAB MANUAL ANSWER KEY

Comunicación y cultura

SECOND EDITION

Lección 1
El arte de contar

PRIMERA PARTE

1. The preterit tense

1-1   La semana de Agustín.

Martes: estudió en casa hasta las dos de la mañana.

Miércoles: entregó dos trabajos, uno para la clase de Tomás y otro para la clase de literatura.

Jueves: estudió estadística para el examen del viernes.

Viernes: no salió por la noche. Se fue a la cama.

Sábado: no pudo dormir hasta tarde. Limpió y preparó comida para diez personas.

Domingo: durmió y durmió hasta tarde.

1-2   La pesadilla de María.
1. María leyó un libro de miedo.
2. Alguien entró en su cuarto.
3. El monstruo miró fijamente a María.
4. El monstruo se empezó a reír.
5. El monstruo empezó a llorar.
6. María le preguntó qué le ocurría.
7. El monstruo se convirtió en un esqueleto.
8. María se despertó sudando.

2.   The imperfect tense

1-3   La curandera.
1. Cuando era niña caminaba todos los días para buscar hierbas.
2. El Gran Curandero me enseñaba a diferenciar las hierbas buenas de las malas.
3. A veces, el Gran Curandero y yo sumergíamos los pies en el río helado.
4. Las privaciones fortalecían el alma.
5. La gente del pueblo respetaba mucho al curandero.

6. Con su magia y conocimientos curaba a los enfermos.
7. El secreto del curandero era hablar poco y escuchar.

1-4   Las familias de Anna y Vicente.
1. Anna
2. Vicente
3. Anna
4. Anna y Vicente
5. Anna
6. Anna

1-5   La historia de Lucía.
1. Falso
2. Falso
3. Falso
4. Falso
5. Falso

1-6   Ampliación de vocabulario.
1. very clear
2. to realize
3. to smell fishy
4. to go beyond a joke; to be the limit

SEGUNDA PARTE

3.   Preterit vs. imperfect

➔1-7   El susto de Cristina.
1. era
2. contaba
3. Una noche
4. dormían
5. y
6. fui
7. cuando
8. había
9. Entonces

1-8 Leyendas.

1. *era* (imperfecto) porque es una descripción.

   escuchó (pretérito) porque es una acción que interrumpe a otra. Va precedido por *de repente.*

2. *quedó* (pretérito) porque indica el final de un suceso.

3. *comenzaron* (pretérito) va precedido de *de golpe.*

   corrieron (pretérito) es una acción en serie que sigue a *comenzaron.*

   pasaba (imperfecto) porque es una descripción.

4. *encontraron* (pretérito) porque la acción concluye.

5. *vieron* (pretérito) porque es una acción en un momento determinado.

   era (imperfecto) porque es una descripción.

   percibía (imperfecto) porque es una descripción.

6. *llevaban* (imperfecto) porque va precedido por *mientras.*

   preguntaba (imperfecto) porque es una acción continua.

   era (imperfecto) porque es una descripción.

7. *llegó* (pretérito) porque la acción concluye.

   era (imperfecto) porque es una descripción.

   quedó (pretérito) porque indica el fin de una serie de sucesos.

1-9 La muerte anda por la calle.

1. b
2. b
3. c
4. b
5. b
6. b
7. a

¡ASÍ LO EXPRESAMOS!

➔1-10 Antes de escuchar.

1. i
2. f
3. a
4. h
5. j
6. c
7. e
8. b
9. d
10. g

1-11 Mientras escuchas.
Fragmento A
1. se ha rehabilitado
2. una historia y alguien para escucharte
3. cafés y bares

Fragmento B
4. historias realmente magníficas, historias dulces, cómicas o mágicas
5. ha revolucionado los cafés de esta ciudad

Fragmento C
6. un hecho de comunicación, pero también artístico
7. nace en la imaginación del que nos escucha
8. de momento no puede ser el primero

Fragmento D
a. 2
b. 3
c. 5
d. 4
e. 1

➔1-12 Después de escuchar.
Respuestas varias.

Lección 2
La tecnología y el progreso

PRIMERA PARTE

1. Uses of *ser, estar,* and *haber*

➔2-1   La contaminación.
1. es
2. era
3. hay
4. está
5. es
6. Hay
7. somos

2-2   La campana molesta.
1. *es* porque cara es una característica de gasolina.
2. *hay* porque señala la existencia de personas.
3. *es* porque razón se identifica con el sujeto.
4. *hay* porque señala la existencia del transporte público.
5. *está* porque convencida es el resultado de una acción previa, convencer.
6. *hay* porque forma parte de la estructura *haber que* + infinitivo.
7. *hay* porque señala la existencia de campañas de educación.
8. *es* porque va precedido por una característica del transporte público.
9. *hay* porque indica la existencia de contaminación en la ciudad de México.

2. The future tense

➔2-3   Negociaciones.
1. Las fábricas contaminarán más en el año 2050.
2. Los desperdicios causarán más problemas en los ríos en el año 2050.
3. El mar estará más sucio para el año 2050.
4. Las máquinas producirán más desechos para el año 2050.
5. Las empresas no se preocuparán por el medio ambiente en el año 2050.

2-4   El mes sobre el medio ambiente.
— El martes, 7 de noviembre, el decano de la facultad se reunirá con los representantes de los movimientos ambientales europeos.
— El 17 de noviembre habrá una conferencia sobre los efectos de la contaminación en la capa de ozono.
— Probablemente el 27 de noviembre habrá una conferencia sobre la deforestación de la selva amazónica.
— El 29 de noviembre habrá una conferencia sobre la deforestación en Costa Rica.

2-5   La tecnología copia el mundo real.
1. c
2. c
3. b
4. b
5. b
6. a

2-6   Ampliación de vocabulario.
1. to take advantage of
2. to keep

3. to obtain
4. resource
5. resistant
6. lasting
7. snail

SEGUNDA PARTE

3. The Spanish subjunctive in noun clauses

2-7 La tecnología en la casa.
1. emoción
2. hecho real
3. hecho real
4. expresión impersonal
5. emoción
6. duda/negación
7. hecho real
8. hecho real
9. voluntad

2-8 El cine y la realidad.
1. *digan*, subjuntivo porque es improbable.
2. *no nos preocupamos*, indicativo porque es algo cierto.
3. *cambiemos*, subjuntivo porque hay dudas.
4. *nos demos cuenta*, subjuntivo porque es algo imposible.
5. *no podamos disfrutar*, subjuntivo porque es emoción.

2-9 Las computadoras y los niños.
1. Cierto
2. Cierto
3. Falso
4. Cierto
5. Cierto
6. Cierto

➔2-10 Y ahora tú.
Respuestas varias.

¡ASÍ LO EXPRESAMOS!

➔2-11 Antes de escuchar.
1. alternativa (b)
2. el petróleo (b)
3. solar (b)
4. eólica (a)
5. renovable (b)

2-12 Mientras escuchas.
Respuestas varias.

➔2-13 Después de escuchar.
Respuestas varias.

Lección 3
Los derechos humanos

PRIMERA PARTE

1. The subjunctive with impersonal expressions

3-1 Violencia en el hogar.
Posibles respuestas:
1. Es horrible que no denuncien estos malos tratos.
2. ¡Es increíble que todavía sucedan estas cosas!
3. ¡Es probable que ayuden a muchas mujeres!
4. Es cierto que hacen una gran labor.
5. Es indudable que es difícil salir de una situación así.

3-2 Paz en el mundo.
1. *busquen*, subjuntivo porque expresa opinión.
2. *haya*, subjuntivo porque expresa probabilidad.
3. *apoya*, indicativo porque es una expresión que indica certeza.
4. *encontrar*, infinitivo porque no hay un sujeto expreso en la cláusula dependiente.
5. *desea*, indicativo porque *es evidente* indica certeza.
6. *escuchen*, subjuntivo porque expresa necesidad u opinión.
7. *olvidar*, infinitivo porque no hay un sujeto expreso en la oración.

3-3 Los derechos humanos en el mundo.
1. c
2. a
3. c
4. b
5. c

➔3-4 Reflexiones.
1. En la antigua Yugoslavia el presidente Milosevic emprendió una cruzada de limpieza étnica en la región de Kosovo. El ex líder camboyano Pol-Pot, fue responsable por la muerte de millones de personas.
2. Respuestas varias.

SEGUNDA PARTE

2. Direct and indirect object pronouns and the personal *a*

3-5 Injusticia en el mundo.
1. Objeto directo: la carta
   Objeto indirecto: el presidente
   El periodista se la mandó para terminar con la censura.
2. Objeto directo: la carta
   El presidente la va a publicar esta semana.
3. Objeto directo: Milosevic
   Los medios de comunicación quieren entrevistarlo en agosto.
4. Objeto directo: la guerra
   Milosevic no quería terminarla.
5. Objeto directo: los derechos humanos
   Los países aliados quieren garantizarlos en todo el mundo.

3-6 Reacción a la declaración de los derechos humanos.
1. la
2. la
3. le
4. los
5. nos

3. *Gustar* and similar verbs

➔3-7 Garzón y Pinochet.
1. me cae mal
2. me cae bien/me fascina

3. Me parece
4. queden
5. hace falta
6. interesa

3-8 Me gusta y me disgusta.
1. Caer bien
2. Impresionar
3. Molestar
4. Caer mal

3-9 Las mujeres en el mundo del trabajo.
1. b
2. c
3. b
4. a
5. a

→3-10 Reflexiones.
1. Hubieron nuevos puestos de trabajo de más interés para los hombres que ofrecían mejores salarios. Muchos puestos de la enseñanza fueron ocupados por mujeres.

   La mujer vio en la enseñanza una forma de ser independiente y de mantenerse económicamente sin tener que depender de sus padres o de un marido.

2. Respuestas varias.
3. Respuestas varias.

¡ASÍ LO EXPRESAMOS!

→3-11 Antes de escuchar.
1. tribunal
2. dictamen
3. presos
4. delito
5. dictadura
6. fiscal
7. ley

3-12 Mientras escuchas.
1. Militares y personas afines a la dictadura raptan a los hijos de los presos.
2. Los niños raptados viven con familias adoptivas.
3. Los niños nunca descubren quiénes son sus padres verdaderos.
4. Se presentó una acusación, una querella, en contra de los militares.
5. El caso de los niños raptados será investigado.

Lección 4
El individuo y la personalidad

PRIMERA PARTE

1. Reflexive constructions

4-1 El señor Domínguez.

a sí mismo:
>   se despierta (despertarse)
>   se levanta (levantarse)
>   se ducha (ducharse)
>   se afeita (afeitarse)
>   se pone (ponerse)
>   se peina (peinarse)
>   se lava (lavarse)
>   se seca (secarse)

a los hombres:
>   afeita
>   maquilla
>   peina

a las mujeres:
>   peina
>   afeita
>   maquilla

4-2 Los novios.

1. Ella llevaba un vestido de flores pequeñitas.
2. Me enamoré de ella inmediatamente.
3. Nos llevábamos muy bien desde el primer momento.
4. Nos veíamos todos los días.
5. Nos dimos el primer beso debajo de un árbol.
6. Nos llamábamos por teléfono constantemente.
7. Nos escribíamos cartas de amor.

4-3 Una historia de Carmen.

1. c
2. b
3. c
4. b
5. a
6. a

SEGUNDA PARTE

2. Agreement, form, and position of adjectives

4-4 La fiesta de ayer.

1. f
2. h
3. e
4. k
5. i
6. d
7. c
8. g
9. b
10. j
11. a

4-5 Las dos amigas.

Doña Elvira
>   pequeña
>   delgada
>   parece desafortunada
>   lleva una chaqueta nueva
>   elegante
>   pobre mujer

Doña Pilar
>   grande
>   alta
>   parece dichosa
>   rebelde
>   tiene mucha imaginación

3. The past participle and the present perfect tense

4-6 ¿Han vuelto de viaje?

Luis

ha preparado la comida.
no ha comprado el café y la leche.
no ha sacado dinero del banco.
no ha comprado las flores.

Manuel

ha sacado dinero del banco.
ha limpiado los cuartos.
ha limpiado el baño.
les ha pedido la cola a los vecinos.
no ha hecho las camas.
no ha arreglado las sillas.

4-7 Un mal día.

1. a
2. c
3. d
4. b

4-8 Raúl.

1. a
2. a
3. c
4. b
5. c
6. b

⊕4-9 Impresiones.

1. Raúl es un sinvergüenza. No es una buena persona.
2. Marcos habla de ella con ironía, por lo tanto sus sentimientos no son positivos hacia ella.
3. Creen que no era un negocio limpio y se sienten contentos que haya fracasado.
4. Arcea duda que Raúl cambie.

¡ASÍ LO EXPRESAMOS!

⊕4-10 Antes de escuchar.

1. e. E.
2. a. D.
3. b. C.
4. g. G.
5. c. B.
6. d. A.
7. f. F.

4-11 Mientras escuchas.

Primera parte

1. a. *Guernica*
   b. pintor / artista (varias respuestas posibles)
   c. pintor universal
   d. Andalucía / Moguer (Huelva) (varias respuestas posibles)
   e. *Platero y yo*
   f. Premio Nobel de Literatura
   g. escritor
   h. Ávila (ciudad castellana)
   i. escritora mística / poeta

2. Es el centenario de todos estos personajes.
   Picasso nació en 1881.
   Juan Ramón Jiménez también nació en 1881.
   Calderón murió en 1681.
   Santa Teresa murió en 1582, pero la celebración de su centenario empieza en octubre de 1981.

Segunda parte

Respuestas varias.

⊕4-12 Después de escuchar.

Respuestas varias.

Lección 5
Las relaciones personales

PRIMERA PARTE

1. The subjunctive vs. the indicative in adjective clauses

⊕5-1 Consejero matrimonial.
Posibles respuestas:

Señor Pelayo

1. Busco una persona que se ría de mis chistes.
2. Quiero una persona que no pelee conmigo.
3. Necesito una persona que sea sensible.
4. No quiero una persona que sea dominante.

Señora Pelayo

1. Busco una persona que me traiga el desayuno a la cama.
2. Necesito un hombre que me escuche cuando le cuento algo.
3. No quiero una persona que tenga celos cuando hablo con otros hombres.
4. Quiero una persona con quien salir a cenar y hablar toda la noche.

5-2 Se busca pareja.

Sofía	b
Simón	a
Juan	e
Ángel	d
Elena	c

5-3 El consultorio de doña Consuelo.
1. a
2. b
3. a
4. c
5. b
6. a

⊕5-4 Impresiones.
Respuestas varias.

SEGUNDA PARTE

2. The future perfect and pluperfect tenses

⊕5-5 Dentro de unos años.
Posibles respuestas:

1. Para el año 2013 habré terminado de estudiar.
2. Para el año 2009 habré vivido un apasionado matrimonio con mi esposo.
3. Para el año 2024 habré tenido tres hijos.
4. Para el año 2015 habré trabajado en un hospital.
5. Para el año 2002 habré conocido la pasión.
6. Para el año 2030 no habré perdido todo el dinero en un juego de azar.
7. Para el año 2059 habré tenido nietos.

5-6 La vida de Maite Zúñiga.
1. vivir 20 años en Madrid (2)
   nacer (1).
2. ir a la escuela (1)
   estudiar mis hermanos (2).
3. ir a la universidad (2)
   cumplir los 15 años (1).
4. enseñar a conducir (2)
   tener 18 años (1).
5. comprarme un coche (1)
   trabajar mucho (2).

3. Comparisons with nouns, adjectives, verbs, and adverbs

5-7 Comparando.
1. Manuel es tan callado como Paco.
2. Yo fui más consentida que mis hermanos.
3. Luisa es mayor que Felipe.
4. Aquel pastel es mejor que éste.
5. Elena es tan apasionada como Eva.

5-8 Comparando profesores.
1. Cierto
2. Falso
3. Falso
4. Cierto
5. Cierto

5-9 La familia de Susi.
1. c
2. c
3. b
4. a
5. b
6. a

⊛5-10 Expresiones.
1. to be proud of
2. to look alike
3. to gesticulate

¡ASÍ LO EXPRESAMOS!

⊛5-11 Antes de escuchar.
Respuestas varias.

5-12 Mientras escuchas.
1. **valle:** altas montañas; pequeño río; aguas frías; diminutas casas de los pueblos.
   trabajo: pastores y agricultores; las mujeres jóvenes se fueron a la ciudad; millar de vacas y alrededor de 5.000 ovejas.
   población: 750 personas; hombres; pocas mujeres.
   historia: Ahora es un valle casi dormido. Hace medio siglo la población era el doble; las mujeres se han ido a la ciudad a trabajar; anuncio en el periódico; hombres en el bar; película del oeste, etc.
2. Las personas ya no pueden hacer nada más y se deja en manos de la suerte o de Dios.
3. Respuesta personal.

⊛5-13 Después de escuchar.
Respuestas varias.

Lección 6
El mundo del espectáculo

PRIMERA PARTE

1. The subjunctive vs. the indicative in adverbial clauses

➔6-1   El concurso.
1. b
2. c
3. a
4. d

6-2   El coro de la Universidad.
Posibles respuestas:
1. Después de hacer una audición Susana es miembro del coro de la universidad.
2. Susana no puede ser parte del coro hasta que no cante delante del director.
3. Un día, sin pensarlo más, se presenta para hacer la prueba.
4. Tiene miedo de que tan pronto como la oigan cantar no la admitan.
5. Varias personas se unen antes de que termine de cantar.
6. Te llamaré en cuanto tengamos el primer concierto.

6-3   Mi vida es una telenovela.
1. a
2. b
3. a
4. c
5. b
6. a

➔6-4   Ampliación de vocabulario.
1. To be mad about you (To be mad about someone)

2. Practical joke
3. To play dumb
4. To give it a personal touch

SEGUNDA PARTE

2. Commands (formal and informal)

➔6-5   Francisco, director de orquesta.
orquesta:
>   Siéntense en sus sitios.
>   Vengan al ensayo temprano.
>   No hablen cuando dirijo.

a una persona de la orquesta:
>   No llegue tarde mañana.
>   No se distraiga por favor.

hijos:
>   Comed el desayuno.
>   Portaos bien.
>   No hagáis ruido, estoy trabajando.

a uno de sus hijos:
>   Vete a la cama ahora mismo.
>   No pelees con tu hermano.

6-6   Dibujos.
Dibujos originales.

3. The subjunctive with *ojalá*, *tal vez*, and *quizá(s)*

➔6-7   Sueños en el futuro.
1. Ojalá sea tan bueno como Paco de Lucía.
2. Ojalá gane mucho dinero para poder viajar.
3. Tal vez pueda tener vacaciones largas.
4. Quizás conozca a personas famosas.
5. Tal vez me inviten a cenar y a comer a sus casas.
6. Quizás seamos buenos amigos.
7. Tal vez me esté adelantando demasiado.

6-8 Sueños de grandeza.
1. *Quizás*, vaya ➔ ir
2. *Ojalá*, vaya ➔ ir

3. *Tal vez*, pueda → poder
4. *Ojalá*, acepte → aceptar
5. *Quizás*, se conmueva → conmoverse
6. *Quizás*, sea → ser
7. *Tal vez*, sueñe → soñar

6-9 Salto a la fama.

1. a
2. b
3. b
4. c
5. c
6. a

6-10 Emociones.

Todas las respuestas que puedan tener un valor parecido son válidas.

1. alterado, emocionado
2. triste
3. enfadado
4. nervioso
5. seguro de sí mismo

¡ASÍ LO EXPRESAMOS!

⊕6-11 Antes de escuchar.

Respuestas varias.

6-12 Mientras escuchas.

1. En España
2. sevillanas, malagueñas, fandanguillos, jotas ... las castañuelas.
3. El debut de la bailarina fue en 1931 en el teatro Auditorium de La Habana.
4. En el teatro Auditorium de La Habana, en el American Ballet, en una compañía que lleva su nombre, Alicia Alonso. Esa misma compañía se llamó después Ballet Nacional de Cuba.
5. En 1943 hizo la sustitución de la primera bailarina de la obra *Giselle*. Esta interpretación es el origen de su leyenda. Ella siente que este ballet es un bello ballet.
6. Los artistas en Cuba disponen de pocos medios. Tienen su propia fábrica de zapatillas pero a veces no tienen material y tienen que esperar. Tampoco tienen el material deseado para los decorados y los vestidos y tienen que repintar los decorados y usar varias veces los mismos materiales.
7. Algunos artistas han pedido asilo político a otros países pero ella dice que eso es una cuestión muy personal.

Lección 7
La diversidad y los prejuicios

PRIMERA PARTE

1. Preterit vs. imperfect, review

7-1   La muerte anda por la calle.
Imperfecto: era, temblaban, rodeaban, caminaba, parecía, parecía, presentía, atrevía, iba, temblaban, esperaba, parecía, encontraba, llevaba, era, sentía, acercaba, iba
Pretérito: apareció, dirigió, oyó, vino, observó, escuchó, vio, dio

2. Hacer and desde in time expressions

➔7-2   El cajón desordenado.
1. ¿Desde cuándo vives en Madrid?
2. Hace más de 30 años que el hombre fue a la Luna.
3. Hace unos meses que estudio español.
4. ¿Cuánto tiempo hace que trabajas en el laboratorio?
5. Hacía mucho tiempo que no conocía a una feminista tan radical.

7-3   La línea del tiempo.
1. 1986: Pensaba en ir a trabajar a Madrid.
2. 1988: Fue a trabajar a Madrid.
3. 1990: Encontró trabajo en el mundo científico.
4. 1993: Conoció a la persona de su vida.
5. 1997: Encontró a la persona de su vida (se dio cuenta).
6. 1998: Empezó a trabajar en un proyecto de tecnología espacial.

7-4   Organizaciones de mujeres.
1. c
2. a
3. c
4. a
5. c
6. b

➔7-5   Ahora tú.
Respuestas varias.

SEGUNDA PARTE

3. Por and para

7-6   Radio estropeada.
1. *para*, porque es el propósito de una acción.
2. *para*, porque es objetivo, el objetivo de las campañas es la igualdad.
3. *por*, porque es expresión idiomática.
4. *por*, porque indica la razón por la que algo ocurre.
5. *para*, porque es comparación con otras sociedades.
6. *para*, porque es una finalidad, objetivo.

7-7   Atentos.
1. ¿A qué hora vienes por mí?
2. ¿Para qué es ese pastel?
3. ¿Cuánto cuesta este libro?
4. ¿Para cuándo es el trabajo?
5. ¿Para qué habéis venido?
6. ¿Por dónde has venido?

4. Verbs that require a preposition before an infinitive

7-8   Superar el miedo.
1. c
2. a
3. g
4. f
5. d
6. b
7. j

8. h

9. k

10. e

11. i

7-9 El plan de la semana.

1. Lunes, miércoles y viernes, aeróbics a las doce.

2. Lunes a las nueve de la mañana, llamar a Lucía.

3. Miércoles por la tarde, terminar el trabajo de historia.

4. Miércoles a las nueve de la noche, cena con Marta y su hermano.

5. Jueves, entregar el trabajo.

6. Viernes, salir con Ana a las diez de la noche.

7. Sábado: dormir hasta tarde.

7-10 Acoso en el trabajo.

1. c

2. b

3. c

4. b

5. a

6. b

⊖7-11 Ahora tú.

Respuestas varias.

¡ASÍ LO EXPRESAMOS!

⊖7-12 Antes de escuchar.

Respuestas varias.

7-13 Mientras escuchas.

Fragmento A

1. Las madres tienen miedo de que Montse les contagie el SIDA a sus hijos.

2. Las madres quieren un certificado por escrito en el que se asegure al cien por cien que el SIDA no se contagia.

3. La tía comprende el miedo de las madres pero también pide que se informen sobre lo que es el SIDA. Ésa es la única forma de enseñar a sus hijos a luchar contra la marginación y el odio.

Fragmento B

4. El médico dice que hay que acostumbrarnos a vivir con los enfermos de SIDA porque dentro de unos años van a ser tantos los enfermos del SIDA que no va a haber forma de marginarlos a todos y de crear sitios para ellos. Es una enfermedad con la que tienen que aprender a vivir.

Fragmento C

5. No, hace tiempo presentó un estudio en el que se veía que no hay ningún riesgo de transmisión aun cuando los niños o adultos compartan objetos de uso personal.

Fragmento D

6. Según el doctor Rafael Nájera no se puede minimizar el problema del SIDA. Hay que ser consciente de que éste existe y actuar en consecuencia. Tenemos que protegernos como individuos para proteger a la sociedad.

⊖7-14 Después de escuchar.

Respuestas varias.

Lección 8
Las artes culinarias y la nutrición

PRIMERA PARTE

1. The imperfect subjunctive

➔8-1 Comiditas.
Posibles respuestas:
1. Yo deseaba que tuvieran trufas en el restaurante.
2. No conocía a nadie a quien le gustara tanto el cordero como a mi padre.
3. Yo quería que me diera la receta.
4. Mi madre esperaba que la comida tuviera mucha sal.
5. Yo quería que mi vecina me diera una cebolla.
6. Era posible que alguien me las acercara.

8-2 Una cena desastrosa.
Posibles respuestas:
1. Ya me parecía a mí extraño que en Iowa hubiera camarones frescos.
2. Nunca creí que un cocinero no supiera saltear las verduras.
3. Ya te dije que no pidieras ese postre.
4. Es una vergüenza que no nos pidieran disculpas.
5. Yo no pensé que el restaurante fuera tan caro.
6. Es increíble que encontráramos un restaurante tan malo.

8-3 La cena.
1. b
2. b
3. c
4. c
5. b
6. a

➔8-4 Ampliación de vocabulario.
1. to look great
2. to make one's mouth water
3. to be a disaster
4. They took it well.

SEGUNDA PARTE

2. The conditional and conditional perfect

8-5 Aprendiendo a cocinar.
1. Deberían dar diferentes medidas.
2. Yo le añadiría un poco más de agua.
3. Yo lo pondría 45 minutos.
4. Ya habría llamado por teléfono para avisar.
5. Porque no sé si podríamos preparar comida para más de seis personas.
6. Habría cantidad suficiente.
7. Eso sería mala suerte.

8-6 El régimen.
Irene:
    comería un pollo con salsa y patatas
    rompería todas las revistas de moda
    como *Glamour*, *Cosmopolitan*, *Vogue*...
    iría a un restaurante a comer albóndigas

María:
    comería una vaca
    aderezaría las verduras con aceite
    quemaría las revistas de moda como *Cosmopolitan*
    tiraría la pesa por la ventana

3. The indicative or subjunctive in *si*-clauses

8-7 Demasiadas condiciones.
1. *quieres*, presente de indicativo
   tienes, presente de indicativo
2. *quieres*, presente de indicativo
   tires, presente de subjuntivo

3. *sabría*, condicional de indicativo
   tuviera, imperfecto de subjuntivo
4. *hubiera sabido*, pluscuamperfecto de subjuntivo
   habría comprado, condicional perfecto
5. *hierves*, presente de indicativo
   echa, presente de indicativo
6. *pelan*, presente de indicativo
   pones, presente de indicativo
7. *hubiera tenido*, pluscuamperfecto de subjuntivo
   habría cocinado, condicional perfecto de indicativo

8-8 El cumpleaños de Agustín.

Posibles respuestas:
1. Si hubiera sido mi cumpleaños, yo habría hecho una tarta.
2. Si se me hubiera quemado la pizza, habría llamado a Pizza Hut.
3. Si se me hubiera acabado el pastel, habría cortado los pedazos por la mitad.
4. Si yo hubiera sido Agustín, habría invitado al vecino a la fiesta.
5. Si hubieran sido mis amigos, yo los habría llevado a sus casas.
6. Si hubiera sido yo, habría esperado hasta la mañana siguiente.

8-9 Receta de albóndigas.

1. b
2. c
3. b
4. a
5. c
6. a

¡ASÍ LO EXPRESAMOS!

⊕8-10 Antes de escuchar.

1–3. Respuestas varias.
   4. tortilla de patatas, gazpacho y paella

8-11 Mientras escuchas.

Fragmento A

En la dieta mediterránea hay un alto consumo de <u>verduras</u>, <u>frutas</u>, <u>cereales</u>, <u>leguminosas</u> y <u>pescado</u>. Hay también un consumo moderado de <u>lácteos</u> y <u>carnes</u>. El <u>vino</u> y el <u>aceite de oliva</u> son elementos indispensables.

Fragmento B

a. Los griegos y fenicios introdujeron el aceite de oliva en la cocina española.
b. Los romanos convirtieron a Andalucía en el principal centro productor.
c. Los árabes dieron el nombre al aceite.

Fragmento C

a. El vino era bebida de dioses y héroes.
b. Las primeras cepas llegaron a la Tarraconense española.
c. Regiones españolas en las que se produce vino son Rioja, Jerez, Aragón, Galicia, Ribera del Duero, Cataluña, La Mancha.

Fragmento D

Gazpacho: hacen falta tomate, pepino y pimiento. Cebolla se le puede echar pero no es aconsejable. También se le añaden vinagre, ajos y un poquito de comino. En la guarnición se hace un picadillo de pepino, pimiento y cebolla.

Sangría: Se necesita un vino normal, una bebida gaseosa, por ejemplo limonada, bastante fruta, por ejemplo, melocotón o plátano, trozos de limón, trozos de naranja, azúcar y a veces también se le puede añadir un poco de ginebra y mucho hielo.

⊕8-12 Después de escuchar.

Respuestas varias.

Lección 9
Nuestra sociedad en crisis

PRIMERA PARTE

1. The pluperfect subjunctive

9-1 Fernando no es asesino.
1. (1) sabía; (2) hubiera estado
2. (1) podía creer; (2) hubiera traficado
3. (1) esperé; (2) se hubiera ido
4. (1) deseaba; (2) hubiera ocultado
5. (1) desconocía; (2) hubiera sido
6. (1) creía; (2) hubiera robado
7. (1) era posible; (2) hubiera querido
8. (1) esperaba; (2) hubiera sido

9-2 Vidas difíciles.
Posibles respuestas:
1. Si yo hubiera sido Jesús, yo pienso que hubiera robado la manzana.
2. Si yo hubiera sido Eva, yo creo que hubiera asesinado al hombre.
3. Si yo hubiera sido Carmen, yo creo que hubiera llamado a Harrison Ford.
4. Si yo hubiera sido Javier, es probable que hubiera matado a esa persona.

9-3 La vida de Fernando.
1. c
2. b
3. a
4. a
5. c
6. b

9-4 Algo más sobre la vida de Fernando.
Posibles respuestas:

1. Fernando parece triste, apesadumbrado, cuando habla de por qué dejó la escuela. Sí, se arrepiente de haber dejado la escuela.
2. No, Fernando no quería robar a ese matrimonio. Su voz cambia de normal a seria de repente. Esto es porque va a contar algo importante y en este caso algo que no le gusta.
3. Su voz tiembla, ese hecho es algo que no quiere recordar.
4. Probablemente, porque tenía miedo y no quería matar a una persona.
5. A Fernando no le gusta su vida pasada. De hecho es algo que quiere olvidar porque no habla de ello. En las últimas frases, Fernando parece contento de haber salido de esa vida en la que estaba.

SEGUNDA PARTE

2. Uses of *se*

9-5 Instrucciones para un buen vecino.
1. Se llega a conocer a los vecinos.
2. Se reúnen para hablar de las preocupaciones de la vecindad.
3. Se selecciona a líderes para cada calle de la vecindad.
4. Se piden señales para poner en los buzones.
5. Se apuntan los números de placa de los autos sospechosos.
6. Se cierran con llave las puertas de la casa y de los autos.
7. Se utilizan luces automáticas de casa y de calle.
8. Se le comunica a la policía toda actividad sospechosa.

9-6 ¿Qué se hace en España?
1. se come paella → Valencia
2. se come turrón → toda España
3. se hace turrón → Alicante

4. se bebe cava → toda España
5. se toman las uvas → toda España
6. se tocan las campanas → Madrid
7. se celebra la Noche Vieja → toda España
8. se celebra el 20 de enero → San Sebastián
9. se celebra la fiesta de San Jorge → toda España, Cataluña
10. se regalan libros y rosas → Cataluña

3. Indefinite and negative expressions

⊕9-7 En la comisaría.
1. ¿Has tenido algún problema esta noche?
2. ¿Algún crimen?
3. Seguro que alguien buscaba drogas.
4. ¿Ha sido alguien que conocemos?
5. Me gustaría algo o alguien nuevo.
6. O viene algún ladrón nuevo o me cambio de comisaría.

9-8 Emparejando.
1. Indiana Jones
2. Steven Spielberg
3. Oprah Winfrey
4. Michael Jordan
5. Venus y Serena Williams
6. Bill Gates

9-9 Borrachera con consecuencias.
1. a
2. c
3. b
4. a
5. c
6. b

⊕9-10 Impresiones.
Respuestas varias.

¡ASÍ LO EXPRESAMOS!

⊕9-11 Antes de escuchar.
1. c
2. a
3. c
4. b

9-12 Mientras escuchas.
1. **Secuestradores:** la guerrilla peruana Tupac Amarú, muerte de todos los secuestradores, presentaron gran resistencia

   Secuestrados: 72 rehenes, 126 días, embajada japonesa de Lima, etc.

   Presidente: Alberto Fujimori, en mangas de camisa y chaleco antibalas, ofreció una rueda de prensa, su popularidad estaba mermada. . .

   ¿Muertos?: todos los secuestradores, uno de los rehenes y dos miembros del ejército.

2. 1. La guerrilla peruana Tupac Amarú mantiene a 72 rehenes durante 126 días.
   2. Se inicia la operación de liberación.
   3. La operación dura 45 minutos.
   4. El presidente Alberto Fujimori habla a la prensa.
   5. Los secuestrados hablan a la prensa.

⊕9-13 Después de escuchar.
Respuestas varias.

Lección 10
El empleo y la economía

PRIMERA PARTE

1. Indirect speech

10-1 Lo que dicen Estíbaliz y Rafael.
1. Estíbaliz dijo que mañana iría a buscar trabajo.
2. Rafael dice que ha tenido una entrevista en una empresa.
3. Estíbaliz comentó que había conseguido trabajo como socióloga.
4. Rafael dice que mañana será su primer día de trabajo.
5. Estíbaliz dice que tiene que hablar con su jefe.
6. Rafael me preguntó si estaba interesado en el puesto.
7. Estíbaliz anuncia que le han ofrecido el contrato.
8. Rafael prometió que (yo) trabajaría a tiempo completo.

10-2 Agencia de trabajo.
1. Paco pregunta si nos sirven un par de cajeras.
2. Mi jefe pregunta si hay algún asesor disponible.
3. Paco dice que tuvieron diseñadoras la semana pasada.
4. Mi jefe pregunta que dónde está tu jefe.
5. Paco dice que hace una hora le dijo que se iba a hacer entrevistas.
6. Mi jefe pregunta si todavía no ha vuelto.
7. Paco dice que hace las entrevistas en el bar.

10-3 La entrevista de Clara.
1. b
2. c
3. b
4. c
5. a
6. a

10-4 Impresiones.
Posibles respuestas:
1. Clara está nerviosa.
2. No está segura.
3. Sergio cree que es una persona importante.
4. To knock on wood.
5. Clara toca madera porque quiere tener buena suerte.

SEGUNDA PARTE

2. The relative pronouns *que, quien,* and *lo que,* and the relative adjective *cuyo*

10-5 El comienzo de un negocio.
1. *lo que*, porque hace referencia a una acción anterior, algo que ha sido contado en el pasado.
2. *que*, porque el antecedente es una cosa.
3. *que*, porque el antecedente es una cosa.
4. *quien*, porque hace referencia a una persona y va precedido por la preposición *con.*
5. *lo que*, porque hace referencia a una acción anterior, a un dinero que se ha prestado en el pasado.
6. *lo que*, porque hace referencia a una idea.
7. *que*, porque el antecedente es una persona pero no hay preposición.
8. *quien*, porque hace referencia a una persona y va precedido de la preposición *de.*

9. *quien*, porque hace referencia a una persona y va precedido de la preposición *sin*.

10-6   La reunión de vecinos.

1. Falso
2. Cierto
3. Cierto
4. Cierto
5. Falso
6. Falso
7. Falso

3. The relative pronouns *el/la cual* and *los/las cuales*

10-7   En el banco.

1. Las cuales → las acciones
2. (Con) el que → el dinero
3. (Por) la que → la razón
4. El cual → el dinero
5. (Con) el cual → el banquero
6. (En) la cual → una empresa
7. Los cuales → los presupuestos

10-8   Lo que hacen las personas.

1. by the man who is speaking with a woman by the door.
2. by the woman who is speaking by the door.
3. by the woman who has a torn dress.
4. by the man who has a briefcase (left of the picture).
5. by the man who has a hat in his hands.
6. by the men who are talking to him.
7. by the woman who is walking the dog.
8. by the dog.

10-9   La primera tarjeta de crédito.

1. c
2. a
3. b
4. c
5. a
6. b

→10-10   Ampliación de vocabulario.

1. just in case
2. it's better than nothing
3. money flows through yours hands like water
4. money flows through yours hands like water

¡ASÍ LO EXPRESAMOS!

→10-11   Antes de escuchar.
Respuestas varias.

10-12   Mientras escuchas.

1. Los jóvenes reparten propaganda, venden pañuelos de papel a los automovilistas, elaboran productos de artesanía, hacen encuestas, tocan la guitarra por la calle u ofrecen muestras de productos alimenticios en los supermercados.
2. a. El joven no ve otra forma de acceder a un puesto de trabajo más que creando su propio puesto de trabajo.
   b. El paro es una razón para crear su propia empresa.
   c. Por circunstancias familiares.
   d. Por vocación. Hay personas que no quieren trabajar para otra persona en donde no pueden tener autonomía.
   e. Formación. Una persona decide adquirir una formación concreta para convertirse en empresario.
3. a. Ambición.
   b. Iniciativa.
   c. Vocación casi innnata.
   d. Resistencia al desaliento.
4. a. Seguridad.
   b. Ocio, tiempo libre.

→10-13   Después de escuchar.
Respuestas varias.

Lección 11
El tiempo libre

PRIMERA PARTE

1. Sequence of tenses with the subjunctive

11-1   Mezclas.

1. *jugaran* → imperfecto de subjuntivo porque *dije* es pretérito de indicativo.
2. *vaya* → presente de subjuntivo porque *ha recomendado* es presente perfecto de indicativo.
3. *gustara* → imperfecto de subjuntivo porque *creí* es pretérito de indicativo.
4. *bucee* → presente de subjuntivo porque *busco* es presente de indicativo.
5. *hubieras venido* → pluscuamperfecto de subjuntivo porque *habría molestado* es condicional perfecto de indicativo.
6. *reme* → presente de subjuntivo porque *necesito* es presente de indicativo.
7. *encontrarais* → imperfecto de subjuntivo porque *alegramos* es presente de indicativo.
8. *guste* → presente de subjuntivo porque *no pienso* es presente de indicativo.
9. *encendiéramos* → imperfecto de subjuntivo porque *sugirió* es pretérito de indicativo.
10. *hayas aprendido* → presente perfecto de subjuntivo porque *es bueno* es presente de indicativo.

11-2   Problemas, intenciones, deseos...

A. Situación 2
B. Situación 3
C. Situación 1
D. Situación 4

11-3   El campamento.

1. b
2. a
3. c
4. c
5. b
6. a

SEGUNDA PARTE

2. Uses of definite and indefinite articles

11-4   Artículo, ¿sí o no?

1. *el*, porque es un título para una persona y el hablante no se dirige a él.
2. Debería ser *un*, porque es la primera vez que hablamos de que Jorge es profesor en México. Sin embargo, «profesor» no es modificado por un adjetivo, entonces no hay artículo indefinido.
3. *El*, porque «el español» es el sujeto de la oración.
4. Aquí no hay artículo porque «español» va detrás de un verbo con el sentido de aprender.
5. *El* porque va delante de un título de persona y el hablante no se dirije a él.
6. No se pone artículo delante de palabras como *don*, *doña*.
7. Delante del número de día de las fechas se pone *el* y no se escribe nada delante de palabras como *san*, *santo/a*.
8. No hay artículo delante de palabras como *mil*, *cien*, etc.
9. No hay artículo delante de palabras como *medio/a* y *tal*.
10. Como es la primera vez que mencionamos a Thomas Jefferson se pone el artículo *un*.

11-5   El matrimonio Domínguez.

1. f
2. a
3. d
4. e
5. c
6. b
7. g
8. i
9. h

3.   Uses of the gerund and the infinitive

11-6   Silencio, por favor.

1. Bajando las escaleras.
2. Se prohibe fumar.
3. Cantar es divertido pero no en el trabajo.
4. Escuchando y mirando se aprende mucho.
5. Pedir y se os dará.
6. Haciendo ejercicio.

11-7   Personajes famosos.

1. Madonna: Cantar es divertido.
2. Albert Einstein: Todo es relativo.
3. Ernest Hemingway: Correr en los San Fermines me mantiene joven.
4. Sigmund Freud: Soñar es vivir.
5. Winston Churchill: Fumar puros ayuda a ganar guerras.
6. Marilyn Monroe: Cantar el "cumpleaños feliz" al presidente es un honor.
7. Rigoberta Menchú: Contar mi vida es luchar contra la injusticia.

11-8   ¡Apuestas!

1. a
2. b
3. b
4. b
5. b
6. c

11-9   ¿Cómo son ellas?

Respuestas varias.

¡ASÍ LO EXPRESAMOS!

➔11-10   Antes de escuchar.

Respuestas varias.

11-11   Mientras escuchas.

1. Se juega por la inquietud, por la esperanza, por la ilusión. El jugador juega por la ilusión de ganar, por la ilusión de tener suerte.
2. Los españoles juegan
   a. porque es un país providencialista y la gente espera que el dinero le caiga a las manos como el maná en el desierto.
   b. por la crisis económica y se puede pensar que el juego es una solución de emergencia.
   c. hay una oferta tan amplia que causa demanda.
3. El antecedente del juego legalizado se encuentra en Brujas en el siglo XVI que es donde surge un sistema de lotería parecido a los actuales.
4. a. 1763
   b. 1812
   c. 1938
   d. 1983–1984

➔11-12   Después de escuchar.

Respuestas varias.

Lección 12
Siglo XXI

PRIMERA PARTE

1. *Se* for unplanned occurrences

12-1   Un mal día.
1. Se me ha estropeado el coche.
2. Se me ha perdido la cartera.
3. Se me han olvidado en casa.
4. Se me ha estropeado la computadora.
5. Se me han quedado las llaves en la oficina.

12-2   Mala suerte.
1. Falso
2. Cierto
3. Cierto
4. Cierto
5. Falso

12-3   Novelas de terror.
1. a
2. b
3. b
4. b
5. c
6. c

⊕12-4   Impresiones.
Respuestas varias.

2a.   The passive impersonal *se*

12-5   Descubrimientos.
1. Ya en la antigüedad se pensaba que la Tierra era redonda.
2. En 1969 se pisó la Luna por primera vez.
3. Desde Houston se lanzan cohetes.
4. En la Segunda Guerra Mundial se lanzó la primera bomba atómica.
5. En los años 50 se lanzó el primer vuelo espacial con hombres.
6. El fuego se descubrió antes que la escritura.
7. El teléfono se inventó a finales del siglo XIX.
8. En la Guerra de Crimea se creó la Cruz Roja.

SEGUNDA PARTE

2b.   The passive voice

12-6   Personajes famosos en apuros.
1. Alexander Graham Bell: Mis secretos fueron divulgados por el teléfono.
2. Leonardo Da Vinci: La Mona Lisa ha sido vista pilotando mi helicóptero.
3. Isaac Newton: Fui atacado por una manzana.
4. Rudyard Kipling: Mi hijo Mowgli fue educado por un oso.
5. Jules Verne: La realidad fue superada por mi ficción.
6. Max Planck: Las distancias en el Universo son medidas por la luz.
7. Pablo Picasso: Mi *Guernica* es considerado el símbolo de la guerra.

3.   Diminutives and augmentatives

⊕12-7   Cuentos.
1. d
2. f
3. e
4. c
5. b
6. a

12-8   Cosita, cosaza.
1. un planetazo: Júpiter
2. un cochecito: Volkswagen
3. un actorazo: Harrison Ford
4. una montañaza: el Everest

5. un hombrecito: un pigmeo
6. un novelón: El *Quijote*
7. un torreón: la torre Sears
8. un planetita: Mercurio
9. un actorcito: Danny DeVito
10. un barcazo: el Titanic
11. un cochazo: Rolls Royce

12-9   Mis profesores.

1. a
2. b
3. b
4. a
5. c
6. c

¡ASÍ LO EXPRESAMOS!

⊕12-10   Antes de escuchar.

Respuestas varias.

12-11   Mientras escuchas.

Fragmento A

1. Se trata de un concurso.

Fragmento B

2. Posibles respuestas:
   a. Raúl es una persona que se opone a las reglas que establece la sociedad de una forma sorprendente para todo el mundo.
   b. Raúl ofrece el seguro de su propia vida que se cobrará cuando alguien lo mate.

Fragmento C

3. El grupo Wellman está dispuesto a pagarle a Raúl el dinero que él había perdido en la apuesta. Sin embargo, Raúl no quiere aceptar ese dinero.

⊕12-12   Después de escuchar.

Respuestas varias.